邓小平的智慧与当代领导艺术

DENGXIAOPING ZHIHUI YU DANGDAI LINGDAO YISHU

周国剑 著

时事出版社

图书在版编目（CIP）数据

邓小平的智慧与当代领导艺术/周国剑著．—北京：时事出版社，2016.6

ISBN 978-7-80232-989-8

Ⅰ.①邓…　Ⅱ.①周…　Ⅲ.①邓小平（1904～1997）—领导艺术　Ⅳ.①A849.164

中国版本图书馆 CIP 数据核字（2016）第 061449 号

出版发行：时事出版社
地　　址：北京市海淀区万寿寺甲 2 号
邮　　编：100081
发行热线：（010）88547590　88547591
读者服务部：（010）88547595
传　　真：（010）88547592
电子邮箱：shishichubanshe@sina.com
网　　址：www.shishishe.com
印　　刷：北京市昌平百善印刷厂

开本：787×1092　1/16　印张：21.75　字数：315 千字
2016 年 6 月第 1 版　2016 年 6 月第 1 次印刷
定价：48.00 元
（如有印装质量问题，请与本社发行部联系调换）

提升领导艺术　更好服务人民

（代序）

在史诗般的中国革命和建设历史中，邓小平是一位继毛泽东之后为世人崇敬的伟大人物。在革命战争年代，邓小平曾统帅千军万马，刘邓大军威名远扬；在社会主义建设时期，作为中国改革开放的总设计师，邓小平领导中国打开国门，融入世界，迎来中国现代化建设的春天，为中国梦奠定了坚实的基础。邓小平是中国共产党第一代领导集体的重要成员，是第二代领导集体的核心成员。他长期担任党政军重要领导职务，不仅显示出非凡的智慧，而且体现出卓越的领导才华与领导艺术。

邓小平作为成功的领导者，已得到国内外的公认。毛泽东曾赞扬他“人才难得”，“论文论武，邓小平都是一把好手”。我们在缅怀邓小平丰功伟绩的同时，更应学习他高超的领导艺术，从而更好地服务人民。

在长达半个多世纪的革命和建设生涯中，作为伟大的无产阶级革命家、政治家和战略家，邓小平有着对党和国家坚贞不渝的忠诚，有着强烈而深厚的爱国主义激情，有着卓越的领导才华。

邓小平的领导艺术，体现在他半个世纪以来所从事的中国革命和建设的实践活动中，体现在他长期进行的各种领导活动中。举世瞩目的伟大业绩，正是那精湛的领导艺术的展现；卓越的领导艺术，自然是创造举世瞩目伟大业绩的重要因素。当人们看到这些惊人的成就时，首先想到的，便是邓小平创造这些成就的领导才华和领导艺术。

邓小平在他波澜壮阔的革命生涯中，特别是领导全党、全国各族人民开创中国特色社会主义新道路的伟大实践中，展现出了高超的领导艺术。这种领导艺术，以及他创立的“邓小平理论”，成为他留给后人的珍贵精神财富。

在解放战争时期，党中央根据形势制定了千里跃进的反攻战略，并把这个任务交给刘邓大军，刘邓接到任务积极准备。鲁西南战役后，刘邓大军需要休整，但接到毛泽东“陕北情况甚为困难”的电报后，邓小平二话没说，不到10天，即率部千里跃进大别山。刘邓大军当时面临的困难可想而知。前面有强大的敌人，有“黄泛区”等等障碍，刘邓大军放弃了所有重武器和辎重，以“走到大别山就是胜利”的气魄，坚决贯彻党中央的战略意图。在中原野战军围攻黄维兵团最困难的时候，邓小平告诉部队：“只要消灭了南线的敌军主力，中野就是打光了，全国各路解放军还是可以取得全国的胜利，这代价是值得的。”邓小平这种勇挑重担、顾全大局的战略眼光，体现了他卓越的领导素质，这也是他成为第一代领导集体重要成员的因素。

作为中国社会主义改革开放和现代化建设的总设计师，邓小平视野高远，胸襟广阔，善于战略思维和战略谋划。他立足中国又放眼世界，多谋善断又尊重群众，为建设中国特色社会主义，为实现中华民族的伟大复兴，规划了宏伟蓝图，设计了发展战略。他的领导才能和领导艺术，实现了解放思想和实事求是的有机结合，体现了高瞻远瞩和脚踏实地的辩证统一。

在推进改革开放和现代化建设的进程中，邓小平善于驾驭全局、统筹兼顾。他不仅抓住主要矛盾和矛盾的主要方面不放，而且深刻把握多种矛盾及其各个方面相互之间的内在联系，总揽经济社会发展的整个链条。他提出“两手抓，两手都要硬”的方针，坚持经济体制改革、政治体制改革、精神文明建设的相互配合和相互促进，强调正确处理改革、发展、稳定的关系。他倡导解放思想，实事求是，开动脑筋，独立思考，从实际出发研究新情况、寻找新办法、解决新问题，胆子要大，步子要稳。他强调拿事实说话，通过不断总结经验开拓新路，并敏锐地抓住群众中涌现出来的新事物、新创造，精心加工提高，作为全国的指导。这些思想和做法，都是对唯物辩证法的创造性运用，有力地推动了经济的快速发展和社会的全面进步。

"领导就是服务"，是邓小平的一句名言。坚持以人民群众的利益为最高标准，是邓小平的根本原则；尊重群众的首创精神，是邓小平的一贯作风。他高超的领导艺术，体现在经济、政治、文化、外交、军事和党的建设等各个领域，尤其在关键时刻和严峻考验面前，更加显示出"主心骨"和"中流砥柱"的作用。他高超的领导艺术来自对客观规律的深刻把握和自如运用，辩证唯物主义和历史唯物主义是他领导艺术的哲学基石，解放思想、实事求是是他领导艺术的精髓所在，植根于人民、服务于人民是他领导艺术的本质特征，长期投身党领导人民的奋斗实践及其经验是他领导艺术的丰富源泉。在复杂多变的国际国内形势面前，各级领导干部只有牢牢把握这些根本要求，使领导工作符合最广大人民的根本利益，给人民群众带来实实在在的好处，才能充分调动起广大人民群众的积极性、主动性和创造性，凝聚成万众一心、无坚不摧的力量。

领导是一门科学，更是一门艺术。领导一个 13 亿多人口的大国进行改革开放和现代化建设事业，更是一门最高深、最复杂的艺术。人们很难想象这门艺术的高深和复杂性。但本书通过剖析邓小平的智慧并结合当代领导艺术，结合大量的领导实践案例，使读者可以从中受到启迪，并可应用于工作实践。

邓小平第三次复出时，已 73 岁高龄了。他当时讲过这样一段感人肺腑的话："我出来工作，可以有两种态度，一个是做官，一个是做点工作。我想，谁叫你当共产党人呢。既然当了，就不能够做官，不能够有私心杂念，不能够有别的选择。”可见，邓小平一生所有出发点与落脚点都是为了践行中国共产党的宗旨——全心全意为人民服务。因此，在学习与领悟邓小平的智慧与当代领导艺术的同时，更要学习他全心全意为人民服务的精神，在提升领导艺术的同时，更好地服务人民。

目录

第一章

邓小平个人修养智慧与领导艺术

第一节　博览群书

——行千里路，读万卷书

读书作为邓小平的一个爱好并不广为人知，他在南方谈话时说："我读的书并不多，就是一条，相信毛主席讲的实事求是。"这让人们误以为邓小平是个不怎么读书的人。其实，邓小平一生酷爱读书，并且行千里路，读万卷书，读"活书"，不当书呆子。

据邓小平的儿子邓朴方回忆，邓小平看书"从来不在上面写字，连个道都不画，熟记在心，融会贯通。不是那种记啊画啊的人，一切都是在脑子里，一种精神的领悟。他也没有记日记的习惯"[①]。所以，邓小平读书的爱好不为人们所

① 夏天：《邓小平一生博览群书 出门必带两本地图册》，新华网（2014年8月22日），http：//news. xinhuanet. com/book/2014－08/22/c_ 126903334. htm。

知，恐怕和他的读书习惯有很大关系。他生前用过的书房有40多平方米，大半屋子堆着的都是曾经阅读过的书籍，囊括天文地理、古今中外。

一、书不可一日不读

毛泽东在新中国成立后多次说过类似的话，“老粗出人物。我们军区司令百分之九十都是老粗，行伍出身。”“我们人民解放军的元帅、将军中间，只有林彪、刘伯承等有数的几个人是军事学校中出来的……不是黄埔军校的洋包子打败了土包子，是土包子打败了洋包子。”毛自问道：“许世友念过几天书！……韩先楚、陈锡联也没有念过书……刘亚楼也是念过高小。”他说：“结论是老粗打败黄埔生。”应该说，毛说的这番话是事实。在国民党军内，特别是中央军内，高级指挥官都通文墨，有的还通外文、善诗词；相比之下，中共将领普遍文化低，多为贫苦农民出身。国民党军队怎么会被“老粗”打败？共产党确实是创造了一项奇迹。[①]

共产党之所以能够创造出这个奇迹，原因在于他们有着惊人的自我学习能力，他们不断地向书本学习、向实践学习、向他人学习。中国共产党第一代领导核心毛泽东就是自学成才的典范。

自幼年起，毛泽东就酷爱读书。在中国传统文化中，从经史子集到稗官野史，他几乎无所不读。他常说：饭可以一日不吃，觉可以一日不睡，书不可一日不读。1939年，毛泽东在延安做演讲时说道：“有了学问，好比站在山上，可以看到很远很多的东西；没有学问，如在暗沟里走路，摸索不着，那会苦煞人。”

邓小平作为中共第一代领导集体的重要成员、第二代领导集体的核心，在学习方面也堪称一代楷模。他既是一位伟大的革命家和战略

---

① 高华：《蒋介石不是恨毛泽东，而是恨美国》，人民网（2012年8月29日），http：//book. people. com. cn/n/2012/0829/c69360－18862951－4. html。

家，也是一位学识渊博的理论家和学问家。孜孜不倦的读书生活伴随着邓小平的一生，并和他的革命生涯、思想作风及理论创造紧密地联系在一起。回顾邓小平的读书生涯，有助于我们更好地把握邓小平理论的思想脉络和精神实质，并且可以从中获得深刻的启迪。

从邓小平读书生涯所经历的相对集中的时期及其产生的影响来看，有三个阶段特别突出：一是少年时期在家乡的读书生活；二是青年时期在欧洲的留学经历；三是“文化大革命”（以下简称“文革”）中下放江西时的那段特殊读书岁月。

其中，下放江西时的读书岁月对于邓小平本人及中国的意义特别重大。纵观邓小平的一生，其人生辉煌的最高点在他步入老年（邓小平第三次复出是73岁）后的第三次复出，他以超前的战略眼光及大无畏的开拓创新精神，实现了中国的成功转型，带领中国人民步入幸福的生活，为“中国梦”奠定了坚实的基础，并在这个过程中开创了建设中国特色的社会主义理论体系。而这一切都得益于他在江西的读书岁月。

“文革”期间，邓小平在下放江西的岁月里，经过3年4个月的勤奋读书，进一步深化了对“什么是社会主义、怎样建设社会主义”的认识。从1969年10月到1973年2月，邓小平住在江西省新建县望城乡的一座庭院里。这时已年近古稀的邓小平不仅离开了忙碌的工作岗位，也远离了中国政治斗争的漩涡。而这恰好为他提供了一个难得的读书和思考的机会。在这一阶段，邓小平差不多每天上午去工厂参加劳动，下午和晚上的时间主要用来读书，而且“每日都读至深夜”[①]。在所读的书中，除了大量马克思、列宁、毛泽东的著作外，还有不少中国历史、中国文学、外国文学以及哲学时政等方面的书。邓小平的女儿在讲到父亲在江西这段特殊的读书生活时说：“在孤寂的年代，靠着读书，可以疏解寂寞，可以充实生活，可以增长知识，

① 危仁晸主编：《邓小平在江西的日子》，中共党史出版社1997年版，第129页。

可以陶冶情操，可以安静心灵。父母亲都喜欢看书，在闲暇的午后，在万籁俱寂的夜晚，书，陪伴着他们共度岁月。”① 邓小平晚年这次全面、系统并且长达三年之久的读书生活，意义实在重大。正是在边读书边思考的岁月里，邓小平对“什么是社会主义、怎样建设社会主义”的思路更明确，信念更执著，意志更坚定。

邓小平在讲到他的这段经历时说：“那件事（指“文革”），看起来是坏事，但归根到底也是好事，促使人们思考，促使人们认识我们的弊端在哪里。”“现在的方针政策，就是对‘文化大革命’进行总结的结果。最根本的一条经验教训，就是要弄清什么叫社会主义和共产主义，怎样搞社会主义。”②

邓小平的夫人卓琳也回忆说，（在江西）通过三年的观察，邓小平更加忧思国家的命运前途。通过三年的思考，他的思想更加明确、思路更加清晰、信念更加坚定。这些对于他复出不久即领导进行全面整顿，以及在中共的十一届三中全会后制定新时期路线方针政策产生了直接影响。

读书，对领导干部而言，既是提高执政能力、履行好党和人民赋予职责的必然要求，也是自身提升素质、增长才干的内在需要。时代在进步，社会在发展，时移世易，要跟上形势的发展，应对时代的挑战，靠“拍脑袋”不行，靠“跟着感觉走不行”，靠“昨天的知识”指导今天的工作更不行。

实践早已证明，一个领导干部读书学习的勤奋程度，决定着他的思想深度，决定着他的施政力度，决定着他的群众威信度。一个刻苦读书、勤奋学习的人不一定能成为一个好的领导，但一个好的领导必须是一个刻苦读书、勤奋学习的人。不刻苦读书、勤奋学习，知识就会老化，思想就会僵化，能力就会退化。这样的领导干部，说起话来

① 毛毛：《我的父亲邓小平：“文革”岁月》，中央文献出版社 2000 年版，第 150 页。

② 《邓小平文选》第 3 卷，人民出版社 1993 年版，第 172 页。

言之无物，空话连篇；办起事来眼光短浅，盲目决策，工作推不动，下级不服气，在群众眼里，自然也是“面目可憎”……试想，这样的领导干部怎么能与时俱进地跟上时代发展的步伐？又怎么能承担起改革开放和社会主义现代化建设的历史重任？

在现实生活中，部分领导干部平时不注重学习，所以开会讲话、作报告习惯于念稿子，尽是一些大话与套话，让人听了不舒服。而邓小平由于平时刻苦读书，积累了丰富的知识，所以谈吐儒雅，知识渊博。1986 年 10 月 28 日，邓小平会见来访的冰岛总理斯坦格里米尔·赫尔曼松。会谈中，邓小平说起自己早年看过的一本书，他说：“欧洲一个著名的文学家写了一部小说叫《冰岛渔夫》，我在 20 年代时就看过，了解到冰岛人民当时的生活条件相当艰苦。”随后他感叹：“现在你们干得很好，发达起来了。”《冰岛渔夫》只是一部篇幅不长的小说，描写了世代打鱼的渔民，每年要在冰岛海面度过漫长的时间，经常葬身海底的悲惨命运，而邓小平广博的知识让客人很是吃惊和佩服，这完全来自他孜孜不倦的读书生涯。

胡锦涛同志曾在 2011 年“七一”重要讲话中指出：在世情、国情、党情发生深刻变化的新形势下，精神懈怠的危险、能力不足的危险、脱离群众的危险、消极腐败的危险，更加尖锐地摆在全党面前。十八大报告中再次向全党发出“四大危险”的警示，并且首次写入党代会报告。如何克服能力不足的危险？十八大报告提出：“增强自我净化、自我完善、自我革新、自我提高能力，建设学习型、服务型、创新型的马克思主义执政党。”因此，加强学习是化解“能力不足危险”的有效途径。我们国家经济、政治、文化、社会等各领域都在深入推进改革，我们的领导干部只有站在改革前沿，学习掌握最新的理论成果和实践经验，才能不断提高把握新形势、解决新问题的能力。今后要不断加强党员干部理论思维能力、战略谋划能力、岗位业务能力、团队协作能力等多方面素质的培养和提高，让党员干部在思想上、能力上、作风上与时俱进。

习近平同志在中央党校“2009 年春季学期第二批进修班暨专题

研讨班”开学典礼上讲话指出，在新的时代条件下，领导干部要不断提高自己，经受住各种考验，就要坚持在读书学习中坚定理想信念、提高政治素养、锤炼道德操守、提升思想境界，坚持在读书学习中把握人生道理、领悟人生真谛、体会人生价值、实践人生追求。领导干部如果不加强读书学习，知识就会老化，思想就会僵化，能力就会退化。爱学习、勤读书，通过读书学习来增长知识、增加智慧、增强本领，这是领导干部胜任领导工作的内在要求和必经之路。

二、活学活用的典范

邓小平酷爱读书，但他从不读死书、死读书。他曾坦言，自己对那些“八股调太重，没有新鲜的思想”的东西很反感。1977 年英国作家兼电影制作者费里克斯·格林反映，中国对外宣传要改掉八股调很重的毛病，邓小平很赞同，多次对人说，“我就不愿意看那些八股调。”邓小平看的书和他的思想一样，是新鲜活泼的，言之有物的。

1978 年 8 月 19 日，邓小平和黄镇、刘复之等谈话，说：“我这里摆了一些‘文化大革命’以来出的小说，干巴巴的读不下去，写作水平不行，思想艺术水平谈不上，看了开头就知道结尾。电影也是这样，题材单调，像这样的电影我就不看，这种电影看了使人讨厌。”

对于马列主义的理论著作，邓小平一直坚持学习和研究。但他很注意方法，他说，“学马列要精，要管用的。”他没看过马恩全集，看的是选集，通读了《列宁全集》。早年留学法国，邓小平“接触了马克思主义的书籍”，并加入了共产党。他在法国所读的主要是《共产党宣言》《共产主义 ABC》等书籍。这些书籍，为他树立了共产主义的理想信念，至死不渝。1992 年邓小平在南方谈话中回忆说，这些书籍，是他的“入门老师”。1926 年他到莫斯科留学，深感“对于共产主义的研究太粗浅”，下定决心“能留俄一天，我便要努力研究一天，务必使自己对于共产主义有一个相当的认识”。后来他一直坚持学习马克思主义理论。回国后，在紧张的革命和建设年代里，仍然抓紧点滴时间读书。

党的七大把毛泽东思想作为党的指导思想确定下来之后，如何正确地理解和宣传毛泽东思想就成为我们党所面临的一个重要问题。在我国社会主义建设的过程中，毛泽东在我国人民中的威望越来越高，他的这种崇高威望是在我国革命和建设的历史过程中自然形成的。但是，这种威望也容易造成对毛泽东的盲目崇拜。1957 年以后，把毛泽东思想无限地拔高，不仅成为一种不良的社会风气，也为一些别有用心的人所利用。

邓小平敏锐地看到了这个问题，他坚持以历史唯物主义的态度对待毛泽东思想，主张要完整地宣传和理解毛泽东思想，尤其不能把毛泽东思想与马列主义割裂开来。1960 年 3 月，邓小平在中共中央天津会议上讲，他跟毛泽东都认为在关于毛泽东思想的宣传上存在着两个问题："第一，现在的主要问题是把毛泽东思想用得庸俗了，什么东西都说成是毛泽东思想。例如，一个商店的营业额多一点就说是毛泽东思想发展了，打乒乓球也说是运用了毛泽东思想。第二，马克思列宁主义很少讲了。"① 邓小平强调："对待毛泽东思想是一个很严肃的原则性的问题，不要庸俗化，庸俗化对我们不利，对国际共产主义运动也不利。"② 把毛泽东思想与马克思列宁主义割裂开来，眼中只有毛泽东思想，这其实是在损害毛泽东思想，"光讲毛泽东思想，不提马克思列宁主义，看起来好像是把毛泽东思想抬高了，实际上是把毛泽东思想的作用降低了"③。

可惜的是，邓小平活学活用毛泽东思想的观点没有受到重视。在"文革"中，一些别有用心的人利用宣传毛泽东思想的机会，公开夺权，制造混乱。"文革"结束后，中国又陷入"两个凡是"的误区中

---

① 《邓小平文选》第 1 卷，人民出版社 1994 年版，第 283 页。

② 同上书，第 284 页。

③ 同上。

停滞不前。1977年2月7日，《人民日报》、《红旗》杂志、《解放军报》发表题为《学好文件抓住纲》的社论，提出：“凡是毛主席作出的决策，我们都坚决维护，凡是毛主席的指示，我们都始终不渝地遵循”，即“两个凡是”的错误主张。

邓小平没有教条地看待毛泽东思想，而是从毛泽东思想中总结出“实事求是”这个精华。1977年4月10日，邓小平致信中共中央：“我们必须世世代代用准确的完整的毛泽东思想来指导我们全党、全军和全国人民。要从问题堆里找长远的、根本解决问题的东西。为什么要抓理论研究？就是为了这个。讲空话不行，要有具体措施，统一认识。实事求是是毛主席讲的，是马克思主义的态度。懂得这一条就有希望。实事求是是毛泽东思想的根本态度、根本观点、根本方法。实事求是是马列主义哲学的概括，是马列主义理论、马列主义方法的概括。这是毛主席经常讲的道理，也是他讲得最多的道理，列宁也讲得很多。我们讲要继承和发扬毛主席为我们培育的优良传统，第一个就是实事求是。毛泽东思想最根本的最重要的东西就是实事求是。”

在邓小平的大力倡导下，全中国开展了“实践是检验真理的标准”大讨论，从而使中国突破了“两个凡是”的困扰，迎来了全面改革开放的新时代。

从邓小平的读书经历中我们可以总结出一条宝贵的经验，那就是不读死书，读活书，学以致用，做活学活用的典范。

古人云：“一语不能践，万卷徒虚空。”孔子曰：“诵《诗》三百，授之以政，不达；使于四方，不能专对。虽多，亦奚以为?”读书的目的是为了运用知识去指导实践。“读活书”的本意也在于此。书读得再多，知识掌握得再丰富，如果不去应用于指导实践，读再多的书也没用。读书应与实践结合起来，通过读书推动工作实践，通过工作实践深化读书效果。长此以往，坚持不懈，以用促学，学用相长，就会收到事半功倍的效果。

“读书破万卷”，关键是不能读死书、死读书，不求甚解。“活”

要体现在思维灵活上，不能僵化地死记硬背、生搬硬套，必须深入思考、活学活用，做到融会贯通，灵活应用到实际工作当中。“活”还体现在与实际相结合上，读书的过程就是思考的过程，通过读书，与我国社会主义建设实践相结合，与改革开放的新形势相结合，与党的艰辛发展历程相结合，与实现伟大的民族复兴中国梦相结合，在读书中学习、在读书中总结、在读书中警醒、在读书中提高。

因此，领导干部如何读书既是方法问题，更是学风问题。现实中有的领导干部在学习上特别是理论学习上存有应付心态，“现用现学、急用急学、不用缓学”；读报读题、看书看皮，蜻蜓点水、浅尝辄止。这种方式读得不系统、学得不深入，更谈不上理论联系实际，做到真学、真懂、真信、真用。领导干部善读书最好的学风和方式，正如习近平强调的，“要坚持阅读与思考的统一，在广泛阅读的基础上开动脑筋，对现实中的疑惑进行深入思考，力求把零散的东西变为系统的、孤立的东西变为相互联系的、粗浅的东西变为精深的、感性的东西变为理性的；要坚持读书与运用相结合，联系实际，知行合一，通过理论的指导、利用知识的积累来洞察客观事物发展的规律，在读书的过程中增强运用能力，在运用的过程中提高读书水平；要锲而不舍、持之以恒，发扬挤劲、钻劲、韧劲，先易后难、由浅入深，循序渐进、水滴石穿。”

第二节　率先垂范

——连长不以身作则就带不出好兵来

邓小平历来强调，“领导干部，特别是高级干部以身作则非常重要。群众对干部总是要听其言、观其行的。连长、

指导员不以身作则，就带不出好兵来；领导干部不做出好样子，就带不出部队的好风气，就出不了战斗力。”

邓小平曾指出：“我们的毛泽东同志、周恩来同志以身作则，严于律己，艰苦奋斗，几十年如一日，成为我党我军优良传统和作风的化身。他们的感人事迹在全党、全军、全国人民中，发生了多么巨大和深远的影响！不仅影响到我们这一代，而且影响到子孙后代。我们的干部，特别是老干部，要以毛泽东同志、周恩来同志为榜样，用实际行动搞好传帮带。”①

一、领导干部要以身作则

生活中，常常发现有的领导干部喜欢端身架子、摆官样子，整天脸一板、眉一皱，用来显示自己的“威严”，却难以让群众口服心服。与此相反，有的领导干部不端身架子、不摆官样子，却深得下属的尊重和爱戴，在下属中的威信很高。从这里不难看出，尽管领导干部的职务可以由组织上任命，而其威信作为一种非权力影响力，不是由上级任命产生的，也不是领导职权本身所固有的，是靠自己的不懈努力逐步建立起来的。那么领导干部如何树立威信呢？邓小平给出的答案就是四个字：以身作则。

邓小平第三次复出后，并没有担任党政军的最高职务。1977 年 7 月 17 日，党的十届三中全会通过了《关于恢复邓小平同志职务的决议》，决定恢复邓小平的中共中央委员、中央政治局委员、常委、中共中央副主席、中共中央军委副主席、国务院副总理、中国人民解放军总参谋长的职务。在上述职务中，除了总参谋长外，都是副职，但是人们始终把他视为中国的第一号人物，从国内到国外，都是如此。

① 《在全军政治工作会议上的讲话》（1978 年 6 月 2 日），《邓小平文选》第 2 卷，人民出版社 1994 年版，第 125 页。

1978 年访日、1979 年访美，邓小平的正式身份都是国务院副总理，但日、美都是自然而然、理所当然地把他作为中国的头号人物接待。这体现了邓小平的非权力威信，即个人的非权力因素影响力。这种影响力是由他的个人资历决定的，也与他以身作则的领导风格有关。

在赣南革命老区，老百姓至今还清楚记得邓小平厉行节约、艰苦奋斗的许多动人故事。当年邓小平担任瑞金和会昌县委书记时，战斗和生活条件极其艰难。邓小平带头倡导开展节约运动，提出“节省每个铜板支援革命战争”，在人民群众中形成“每人每天节省一把米支援红军”的浓厚风气。

邓小平有一条洗脸的毛巾，用了几年仍然完好，而别人同样的毛巾用了一段时间就破破烂烂。人们问他有什么诀窍，他说：“你们洗脸时都是两手用力拧毛巾，毛巾的纤维容易断；我洗脸时用两手挤干毛巾的水，毛巾的纤维不容易挤断，当然耐用!”他的一条成色好点的裤子，一穿就是好多年，裤脚边都磨破了。中华工农兵苏维埃第一次全国代表大会召开时，他穿着这条裤子参加开幕典礼。身边人员觉得他出席这么庄重的庆典，穿这样的裤子太难看，要给他买几尺布新做一条。他坚定地拒绝说：“共产党人穿衣不是图漂亮好看，而是讲究个干净整洁，破一点没啥子关系!”

邓小平在其革命与建设生涯中，凡事坚持以身作则，率先垂范。大到废除领导干部终身制，小到植树造林，只要是他先倡导的，他就第一个站出来做到。正是这种以身作则的领导风格，使他在全中国甚至全世界都享有极高的威望。

北宋文学家欧阳修曾说：“以令率人，不若身先。”因此，领导干部要想迅速打开工作局面，不能呆在办公室里发号施令，而是要走出办公室，身体力行，率先垂范。要想获得个人威信，也没有捷径可走，只有老老实实地学习邓小平凡事以身作则，率先垂范。

领导干部带头发挥表率作用是我们党的优良传统，也是搞好革命、建设、改革、发展事业的基本经验。在中国共产党九十多年的奋斗历程中，各级领导干部以身作则、率先垂范，发挥表率作用，是党的老规矩、老传统，是我们党形成一系列优良作风、取信于民的重要保证。我们党艰苦奋斗的优良传统作风从一开始就是在党的各级领导干部的表率作用下形成的。从井冈山时期朱德司令和战士们一起挑扁担，到延安毛泽东主席和战士们一起住窑洞，从一定意义上说，中国革命的胜利，就是共产党人的“跟我上”的表率作风，打败了国民党的“给我上”的官僚作风。在改革、建设、发展的进程中，做表率始终是我们党凝聚力量、攻坚克难、开拓事业的优良传统。

中华民族有“正人先正己”，“己所不欲，勿施于人”的美德。领导干部以身作则、率先垂范体现的是一种政治态度，展现的是一种求实作风，树立的是一面榜样旗帜。领导干部是团队的管理者和具体工作的组织者、实施者，以身作则、率先垂范，发挥表率作用尤其重要。

古人云“不以规矩，不成方圆”，没有组织纪律和服从命令，就不能成就事业。领导干部作为团队的管理者和具体工作的组织者、实施者，自身的抓落实的能力尤为重要。“人无信不立”，令行禁止还表现在诚实守信上。领导干部要言而有信，大事不含糊，言必行、行必果，① 以高尚的人品为下属树立榜样。

社会是五彩斑斓的，领导干部也有七情六欲，这就要求我们事事出于公心、处处铭记纪律、时时不忘反腐、刻刻讲究廉洁、牢牢守住底线，严格要求自己，牢牢记住“莫伸手，伸手必被捉”。以自己的一身正气感染影响身边的干部，树立自己的领导威信，做团队核心和廉洁自律、爱岗敬业的表率。

毛泽东早就告诫我们：“正确的政治路线确定以后，干部就是决定的因素。”各级领导干部既是组织者，又是教育者，还是受教育者。广大领导干部只有发扬老一辈的光荣传统，才会得到人民群众的衷心

---

① 《邓小平文选》第 3 卷，人民出版社 1993 年版，第 173 页。

拥护和大力支持，才会取得预期的效果。

二、领导带头是反对“四风”的关键

早在革命战争年代，邓小平就身体力行，以身作则，带头杜绝享乐主义和奢靡之风。重庆解放后，刘邓首长还带着从大别山出来的炊事员老程。老程给刘邓首长做饭就两个菜，一荤一素外加一个咸菜和一个榨菜汤，没有客人从来不加菜。后来，老程回老家去了，换了新炊事员后，菜的花样多了，数量也多了：开始是四个菜，后来是六个菜，最后成了八个菜，鸡鸭鱼肉全有了。

刘伯承生气了：“这不是天天吃席嘛！”邓小平说：“怪不得人家说我们天天过年。”

邓小平问后勤部长：“我和刘司令员是个啥子伙食标准？”后勤部长不明就里，随口说道：“没有标准。”邓小平不解：“没有标准？”后勤部长回答说：“按照供给制，实报实销，吃多少报多少，都可以。”

邓小平发火了：“你这个同志有意思。没有标准？地主老财吃饭，都要量入为出，我没有标准，我都把地主老财比下去了！你要知道，我们国家还很穷，好些人在饿饭，我不能没有标准。”后勤部长红着脸说：“那就请政委定一个标准吧。”邓小平说：“今后，按团级标准吃四菜一汤，一荤三素，不得超支！”

几天之后，后勤的同志又来请示邓小平，说考虑到刘司令员的身体，这个标准太低了，是不是再提高一下？邓小平考虑了一下说：“就按师一级的标准，不能再提了。”①

刘邓都是野战军首长，却吃师级餐，相当于降了三级（按当时的建制，师上面有军长、兵团司令，然后是野战军首长）。刘邓首长的

---

① 艾新全：《建国初干部离婚换妻严重 邓小平怒诛“陈世美”县长》，凤凰网（2013年7月9日），http：//news. ifeng. com/history/zhongguoxiandaishi/detail_ 2013_ 07/09/27289012_ 4. shtml。

伙食标准定到了师一级，这就成了一道杠，没有人敢超过这道杠。很快，整个西南地区的伙食标准全部降下来了。

2013年劳动节前夕，中共中央总书记、国家主席、中央军委主席习近平在同全国劳动模范代表座谈时强调，人民创造历史，劳动开创未来。各级领导干部要带头发扬劳模精神，出实策、鼓实劲、办实事，不图虚名，不务虚功，坚决反对干部群众反映强烈的形式主义、官僚主义、享乐主义和奢靡之风“四风”，以身作则带领群众把各项工作落到实处。

中国共产党在全国执政，是历史和人民的选择。中国共产党将长期执政，既是党实现自身历史使命的要求，也同样是历史和人民的选择。夺取全国政权不容易，执掌好政权尤其是长期执掌好政权更不容易。正像胡锦涛指出的：“党的执政地位不是与生俱来的，也不是一劳永逸的。我们必须居安思危，增强忧患意识，深刻汲取世界上一些执政党兴衰成败的经验教训，更加自觉地加强执政能力建设，始终为人民执好政、掌好权。”

经过党执政以来六十多年的奋斗，特别是经过改革开放以来三十多年的发展，我国社会生产力有了巨大发展，人民生活显著改善，在进入新世纪之际实现了由解决温饱到总体上达到小康的历史性跨越，在进入新世纪以后又继续实现了经济社会持续稳定发展。但是，我国仍然处于并将长期处于社会主义初级阶段。社会主义初级阶段的许多任务还远远没有完成。我国总体上达到的“小康”还是低水平的、不全面的、发展很不平衡的小康，人民日益增长的物质文化需要同落后的社会生产之间的矛盾仍然是我国社会的主要矛盾。中国共产党要在中国长期执政，还面临着许多严峻的重大考验。其中最大的考验是：由于长期执政而使领导干部滋生形式主义、官僚主义、享乐主义和奢靡之风，这“四风”不除，将直接导致中共严重脱离群众。对此，邓小平曾指出：“由于我们党现在已经是在全国执政的党，脱离群众的危险比以前大大地增加了，而脱离群众对于人民可能产生的危害，也比以前大大地增加了。因此，目前在全党认真地宣传和贯彻执行群众路线，也就有特别重大的意义。”①

当前，领导干部贯彻落实党的群众路线总体是好的，在联系服务人民群众方面做了大量富有成效的工作，但也存在着不符合为民服务、清正廉洁的问题。特别是有的领导机关、领导班子和一些领导干部形式主义、官僚主义、享乐主义突出，奢靡之风严重，主要表现在：理想信念动摇，宗旨意识淡薄，精神懈怠；贪图名利，弄虚作假，不务实效；脱离群众，脱离实际，不负责任；铺张浪费，奢靡享乐，甚至以权谋私、腐化堕落。这些问题，严重损害党在人民群众中的形象，严重损害党群、干群关系。

为了解决“四风”问题，2013 年 4 月 19 日，中共中央政治局召开会议，决定从下半年开始，用一年左右时间，中央政治局带头，在全党自上而下分批开展党的群众路线教育实践活动。群众路线教育实践活动的内容是：坚决反对形式主义、官僚主义、享乐主义和奢靡之风。

中央决心已下，接下来如何具体反对“四风”，在反“四风”过程中，领导干部是关键。邓小平曾指出：“为了促进社会风气的进步，首先必须搞好党风，特别是要求党的各级领导同志以身作则。党是整个社会的表率，党的各级领导同志又是全党的表率。如果党的组织把群众的意见和利害放在一边，不闻不问，怎么能要求群众信任和爱戴这样的党组织的领导呢？如果党的领导干部自己不严格要求自己，不遵守党纪国法，违反党的原则，闹派性，搞特殊化，走后门，铺张浪费，损公利私，不与群众同甘苦，不实行吃苦在先、享受在后，不服从组织决定，不接受群众监督，甚至对批评自己的人实行打击报复，怎么能指望他们改造社会风气呢！”②

邓小平吃师级餐的故事表明，领导干部带头做表率是反对“四

---

① 《邓小平文选》第 1 卷，人民出版社 1994 年版，第 221 页。

② 《邓小平文选》第 2 卷，人民出版社 1994 年版，第 177—178 页。

风”的关键。“上有所好，下必效焉”，有什么样的领导就会带出什么样的队伍。领导干部作为反“四风”的组织者与参与者，要求别人做到的自己首先做到，要求别人不做的自己绝对不做，如此言出必行才能“一呼百应”，才能推动工作，才能取信于民。

第三节　坚忍不拔

——三落三起的传奇人生

1987 年 10 月 13 日，邓小平在会见匈牙利社会主义工人党总书记卡达尔时讲了这样一段话：“1973 年周恩来总理病重，把我从江西‘牛棚’接回来，开始时我代替周总理管一部分国务院的工作，1975 年我主持中央常务工作。那时的改革，用的名称是整顿，强调把经济搞上去，首先是恢复生产秩序。凡是这样做的地方都见效。不久，我又被‘四人帮’打倒了。我是‘三起三落’。”

1979 年 1 月 29 日，在美国总统卡特的国宴上，邓小平说：“如果对政治上东山再起的人设立奥林匹克奖的话，我有资格获得金牌”。

一、坚定远大理想与信仰

1987 年后，邓小平曾两次与外宾谈到自己这段“落起”的历史。他说，“我是三落三起呀”，他还说：“我参加共产党几十年了……这期间做了不少好事，也做了一些错事。人们都知道我曾经‘三下三上’，坦率地说，‘下’并不是由于做了错事，而是由于办了好事却被误认为错事。”毛泽东曾对邓小平有过中肯的评价，说他：“人才难得，政治思想强。”外国人称邓小平是“永远打不倒的小个子!”

邓小平之所以能够“三落三起”，关键在于他心中有远大的理想与信仰，而且矢志不渝地坚持自己的远大理想与信仰。邓小平一生都坚持的远大理想是共产主义，一生都坚定的信仰是马克思列宁主义。他曾经说到：“我参加共产党几十年了，如果从1922年算起，我在共产主义旗帜下已经工作了六十多年。”他说，在革命斗争中“我一直遵循马克思主义的基本原则”，“我们搞改革开放，把工作重心放在经济建设上，没有丢马克思，没有丢列宁，也没有丢毛泽东。老祖宗不能丢啊!”20世纪80年代末90年代初，出现了一股否定马克思主义的潮流，邓小平坚定地说：“我坚信，世界上赞成马克思主义的人会多起来的，因为马克思主义是科学。”“不要认为马克思主义就消失了，没用了，失败了。哪有这回事!”对于社会主义出现的暂时困难，他显得异常冷静。他说：“一些国家出现严重曲折，社会主义好像被削弱了，但人民经受锻炼，从中吸收教训，将促使社会主义向着更加健康的方向发展。因此，不要惊慌失措。”

信仰是指人们对某种事物或思想、主义极端尊崇和信服，并把它奉为自己的精神寄托和行为规则，是人类特有的一种精神活动。信仰是人生的“主心骨”。人不能没有信仰，没有信仰就等于没有灵魂。但是，信仰有自觉不自觉、合理不合理、先进与落后的区别，信仰出现偏差，必然会带来人生道路和社会发展的方向性错误。马克思主义是一种科学的理论，同时又是一种科学的信仰。它是无产阶级认识世界和改造世界的精神支柱和奋斗旗帜。

邓小平选择的正是马克思主义信仰。这种选择是他早年留法、留俄时做出的。1920年，16岁的邓小平带着“工业救国”的朴素爱国主义理想到法国求学。在法国五年勤工俭学的现实，使他看到了资本主义发达的生产力，同时也体验到资本家对工人的残酷剥削。求学期间，在俄国“十月社会主义革命”的影响下，他很快接受了马克思主义，1922年加入中国社会主义青年团旅欧支部，1924年转为中国共产党党员，成为一名共产主义战士。1926年，邓小平又赴莫斯科就学于东方大学和中山大学，学习革命运动史、社会形态发展史、哲学（辩证唯物主义与历史唯物主义）、政治经济学（以《资本论》为主）、经济地理、列宁主义等，系统掌握了马克思列宁主义的基本理论。他在当时写的自传中说道："能留俄一天，我便要努力研究一天，务必使自己对于共产主义有一个相当的认识。"① "我来莫的时候，便已打定主意，更坚决地把我的身子交给我们的党，交给本阶级。"② 这段经历给邓小平奠定了坚实、雄厚的马克思列宁主义功底。

1927年，邓小平回国后，便矢志不渝地为实现自己的信仰而奋斗。从民主革命时期到社会主义革命和建设时期，从战争年代到和平年代，从指挥战争到领导建设，从毛泽东领导的革命和建设的追随者、参加者到中国改革开放的总设计师，从党中央第一代领导集体的重要成员到党中央第二代领导集体的核心，顺境也好，逆境也好，无论何时何地客观环境有什么变化，他始终是把自己的一切贡献于党、服从于党的需要，把自己融合于党的事业之中，毫无个人荣辱得失的考虑，真正达到了忘我的境界。邓小平也一再说，他从青年起就信仰马克思主义，一辈子也没有动摇过。

1986年9月2日，邓小平会见了美国记者华莱士。华莱士问："……您说过，您要活到一百岁，然后可以去见马克思，到那时候，马克思旁边可能还坐着毛泽东，他们可能对您说些什么？"

邓小平回答说："我是个马克思主义者。我一直遵循马克思主义的基本原则。马克思主义，另一个词叫共产主义。我们过去干革命，打天下，建立中华人民共和国，就因为有这个信念，有这个理想。我们有理想，把马克思主义基本原则同中国实际相结合，所以我们才能取得胜利。革命胜利以后搞建设，我们也是把马克思主义的基本原则

① 毛毛：《我的父亲邓小平："文革"岁月》，中央文献出版社1993年版，第151页。
② 毛毛：《我的父亲邓小平："文革"岁月》，中央文献出版社1993年版，第151页。

同中国实际相结合。我们搞四个现代化建设，人们常常忘记是什么样的四个现代化，是社会主义的四个现代化。这就是我们今天做的事。”①

理想信仰是生命的灯塔和航标。领导干部坚定理想信仰，就不负人民厚望。只有坚定理想信仰，才能经受拒腐防变的考验，才能抗拒形形色色的诱惑，才能有为党为人民工作的源泉，才能有生生不息的强国富民、民族复兴的持续动力；只有坚定理想信仰，才能排除各种私心杂念，聚精会神搞建设，一心一意谋发展，才能逢山开路、遇水架桥，才能开拓创新、勇往直前，直至到达胜利的彼岸。理想信仰是“为政之本”、“为官之要”，是领导干部世界观的核心部分，是领导干部人格魅力的主要内容。理想信仰是执政为民的前提，不讲理想，就做不到为民，做不到全心全意为人民服务，就有可能失去民心。不守信仰，也谈不上勤政、务实、高效。理想信仰也是党员干部成长进步的根本保证。凡是坚定理想信仰的领导干部，都能在自己的工作岗位上为人民建功立业，受到人民的拥护和爱戴。“双百”人物中的共产党员，人人理想信仰坚如磐石。从留下《可爱的中国》动人篇章的方志敏到抛洒热血、慷慨就义的瞿秋白，从“生的伟大，死的光荣”的刘胡兰到“舍身炸碉堡”的董存瑞，从共产主义战士雷锋到铁人王进喜，从“县委书记的榜样”焦裕禄到新时期领导干部的优秀代表郑培民，他们虽身处年代不同，但他们集中体现了共产党人为国为民的无私情怀、坚定不移的理想信念和纯洁高尚的人生境界。他们保持了经久不变的共产党人本色，散发着不可磨灭的精神光芒。毋庸置疑，历史已证明并将继续证明，共产党人不愧是民族的脊梁、人民的英雄、时代的先锋、社会的楷模。

2014 年是邓小平诞辰 110 周年。2014 年 8 月 20 日上午，中共中央在人民大会堂举行了座谈会。习近平同志在讲话中指出：“信念坚

① 《邓小平文选》第 3 卷，人民出版社 1993 年版，第 173 页。

定，是邓小平同志一生最鲜明的政治品格，也永远是中国共产党人应该挺起的精神脊梁。革命理想高于天。没有一大批具有坚定共产主义理想的中华儿女，就没有中国共产党，也就没有新中国，更没有今天我国的发展进步。要把我国发展得更好，离不开理想信念的力量。我们共产党人锤炼党性，首要的就是坚定共产主义远大理想和中国特色社会主义共同理想，坚忍不拔、风雨无阻地朝着我们的目标奋勇前进。”

二、树立乐观主义人生观

邓小平不但有“三落三起”的经历，而且活了93岁。有专家说，邓小平精力充沛，从他常挂在嘴边的“我一向乐观”、“天塌下来，我也不怕，因为有高个子先顶着”，不难看出他是个十足的乐观主义者，完全符合“乐观者长寿”的论点。正如江泽民同志所说：“当他受到错误打击、处于逆境的时候，他从不消沉，总是无私无畏，不屈不挠，沉着坚韧，对党对人民无限坚贞，对我们事业的未来持乐观主义态度。他总是由此更加深刻地思索中国革命的经验教训和根本规律问题，发愤要有新的更大作为。正因为这样，他才能顺应历史和时势的要求，在经历逆境之后重新起来担当重任。”

邓小平同志一生“三落三起”，其中有两落都是在“文革”时期。他自己也曾经说过：“我一生最痛苦的当然是‘文化大革命’的时候。”但即便是在那段非常岁月里，邓小平也从不怨天尤人，始终保持着乐观豁达的心态。

1969年10月，邓小平被下放到江西劳动。虽然政治风暴扫荡了人们的生活，冲击了人们的心灵，但邓小平同志依然心态平和，他在居住的院子里开辟出了一块不小的菜地，种上了白菜、蚕豆、辣椒、丝瓜、苦瓜等蔬菜。邓小平白天在地里劳作，挖土、施肥、浇水、除草；晚上就开始读马列著作及古今中外其他书籍。邓榕在一篇回忆文章里曾这样描述邓小平："我父亲为人性格内向，沉稳寡言，五十多年的革命生涯，使他养成了临危不惧、遇喜不亢的作风，特别是在对待个人命运上相当达观。在逆境之中，他善于用乐观主义精神对待一切。"[①]

邓小平曾深有感触地说："我一生中最痛苦的当然是'文化大革命'的时候。其实即使在那个处境，也总相信问题是能够解决的。前几年外国朋友问我为什么能度过那个时期，我说没有别的，就是乐观主义。"他还说："如果天天发愁，日子怎么过?"[②] 就这样，邓小平乐观地度过了他最痛苦的"文革"时期。

可以说乐观主义精神成就了邓小平，也成就了中国改革开放的大好局面。在"文革"中，许多身经百战、功勋卓越的将军被打倒，遭到名誉与人身的攻击，甚至是百般羞辱。在这种情况下，许多人选择了结束生命。一个人在极度绝望的状态下，如果没有坚定的意志与乐观主义精神，会认为死亡比生存更容易，所以他们选择了死亡。

乐观是成就一位杰出领袖的必备条件，也是当今社会上杰出领导人的共同特点。有人认为，乐观主义者更适合成为领导者，这句话是非常有道理的。

丘吉尔曾经说过："乐观主义者在困境中看到希望。"丘吉尔宣布攻打纳粹德国时，也曾面临大众的质疑。然而他巧妙地通过一系列乐观的演讲，向人们描述如何战胜纳粹、如何重获和平，在短短几周内，将人们消极的情绪转变为积极抗战的热情。战时丘吉尔内阁成员说，丘吉尔的话和乐观的态度让人们觉得有他在，人们会变得更加勇敢。

在美国前国务卿鲍威尔的新书《我为乐观而生》中，他说，"为什么乐观主义者会把事情做好，就是因为他们付出了超人般的努力。"

---

① 毛毛：《在江西的日子里》，人民网（2013年5月30日），http://history.people.com.cn/n/2013/0530/c198452-21671769.html。

② 《邓小平文选》第3卷，人民出版社1993年版，第55页。

鲍威尔认为，军事训练是训练人乐观意志的最好方式之一。他在书中写道：“中尉们！你也许会挨饿，但是不要让别人看到；你也许会遭遇寒风、烈日，但是不要表现出怕冷怕热来；你也许会害怕，但不要把你的胆怯表现出来。你是军队的领导，你的一言一行将影响整个军队的士气。”人们认为，无论事情看上去多难，乐观主义者都会努力尝试做到最好。

作为新时期的领导干部，都承担着相当程度的工作压力。全面建成小康社会的事业是伟大而艰巨的，在这一过程中会遇到各种各样的困难和挫折，对作为领路人的领导干部来说，要乐观向上，积极吸收正能量，勇敢面对各种问题，这样才能保护良好的精神状态。良好的精神状态对领导干部来说是十分重要的。正如习近平同志发表在《浙江日报》“之江新语”专栏上的文章（2004年6月16日）所指出：“良好的精神状态，是做好一切工作的重要前提。领导干部在工作顺利的时候，保持良好的精神状态并不难，难的是在面对众多矛盾和问题时、遇到困难和挫折时，能够始终保持昂扬向上、奋发有为的精神状态。”

面对困难，乐观主义精神能让人多一分镇定和从容。“不管风吹浪打，胜似闲庭信步。”镇定从容是一种优秀的心理素质，是自信乐观的外在表现。该发生的事情一定会发生，无须逃避。既来之则安之，慌乱于事无补，反而自乱阵脚。

第四节　强身健脑

——游泳身体好，打牌脑子灵

邓小平晚年有两大爱好：游泳和打桥牌。“我能游泳，特别喜欢在大海中游泳，证明我身体还行。”近80岁高龄的

邓小平如是说。游泳是邓小平的一大业余爱好，特别是晚年，邓小平更是酷爱大海。

打桥牌是他20世纪50年代在四川学会的，此后就一直是他的一大业余爱好。晚年，打桥牌更是成为他暮年寄情之所在，桥牌技艺随之日益精湛，几臻炉火纯青，就连最擅长此道的外国人，也尊称他为中国的“高级桥牌迷”。“桥牌女皇”美籍华人杨小燕就这样说过：“邓小平的牌技可不仅仅是业余水平，已够得上专业水平了。”

一、培养高尚的兴趣爱好

兴趣是指一个人力求认识某种事物或从事某种活动的心理倾向，爱好是指对某种事物具有浓厚的兴趣。兴趣爱好，有利于调剂生活，提高才能，展示才华，有利于人际沟通和交往。有人爱打篮球，有人爱音乐，有人爱书法，可以说，一个人或多或少都有一定的兴趣爱好。因此，兴趣爱好是人们生活中十分重要的部分。

一个人的兴趣爱好，表面看起来似乎只是个人私事，是一件小事，但若深究起来，人们的大多数兴趣爱好都属于精神文明的范畴，而整个社会的精神文明，依赖于每个家庭特别是每个人的精神文明。一个人的兴趣爱好，小则关乎个人的人生成败，大则关乎国家的兴衰荣辱。因此，对于个人的兴趣爱好，绝不可以等闲视之。

邓小平是一个伟人，也是一个凡人。在生活中，他也有自己的兴趣爱好。他认为打桥牌可以锻炼大脑，提高思维能力。

1984年《纽约时报》刊登了美国桥牌专栏作家艾伦·杜史高的一篇权威性文章，其中这样写到：世界上许多历史人物都是桥牌迷，例如艾森豪威尔在第二次世界大战中等待盟军北非登陆消息时，也没有忘记挤出时间玩一局桥牌；英国前首相丘吉尔在第二次大战爆发后动员英军参战时，仍念念不忘打桥牌。中国的邓小平更不例外。早在

1981 年，世界桥牌记者协会就给邓小平颁发了桥牌荣誉奖，称他为世界上对桥牌贡献最大的人。

打桥牌是邓小平 20 世纪 50 年代在四川学会的，此后就一直是他的一大业余爱好。晚年，打桥牌更是成了他暮年寄情之所在，而他的桥牌技艺亦随之日益精湛，几臻炉火纯青，无怪乎外国人誉他为中国的“高级桥牌迷”。1981 年，桥牌皇后、美籍华人杨小燕就曾有幸与邓小平同桌打牌，她后来说：“邓小平的牌技可不仅仅是业余水平，已够得上专业水平了。”①

战争年代，邓小平统帅精兵决胜疆场的雄姿，只有在枪林弹雨中渡过的老将军们有幸亲睹；不过，邓小平在桥牌桌前展示的运筹帷幄的风采，令在和平年代长大的年青一代也不难想象他当年的凛凛威风。邓小平有时操着富有音乐感的四川话说：“打牌要和高手打嘛，输了也有味道。”

打桥牌，是邓小平的兴趣爱好之一，也是邓小平休息的一种特殊方式。他说：“唯独打桥牌时，我才什么都不想，专注在牌上，头脑能充分休息。”

国家领导人的体育爱好，不只是个人生活习惯，也体现了政治家的个人品格，乃至一种社会风尚。毛泽东喜欢乒乓球，“文革”中连农村中小学都有水泥筑的简易乒乓球桌。“文革”结束后复出的邓小平喜欢桥牌，在那个国门初开的时代，引起大学生的热烈响应。在 20 世纪 80 年代，桥牌曾经是与今天的“LV”品牌一样的时尚名片。

每个人都有各自的兴趣爱好。相对于工作、学习而言，个人的兴趣爱好在业余时间展现，当属“小事”。但是，领导干部的兴趣爱好就不同了，它是不能和一般群众的兴趣爱好等量齐观、同日而语的。当然，说领导干部的兴趣爱好不是小事，绝不是反对和剥夺领导干部有自己的兴趣爱好，因为毫无兴趣爱好的生活是枯燥无味的。问题在

---

① 《桑榆暮景——邓小平个性中矛盾的和谐》，中国文明网（2010 年 7 月 15 日），http://archive.wenming.cn/zt/2010-07/15/content_20341008.htm。

于领导干部的兴趣爱好不能太低俗，而应像邓小平一样，培养一点高尚的兴趣爱好，不但可以丰富业余生活，而且有益身心健康，从而促进自己的工作，否则就会影响工作，甚至“前途”。

世人皆有所好，各有其乐，实乃常情。健康向上的个人爱好，能陶冶情操、修身益智。如若痴迷于不良“嗜好”，沉溺无度，则害莫大焉。细究当前一些落马贪官的腐败轨迹，不难发现或多或少都有不良“嗜好”作祟，他们身败名裂的下场，可谓触目惊心！因此，面对多彩世界光怪陆离的各种诱惑，领导干部慎“嗜好”，显得尤为重要。

2014 年 2 月 7 日，国家主席习近平在俄罗斯索契接受俄罗斯电视台专访，就索契冬奥会、中俄关系、中国全面深化改革和发展前景等问题回答了主持人布里廖夫的提问。在谈到个人有哪些爱好时，习近平说，我个人爱好阅读、看电影、旅游、散步。你知道，承担我这样的工作，基本上没有自己的时间。今年春节期间，中国有一首歌，叫《时间都去哪儿了》。对我来说，问题在于我个人的时间都去哪儿了？当然是都被工作占去了。现在，我经常能做到的是读书，读书已成了我的一种生活方式。读书可以让人保持思想活力，让人得到智慧启发，让人滋养浩然之气。比如，我读过很多俄罗斯作家的作品，如克雷洛夫、普希金、果戈里、莱蒙托夫、屠格涅夫、陀思妥耶夫斯基、涅克拉索夫、车尔尼雪夫斯基、托尔斯泰、契诃夫、肖洛霍夫，他们书中许多精彩章节和情节我都记得很清楚。

同时，习近平还谈到了体育活动，说喜欢游泳、爬山等运动。还喜欢足球、排球、篮球、网球、武术等运动。冰雪项目中，爱看冰球、速滑、花样滑冰、雪地技巧。

邓小平与习近平的兴趣爱好，表面看是常人的兴趣爱好，但是他们的兴趣爱好却是与所担负的重任密切相关的。正如习近平主席所说，“治理这样一个国家很不容易，必须登高望远，同时必须脚踏实地。”如何才能做到脚踏实地，首先得从个人的修身养性做起。如何修身养性？读书、打桥牌、体育运动，都是一种积极的生活方式。

兴趣爱好折射出一个人的情操、品位和修养，也是一个人生活情趣的反映。邓小平与习近平的兴趣爱好都带有浓郁生活气息，具有浓厚的大众色彩，都是普普通通人的喜好。他们的兴趣与大众兴趣相投，进一步拉近了与群众的距离，还原了做人的本色与本真，传递出这样的信息：领导人也是一个有着自己个人喜好的有血有肉、真真切切的人，打破了“不食人间烟火”的神秘感。领导人积极健康的兴趣爱好，是一种导向、一种助力，在广大干部中会形成一种蓬勃向上的好风气。

二、强壮的体魄是成功的基石

昔日湖南第一师范礼堂门口赫然写着四个大字：德、智、军、美。这是民国初年首任教育部长蔡元培提出的教育方针。“德”“智”是中国传统的教育宗旨，所谓传道授业解惑是也。军育是鉴于近代中国兵疲国弱受人欺辱而从自己的敌人——德国和日本学来的。蔡元培的独创是美育，他曾提出以美育代宗教的设想。

就在美育和军育哪个重要的问题上，毛泽东曾与萧子升之间发生过一场争论。萧很欣赏美育，毛则认为“军育更为重要”。毛说：“如果国家软弱，谈论美学有什么用途？首要的事情是打败侵略我们的敌人！这和美学又有什么关系呢？”萧申辩，美育能促进德性的完美。毛反驳：“完美德性又有什么用？最重要的事情是强盛起来。有力量，才能战胜敌人，战胜敌人才能显示德性。”

这场争论发生在那个国力羸弱的年代并不奇怪。当时的人曾提出“文明其精神，野蛮其体魄”的口号。毛泽东很赞赏这个口号，不过他对二者间的关系有独特的理解。他的见解是：“欲文明其精神，先自野蛮其体魄；苟野蛮其体魄，则文明之精神随之。”那时的精神文明也包括两项：学问和道德。在毛泽东看来，学问道德诚然重要，但二者都必须以健全的体魄为基础，“体育，载知识之车而寓道德之舍也”。“体强壮而后学问道德之进修勇而收效远”，因此他认为“体育于吾人实占第一位置”。

为了达到强健体魄的目的，在长沙读书时，他曾融合八段锦、体操、拳击各种运动之长，创造了一种“六段运动”，包括手、足、躯干、头部的活动，还有打击和跳跃的动作。他坚持一日数练，长年不辍。此外，还有冷水浴、风浴、雨浴，甚至雪浴。人们看到他经常赤着上身在风雨之中跑跳蹬跃。爬山、野游和露宿更是他乐于实行的锻炼方法。毛泽东最喜欢的健身运动是游泳，从少年时代“中流击水”于湘江，到晚年以 70 岁高龄“闲庭信步”于长江，终生不改其乐。

邓小平是毛泽东之后的世纪伟人，有着同毛泽东同样的体育爱好，也有着同样的健康意识。近 80 岁高龄的邓小平曾说过：“我能游泳，特别喜欢在大海中游泳，证明我身体还行。”游泳是邓小平的一大业余爱好，特别是晚年，邓小平更是酷爱大海。俗话说，沧海横流，方显英雄本色，也许与大自然的风浪搏击是许多伟人的共同爱好。

1992 年的夏天，邓小平最后一次来到北戴河。考虑到老人家年纪大了，医疗组不想让他下海游泳。但当时他特别想去游泳，还不断问身边人天气怎样、水温怎样。最终经过研究，医疗组还是同意老人下海了。邓小平的女儿邓林接受记者采访时说，1992 年，那一年爸爸一共下海 8 次，每次大约 45 分钟。

这一年，邓小平已 88 岁高龄。也是这一年，邓小平视察武昌、深圳、珠海、上海等地，发表了著名的南方谈话。同年，在中国共产党第十四次全国代表大会上，确立了建立社会主义市场经济体制的目标。

可以说，邓小平最辉煌的人生是在他的晚年。他第三次复出时已 72 岁。由于邓小平十分重视身体锻炼，身体状态良好，才能保证他从 72 岁一直到 88 岁，一直致力于谋划中国的改革开放大业，成为中国改革开放的“总设计师”。

邓小平曾说过：“办好中国的事情，关键在党，关键在人。”关键的关键，又在领导干部身上。我们党之所以能勇往直前，不断创造辉煌和奇迹，离不开一代又一代优秀领导干部的努力与奋斗。但是许多优秀领导干部由于健康原因，倒在工作岗位上，却令人感到惋惜，如任弼时、罗炳辉、焦裕禄、牛玉儒、罗阳等。领导干部事业心、责任心、进取心都很强，在本职岗位上敢于吃苦、乐于奉献，很多人甚至废寝忘食、忘我工作乃到劳逸失调。他们常常在事业上获得成就的同时，也会严重透支身体健康。再加上忙于工作，对身体和生理上发生的病变发现迟、治疗迟，最后导致严重疾患。另一方面，因为优秀干部工作踏实、办事可靠、成效显著，其所在单位领导一般喜欢多安排任务、安排重要任务，他们的工作压力较大。长此以往就很容易导致身心疲惫、积劳成疾。因此，作为领导干部一方面要努力工作，另一方面要坚持体育健身，同时要保持豁达的心态，这样才能有助于身体健康。

邓小平的长寿除了体育健身，还与他豁达的个性分不开的。在一般人眼里，邓小平所经过的“三落三起”，最终都因祸得福，化险为夷，国际舆论界也称他为“打不倒的东方小个子”。然而这些看法都是事后之见，在政治斗争的惊涛骇浪中，谁能预见自己能够“三起”呢？“三落”纯属消极，“三起”则化消极意义为积极意义。一个人心态不同，看事情的眼光也就不一样，心胸宽广的人，看世界是一片光明灿烂，哪怕暂时有不愉快的阴霾，也会相信它终将过去，长寿者的心理优势也在于此。

作为领导干部应该增强健康意识，自觉加强身体锻炼，保证自己有一个健康的体魄，一个健康的心理。各级党政组织和领导干部都应该进一步重视这个问题，为促进干部健康多办实事。尤其对于优秀干部，要从人才可持续使用、事业可持续发展的高度出发，给予更多的关怀和爱护，科学安排其工作和休息，多创造使其身心放松的条件，不搞“鞭打快牛”“竭泽而渔”，最大限度地保障他们的健康，使他们最大限度地为党和人民建功立业。

第二章

邓小平为人处事智慧与领导艺术

第一节　胸怀宽广

——科学评价毛泽东和毛泽东思想

邓小平说过，他一生最痛苦的是“文化大革命”时期。对“文化大革命”错误要根本否定，对毛泽东怎么办？这是在20个世纪70年代末80年代初全党全国人民最为关心的头等大事。邓小平主持起草第二个《历史决议》，不仅完全抛弃个人的恩恩怨怨，而且坚决地批判了党内外各种诋毁、攻击和否定毛泽东的错误倾向。他竭力维护毛泽东的历史地位和毛泽东思想的指导作用，《历史决议》对毛泽东做出了正确评价。这个决议是20多年来我们党内团结、国家稳定的一个重要精神条件。在决议起草过程中，邓小平的宽广胸怀起了决定性的作用。

一、宽阔的眼界和胸襟

党的十一届三中全会后，随着党在实际工作中拨乱反正的全面展开和深入进行，解决历史遗留问题的步子进一步加快了。党内外要求对建国以来的历史经验进行认真全面的总结的呼声十分强烈。中央认为，必须正确地认识建国以来党走过的历史道路，科学地总结党在这个历史时期的历史经验。拨乱就是要拨“文革”之乱，就是要纠正毛泽东晚年的错误。只有正确对待“文革”、正确对待党的历史、正确对待毛泽东同志的功和过，我们党才能真正掌握拨乱反正的主动权。因此，对建国三十年来党的历史作出科学的总结，对“文革”作出评价、对毛泽东的历史地位作出正确的评价，提到了党中央的议事日程。

国内在对待毛泽东问题上也存在着两种极端倾向：一种是坚持“两个凡是”的错误方针；一种是把中国共产党的失误，甚至把林彪反革命集团、“四人帮”的罪行也归罪于毛泽东，进而否定毛泽东、毛泽东思想和党的历史。

1977 年 4 月，“两个凡是”的方针提出不久，邓小平还没有恢复工作，即致信党中央，批评“两个凡是”的错误，提出我们要世世代代用完整的、准确的毛泽东思想来指导我们全党全军和全国各族人民。

1977 年 7 月，十届三中全会恢复邓小平的工作，在全会闭幕会上，邓小平有一个讲话，他在第三部分中论述了对待毛泽东思想的正确态度，进一步阐述了“完整”“准确”这一提法的含义。他指出：只有对毛泽东思想体系有完整的（不是零碎的）、准确的（不是随意的）认识，并且运用它来指导我们的各项工作，才不至于割裂、歪曲毛泽东思想。林彪、“四人帮”就是引用毛主席的某些只言片语骗人、吓唬人。[①]

---

① 《邓小平文选》第 3 卷，人民出版社 1993 年版，第 43 页。

在十一届三中全会前夕召开的中央工作会议上，很多同志直接批评了“两个凡是”的错误方针，提出了为“天安门事件”平反等问题。党公开地为“天安门事件”平了反。就是在这个时候，邓小平同外国记者谈话，特别指出了毛泽东同志对中国人民的功勋是不可磨灭的，如果没有毛泽东同志，中国人民很可能还要在黑暗中苦斗更长的时间。他在闭幕会上所作的《解放思想，实事求是，团结一致向前看》的报告中，再次肯定了毛泽东的功绩，“没有毛主席就没有新中国，这丝毫不是什么夸张。毛泽东思想培育了我们整整一代人。我们在座的同志，可以说都是毛泽东思想教导出来的。没有毛泽东思想，就没有今天的中国共产党，这丝毫不是什么夸张。”他同时指出，“当然，毛泽东同志不是没有缺点、错误的，要求一个革命领袖没有缺点、错误，那不是马克思主义。我们要领导和教育全体党员、全军指战员、全国各族人民科学地历史地认识毛泽东同志的伟大功绩。”

邓小平“三落三起”的传奇经历，其中“两落两起”与毛泽东有关。“两起”要感谢毛泽东，“两落”怎么办？邓小平说过，他一生最痛苦的是“文化大革命”时期，他自己不但被打倒，连儿子也被摔成终身残疾，从个人情感来说，他心中对毛泽东发动“文化大革命”是不满的。但是邓小平没有从自己个人感情出发，而是从党和国家的大局出发。邓小平主持起草第二个《历史决议》，不仅完全抛弃个人的恩恩怨怨，而且坚决地批判了党内外各种诋毁、攻击和否定毛泽东的错误倾向。在正确评价毛泽东的过程中，邓小平体现了共产党人的宽广胸怀。

胸襟开阔，就是胸怀坦荡，容得下事，容得下人。法国文学家雨果曾经说过：“世界上最宽阔的是海洋，比海洋更宽阔的是天空，比天空更宽阔的是人的胸怀。”有江海般胸怀的人，容得下一切喜怒哀乐，善于接纳所有的人，包括反对过自己的人。领导者的心胸关乎事业兴衰、个人形象。邓小平曾对领导干部提出明确要求：“眼界要非常宽阔，胸襟要非常宽阔”[①]。“以度量容天下”，无疑有利于凝聚人心，汇聚人才，成就事业。回首历史，不难看到，大凡有成就者无不具有大度能容的胸怀。齐桓公不记一箭之仇重用管仲，成为春秋五霸之首；李世民重用政敌的重臣魏征，创造了唐朝的辉煌。身经百战的将军粟裕，“战功高不居功，贡献大不自大”，常自谓“沧海一粟”，诚见其气量与品格，更令人亲近，受人敬仰。一个人不论职位有多高，能力有多强，如果心胸狭窄，容不得人、容不得事，不仅搞不好领导班子内部团结，也搞不好与群众的团结，而这两个团结搞不好，就会脱离群众，成为孤家寡人。可以说，博大的胸怀、容人的气度，是一个领导干部必备的思想品德和素质，是为官做人的一种可贵境界。

领导干部要有宽广的胸怀，必须容得下事、容得下人，不搞小团体利益，不搞小单位利益，对于逆耳忠言要听得进，要明是非，知进退。相反，如果一个领导者心胸狭窄，容不下提出忠言的人，是非不分，不仅领导班子之间搞不好团结。与群众之间的关系也搞不好，脱离了群众，也就成为众矢之的。

领导干部要有宽广的胸怀，必须放宽眼界，不断历练自己。领导干部与群众相处要坦诚相待，表里如一，固守节操，不能表面一套背后一套，只有树立远大的理想和人生追求、乐于奉献，始终以群众的利益为重的人，才能得到群众的拥护，才能永立“桥头”终不倒。焦裕禄同志就是领导干部的一个典范，他参加革命工作 18 年间，一贯听党的话，对党的工作忠心耿耿，为人民鞠躬尽瘁，身不离劳动、心不离群众。他的一生是革命的一生、战斗的一生、光辉的一生，正是因为他有一颗宽广的胸怀。领导干部要有敬业精神。对每一项工作要有不干好就寝食难安、食之无味的态度，对事业要忠贞不渝、始终保持昂扬的工作态度，在工作中肯定会遇到“绊脚石”“拦路虎”，要有

---

① 《邓小平文选》第 3 卷，人民出版社 1993 年版，第 299 页。

恒心和毅力，要有“咬定青山不放松”的信心和决心，这样才能克服种种困难，才能迎接更大的挑战。

领导干部要有宽广的胸怀，必须有一颗平常心。必须正确认识自我，找准自己的人生坐标，正确认识自己的长处和短处。有的领导干部只要有一点成绩，就把成绩无限放大，迷失了方向，掂不清自己的轻重，甚至失去了前进的动力，只停留在取得的一点小小成绩中沾沾自喜，最终贻害了组织、贻害了群众、贻害了自己。大海之所以博大，就是因为它把自己放得很低。所以领导干部要准确定好位，才能更好地为党和人民的事业做贡献。

“江海所以能为百谷王者，以其善下之，故能为百谷王。”“欲上民，必以言下之；欲先民，必以身后之。”领导干部有宽广的胸怀是成就事业的基础，是为人民服务的必要保证，所以广大领导干部要不断培养自己宽广的胸怀，这是事业成功的重要条件之一。

二、诚恳接受批评意见

批评和自我批评是马克思主义政党自我改造、自我完善、自我提高的有力武器，是马克思主义政党理论的重要组成部分。马克思、恩格斯第一个按照科学共产主义理论建立了无产阶级政党，并在党的建设中，始终强调共产党人要拿起批判的武器，对外开展批判，对内抵制和克服各种非无产阶级思想。恩格斯曾明确提出：“要开展理论斗争，并把它作为无产阶级反对资产阶级斗争的一种重要形式，以保证无产阶级思想战胜资产阶级思想和各种非无产阶级思想”。

邓小平始终坚持贯彻批评与自我的批评的优良作风。他指出：“有没有自我批评的精神，让不让别人批评，听了正确的批评能不能接受和照办。有错误，自己讲，而且讲够，又能倾听别人批评的意见，这就有了主动，就可以使大家心情舒畅。这样做绝不会损害自己的威信，只会提高自己的威信。”①

1957年4月8日，邓小平在西安干部会议上明确指出：“党要接受监督，党员要受监督，八大强调了这个问题，毛主席说，要唱对台戏，唱对台戏比单干好”，而所谓的监督来自三个方面：“第一，是党的监督。党对党员的监督要严格一些，团对团员的监督要严格一些。第二，是群众的监督。要扩大群众对党的监督，对党员的监督。第三，是民主党派和无党派人士的监督。要扩大他们对共产党的监督，对党员的监督”，为什么呢？因为“有监督比没有监督好，一部分人出主意不如大家出主意好”，“但有些党员总觉得不受监督，自己下命令舒服，独断专行比较方便。正因为相当多的领导同志思想不通，看起来监督就更加重要了”。邓小平的这些言论的确令人深思。研究过政治经济学的人都清楚，国家管理或企业管理中风险最大的问题不是缺少资金与人才，而是怕搞“一言堂”，决策时听不到反对的声音。一个国家或一个企业的决策，就是要有反对的声音，但大多数人反对或没有人反对都不行，所以必须有监督，才能保证一个国家或企业的长治久安。用邓小平自己的话说就是：“革命政党最怕是听不见人民的声音，最怕是鸦雀无声。”

1978年10月，邓小平访问新加坡。此前，中国在极左时期一直称新加坡为“美帝国主义的走狗”。当邓小平吃惊地看到新加坡的成就时，他承认对方实行的对外开放、引进外资的方针是对的。当谈到中国的对外方针时，李光耀说，中国必须停止革命输出。邓小平停顿片刻后突然问：“你要我怎么做？”这倒让李光耀吃了一惊，他就大胆地说：“停止马共和印尼共在华南的电台广播，停止对游击队的支持。”

李光耀后来回忆：“我从未见过一位共产党领袖，在现实面前会愿意放弃一己之见，甚至还问我要他怎么做。尽管邓小平当时已经74

① 《邓小平：在扩大的中央工作会议上的讲话》，《邓小平文选》第1卷，人民出版社1994年版，第309页。

岁，但当他面对不愉快的现实时，他还是随时准备改变自己的想法。”①

俗话说，“忠言逆耳利于行”。工作中，不管是上级还是下属，提出批评意见，其目的只有一个，就是希望你把工作干好，在工作中少走弯路，少出差错。因此在面对批评意见时要端正态度，虚心接受，认真反思，做到“有则改之，无则加勉”。万不能小肚鸡肠，认为提意见的人是故意和自己过不去，而采取打击报复等过激行为。

领导干部胸怀宽广的重要表现就是能够诚恳接受来自各方的批评意见。常言说兼听则明。领导干部尤其需要有包容不同批评意见的胸怀。工作中，只有允许各种不同声音的存在，只有听取各种不同的声音，才能比较全面客观地了解和掌握各方面情况，才有利于做出理性的判断和正确的决策。如果只习惯听顺耳话、赞美话、奉承话，只喜欢拍马屁的人，不能包容不同意见，听不得不同声音，那么便很可能被甜言蜜语所陶醉，被势利小人所包围，这实在是很危险的。即使批评意见有时也会片面甚至是不正确，但为了工作和人民的利益，应该鼓励大家畅所欲言，敢于正视自己的错误缺点，虚心接受群众的监督和批评，这是我们党的优良传统。

任何时候，领导干部正确对待群众的批评性意见不仅可以克服缺点错误，有利于改进工作，而且对于推动各项事业顺利发展大有裨益。多听听群众的批评意见是我们共产党干部应有的胸怀。一方面批评者要着眼于建设，满腔热忱，与人为善，恰如其分，本着对党和人民负责的态度多提批评性意见；另一方面，被批评者要充分理解批评的目的不是为了让人难堪和出丑，而是为了帮助我们改进工作，大家都着眼于建设，言者意善，闻者心诚，批评和被批评之间就会架起一座互相理解、互相信任的桥梁，我们的各项工作就会做得更好，就会得到群众的拥护和支持。

---

① 《面对现实 实事求是：邓小平认错感动李光耀》，中国共产党新闻网（2008 年 10 月 29 日），http://cpc.people.com.cn/GB/85037/8247942.html。

第二节 谦逊低调

——名誉太高了是个负担

1989年9月4日正式向中央请求退休那天，邓小平对中央领导同志说过这样一些话："我多次拒绝外国人要我写自传。如果自传只讲功不讲过，本身就变成了歌功颂德，吹嘘自己，那有什么必要？至于一些同志回忆自己的历史，写一些东西，那很有益处。聂荣臻同志写的那一段亲自经历的事，很真实。有人也写了自己的错误，比如李维汉同志。但有些自传还是宣扬自己的多，这种事情值不得赞扬。对我的评价，不要过分夸张，不要分量太重。有的把我的规格放在毛主席之上，这就不好了。我很怕有这样的东西，名誉太高了是个负担。我退休方式要简化，死后丧事也要简化，拜托你们了。"

一、谦虚使人进步，骄傲使人落后

古语曰：满招损，谦受益。语出《尚书·大禹谟》，意为骄傲自满会招致损失，谦虚谨慎可以得到益处。后来，毛泽东在文章里古为今用，即成"虚心使人进步，骄傲使人落后"。

1956年9月，毛泽东在八大开幕词中指出："我们现在也面临着和苏联建国初期大体相同的任务。要把一个落后的农业的中国改变成为一个先进的工业化的中国，我们面前的工作是很艰苦的，我们的经验是很不够的。因此，必须善于学习。要善于向我们的先进者苏联学习，要善于向各人民民主国家学习，要善于向世界各兄弟党学习，要善于向世界各国人民学习。我们决不可有傲慢的大国主义的态度，决不应当由于革命的胜利和在建设上有了一些成绩而自高自大。国无论大小，都各有长处和短处。即使我们的工作得到了极其伟大的成绩，也没有任何值得骄傲自大的理由。虚心使人进步，骄傲使人落后，我们应当永远记住这个真理。”①

新民主主义革命时期，毛泽东是在同“左”和右的两种错误倾向，特别是王明、李立三、张国焘以及第三国际的“左”倾错误的斗争中，开创了马列主义同中国国情相结合的中国革命道路。长期革命实践证明了毛泽东是正确路线的代表。由于敌我对比悬殊，还有共产国际、斯大林这些制约因素，毛泽东在中国革命战略策略的制定中，一直采取谨慎、稳妥、积极的态度。如：土地革命战争时期制定的“以农村包围城市，武装夺取政权”的中国革命道路；抗日战争时期确立的持久战战略原则；解放战争时期准备打长期战争的思考；社会主义革命准备用 3 个五年计划完成等等。由于党的路线、方针、政策符合实际，稳妥可靠，革命进程比预想的大大提前。如原先认为至少要打 5 年的解放战争，3 年多就基本胜利。

但新中国成立后，似乎一切制约因素都不再存在。经过抗美援朝，认为美帝国主义也没什么了不起；斯大林逝世后，赫鲁晓夫在苏共二十大上揭了斯大林问题的盖子，认为苏联、斯大林也没有什么了不起；至于赫鲁晓夫就更不在话下。于是，在这种形势面前，产生了骄傲情绪。在国内，原定用 15 年完成的社会主义改造，仅用 4 年时间就完成了，认为中国有了自己的一套经验。这给毛泽东造成的错觉是领导落后于群众，因此在建设时期他总是强调反右倾，反保守。他开始迷信自己，脱离群众，也脱离中央领导集体，听不进任何不同的

---

① 毛泽东：《中国共产党第八次全国代表大会开幕词》，人民出版社 1956 年版，第 4 页。

意见。[1] 陆定一在20世纪90年代也曾说：“毛泽东晚年骄傲了，听不进别人的话。”

《关于建国以来党的若干历史问题的决议》在指出“大跃进”和人民公社失误的原因时指出：“由于对社会主义建设经验不足，对经济发展规律和中国经济基本情况认识不足，更由于毛泽东同志、中央和地方不少领导同志在胜利面前滋长了骄傲自满情绪，急于求成，夸大了主观意志和主观努力的作用，没有经过认真的调查研究和试点，就在总路线提出后轻率地发动了‘大跃进’运动和人民公社化运动，使得以高指标、瞎指挥、浮夸风和‘共产风’为主要标志的左倾严重地泛滥开来。”

毛泽东的骄傲情绪，再加上他的巨大威望，使得他的决定别人很难改变。作为第一代领导集体的重要成员，邓小平曾说过：“有些问题我们确实也没有反对过，因此也应当承担一些责任。当然，在那个条件下，真实情况是难于反对。”

邓小平在目睹毛泽东骄傲情绪给党和国家事业造成的灾难后，始终把“虚心使人进步，骄傲使人落后”作为自己的人生信条。邓小平在人民群众中享有崇高威望，但他从不居功自傲。作为一个马克思主义者，他历来反对夸大个人。他说：“永远不要过分突出我个人。我所做的事，无非反映了中国人民和中国共产党人的愿望，党的这些政策也是由集体制定的。”十一届三中全会后，大家希望邓小平当总书记、国家主席，但邓小平都拒绝了。

谦虚谨慎，对于每位干部特别是刚刚走上领导岗位的年轻干部来说，显得尤为重要。由于年轻领导干部有一定的成绩与贡献，所以党组织和人民把他们选拔到领导岗位，是希望他们进一步发挥才干。因此，作为年轻领导干部，一定要正确对待组织，正确对待自己，正确对待别人，始终保持谦虚谨慎、不骄不躁，高调做事、低调做人，尊

---

① 刘玉：《毛泽东晚年探索出现失误的个人因素探析》，《党史博采（理论）》，2009年第9期。

重同志、情系大局，以坦诚的心胸面对工作、生活中的人和事。一要时刻保持清醒的头脑。年轻领导干部任何时候都要注意保持谦虚谨慎的优良品质，坦荡正直，宠辱不惊。春风得意之时不忘乎所以，壮志未酬之时不心浮气躁，取得成绩之时不居功自傲，陷入困难之时不灰心丧气。二要时刻摆正自己的位置。年轻领导干部任何时候都要时刻牢记权力是人民给予的，始终注意把自己摆在公仆的位置上，工作中不摆架子、扑下身子，想人民群众所想、急人民群众所急、帮人民群众所需、解人民群众所难。唯有如此，才能在人民群众心目中树立起自己的良好形象。三要时刻倾听别人的意见。年轻领导干部任何时候都要牢固树立“三人行必有我师”的观念，在与上下级之间、班子成员之间相处共事的过程中，甘当“小学生”，自觉做到思想上常交流、感情上常融洽、工作上常通气，始终用谦虚的态度博得他人的认可，在与人交往中不断提升自己的水平。

二、低调做人高调做事

邓小平把谦逊低调这个人生智慧发挥到极致，不仅用于做人、做官，还用于国际战略。

中国在改革开放政策的指引下，综合国力有了显著的增强，国际上也有人开始鼓励中国“当头”，在国际社会中发挥更大的作用。对此，邓小平警醒党内同志：“第三世界有一些国家希望中国当头。但是我们千万不要当头，这是一个根本国策。”[①] 邓小平曾对时任联合国秘书长的德奎利亚尔说：“很多朋友说，中国是第三世界的头头。我们说，头头可不能当，头头一当就坏了。搞霸权主义名誉很坏，当第三世界的头头名誉也不好。这不是客气话，这是一种真实的政治考虑。”[②]

---

① 《邓小平文选》第 3 卷，人民出版社 1993 年版，第 363 页。

② 《邓小平文选》第 2 卷，人民出版社 1994 年版，第 416 页。

“文革”期间，中国有一些“左派”想仿效苏联，以毛泽东的“三个世界”为号召，明明自己吃不饱肚子，还勒紧裤带充好汉，慷慨援助第三世界兄弟国家。

在邓小平看来，站在第三世界一边，讲讲公道话是可以的。但决不能当头，当了绝无好处：一是中国自己的力量不够，当不起这个头。当头，等于把放在墙上的葫芦拿过来挂在自己的脖子上，那么多葫芦总有一天会把中国压得伸不起腰来，至少行动不便。再说中国本来就穷，自己的事都做不完，哪有能力把那么多小兄弟都包起来，况且你去大包大揽，出了力不一定能讨好。把 10 亿人口的中国搞好，本身就是对人类做出了很大贡献。弃 10 亿人民的温饱而不顾，硬去当头揽事有什么必要？

二是如果当上头，就会失去许多主动权，等于把中国绑在第三世界的船上，而且还要当船长，负责全体船员的安全。第三世界从理论上说，是以富国，尤其是超级大国为敌人的。当上了他们的头就得起领导作用，带领这些“小兄弟”去同发达国家、超级大国相对抗。果真如此，中国就无法独立自主地同发达国家打交道，无法在处理大国关系时采取灵活机动的策略。中国站在第三世界一边，是同超级大国打交道的一张重牌。但是如果陷得太深，那中国反过来成了其他国家手上的牌，这等于作茧自缚，给自己设置障碍，堵死了中国同发达国家开展合作、获取资金和技术以利四化建设的道路。①

因此，邓小平反复告诫中国人要谦虚谨慎，“要多做实事，少说空话，不争一日之短长，不扛旗，不打头阵，不引火烧身，不将西方的矛盾集中在自己身上，而是一心一意搞好现代化建设。”

在邓小平“永不当头”的国际战略指导下，中国既能在国际事务中发挥更大的作用，提高中国在国际事务中的影响力，又不影响中国的对外开放基本国策，可谓一举多得。中国这种外交战略就是典型的

① 萧诗美：《邓小平谋略学》，当代世界出版社 2004 年版，第 319—320 页。

低调做人、高调做事。

低调做人、高调做事，不仅是一种做人智慧，而且还是一种为官智慧。在人的一生中，做人之难，难于从躁动的情绪和欲望中稳定心态；成事之难，难于从纷乱的矛盾和利益的交织中理出头绪。

凡古今中外之集大成者，皆为低调做人、高调做事的典范。邓小平由于低调做人在“文革”后期获得重新复出的机会。复出后，邓小平大刀阔斧地进行了一系列的整顿，并与“四人帮”进行了斗争，这就是邓小平的高调做事。邓小平的高调做事赢得了毛泽东的赞赏，同时也赢得了人民的支持，虽然邓小平后来又被“打倒”，但是却为他的第三次复出奠定了基础。

第三节 团队精神

——二野的内部关系是非常团结的

邓小平在会见编写第二野战军战史的老同志时指出：“二野的内部关系是非常团结、非常协调的。上下级之间、各纵队之间，甚至于更下层一点，关系都很协调。”“野战军的领导人相信自己的部下，下面也相信领导，这种互相团结、互相信任的关系从作战一开始就是这样的。这是个了不起的力量。二野之所以能锻炼成这样一个了不起的部队，主要靠的就是这一条。”

韩国第一位女总统朴槿惠访华期间曾说过：要走得快，就一个人走；要走得远，就要一起走。邓小平领导下的中国人民解放军第二野战军，就是因为选择“一起走”，所以能够走到大别山，走到大西南。

一、领导班子之间“补台”不“拆台”

邓小平晚年曾说，我们这个第二代，我算是个领班人。其实，任何时期、任何一个领导集体都需要有一个合格的领班人。在战争年代，作为一个战略区党的最高领导人，邓小平注重抓班子，善于团结人，带出了一个坚强有力的领导班子，带出了一支特别能战斗的过硬队伍。部队团结协调，“是个了不起的力量”。战争年代，有的领导干部长期在一个部队或地区工作，容易形成自己的“小圈子”；而部队整编重组或干部工作调动又很频繁，因此，搞好部队的团结、班子的团结、军政主官的团结尤其重要。

邓小平作为政委，在配合主官、团结干部方面为今天的领导干部树立了团结合作的榜样。邓小平在红七军任政委时，面对一支由旧军队改编的部队，特别注意团结和争取左派将领成为党的军事指挥骨干。当时李明瑞任总指挥，邓小平亲自介绍他入党，两人并肩作战、生死与共，结下了深厚的友谊。直到20世纪70年代他还多次讲“李明瑞是被错杀的”，言辞中闪露着激动难平之情。129师是由原红四方面军为主改编的，由于张国焘分裂事件的影响，团结问题尤为敏感。邓小平在工作中团结和尊重第四方面军的干部，发挥他们的积极性。1938年响堂铺战斗时，刘伯承去总部开会，建议由徐向前指挥，邓小平马上表示：“我一定配合向前同志打好这一仗”。许多与邓小平长期共事的老战友、老部下，无不赞叹他是团结的楷模，无论在任何时候、任何岗位都能团结同志一道工作。

军政主官的团结是班子团结的基础。刘邓十三年珠联璧合，亲密无间，更是为后人留下了一段军政主官团结合作、相互补台的历史佳话。他们相互支持，配合默契。开会时，无论是部署军事工作还是政治工作，常常是这个讲几句，那个插两句，浑然一体，很难分清哪些是刘的观点，哪些是邓的思想。邓小平常说：“司令员和政委的工作是无法截然分开的，应该既分工又合作。”他们相互关心，感情融洽。正如他的部下所说，在刘邓之间难以放进一个顿号。他自己也回忆说：“人们习惯地把刘邓连在一起，在我们两人心里，也觉得彼此难以分开。”邓小平年轻十多岁，总是把刘伯承当兄长一样尊敬，并多次解释说我称呼“师长”是尊敬老师的意思。他常对部下讲，师长年龄大身体弱，有事多找我和参谋长，他是我们的军事家，大事才找他决策。正是由于军政主官的团结、班子的团结，才有了整个部队的团结。1989 年邓小平回顾历史讲道：“二野的内部关系是非常团结、非常协调的……这是个了不起的力量。二野之所以能锻炼成这样一支了不起的部队，主要靠的这一条。”

军事斗争的特殊性使个人专断的倾向易于滋生，而民主则不易弘扬。邓小平在担任政委期间，始终坚持民主集中制原则，充分发扬民主，在民主基础上集中。宋任穷以自己的亲身经历评价说：“小平同志的帅才，还表现在他善于发挥领导班子的集体作用。他长期担任主要领导职务，但不擅权，对领导班子的其他成员十分尊重，善于团结一班人共同工作，有不同意见，包括对重要人事安排有不同意见，便进行反复讨论，畅所欲言，大家认为哪种意见比较正确，就一致地按这种意见去办。”①

邓小平的实践经验告诉我们，作为领导干部，特别是领导班子成员，只有搞好班子的团结，才能带出一个好班子，才能带出有战斗力的团队。

团结就是力量。领导班子是一个组织的“领头雁”，领导班子之间的团结格外重要。因此不管是新提拔领导干部个别谈话，还是领导班子调整后集体谈话，组织部门都会提醒他们，班子成员之间要搞好团结，相互“补台”而不“拆台”。这句话看似简单，但仔细品味却有些道理。相互“补台”而不“拆台”，是做好各项工作的基础。

---

① 宋任穷：《小平同志永生》，《人民日报》，1997 年 3 月 1 日，第 3 版。

“人心齐，泰山移”，说的也是这个道理。只要班子成员之间相互信任、尊重，心往一处想，劲往一处使，就能上下拧成一股绳，内外聚成一股劲，如此，再艰巨的困难都能克服，再重大的问题都能解决，所有工作也能得到有效推进。

“单丝不成线，独木不成林。”如果相互“拆台”而不“补台”，说得不好听点，就会一起垮台，再简单的工作都可能做不好。但是现实中，偏偏就有这样的班子成员，在别人工作出现失误时，不但不帮忙弥补，还落井下石，以突显个人的工作能力和实绩。由此造成心不齐、气不顺，根本无法推动工作取得实效。

人非圣贤，孰能无过？不管是谁，不管是生活中还是工作中，都不可能不犯一点点错。在错误发生前或是错误发生后，如果有人“补台”，就可能避免错误发生，或是将错误造成的损失降到最低。若“各人自扫门前雪，不管他人瓦上霜”，幸灾乐祸，最终别人工作出了问题，整个单位工作也会受影响，自己也会牵连其中。因此，领导干部要务必明白两个道理：一是要明白补别人的台就是补工作大局的台，也就是补自己的台。二是要明白“智者千虑，必有一失”，自己的看法不一定正确，或不是最好的，不要把别人“补台”建议看成“反对意见”，看成是“拆台”。只有多替他人考虑，多方合作共事，就能演出一台又一台“好戏”来。

刘伯承与邓小平创造了刘邓不可分的传奇，根本原因在于二人在合作共事的13年里，他们总能从大局出发，不断沟通，互相理解和支持，相互配合，做到及时补台，从不拆台。1946年夏，人民解放军为了粉碎蒋介石对解放区的进攻，决定主动从陇海打出去。当时，军区政治部民运部长穰明德和刘伯承同坐一辆马车，刘伯承问穰明德：“你看把总指挥所及其通讯设施运走，需要几部大车？”穰明德根据实际情况回答：“我看5部就够了。”可是后来的具体经办人却向当地政府要了25部。刘伯承知道后非常生气，他找来穰明德大声质问：“你说只要5部，现在为什么要了这么多？这是破坏军民关系！群众会骂我们的！去，把各单位负责这项工作的同志叫来，我要狠狠批评这件事！”

按理，像军民关系这类政治工作是政委邓小平分管的，而刘伯承因为一时气急，没有和邓小平商量就把干部召集到一起进行严肃批评。邓小平理解他的意图，不但和同志们一起认真听取了刘伯承的批评，而且在刘伯承讲完话后还强调说：“同志们，刚才司令员的批评很重要，是一场及时雨，把我们发热的头脑浇冷了。希望大家回去后认真研究传达，保证不再犯这样的错误！”虽然只有简短的几句话，却体现了邓小平对刘伯承的理解、支持和尊敬，而且也是对刘伯承权威性的维护。邓小平这一做法值得当今的每位领导干部借鉴。

当然，“补台”并不是毫无主见的盲从，当发现其他班子成员负责的工作，在决策方面存在不足，有可能造成失误时，要大胆提出意见，使决策及时修正，不断进行完善。“补台”也不是毫无原则的迁就，对涉及个人利益的小事要讲风格，至于事关原则性问题，就要敢于“拆台”，这样的“小拆”是为了更好的“补台”，这样才能减少决策失误，更好地推进工作。

二、建立相互信任的上下级关系

一个有战斗力的团队离不开团队精神。团队精神有两个维度：一是横向关系，如上节所讲的刘邓关系；二是纵向关系，也就是一个团队的上下级关系。一个团队解决了纵横关系，就能形成一股强大的合力。正如邓小平所说：“野战军的领导人相信自己的部下，下面也相信领导，这种互相团结、互相信任的关系从作战一开始就是这样的。这是个了不起的力量。二野所以能锻炼成这样一支了不起的部队，主要靠的这一条。”

信任是一种无形的力量。战争年代，当某一级指挥员牺牲时，上级马上指定代理人，有时甚至指定普通士兵代理排长、连长或更高级的军官，这些受命于危难之中的战士，往往能出色地完成任务，创造骄人战绩，原因何在？信任的力量使他们奋不顾身，虽赴汤蹈火也在所不辞。现在，信任依然是上级对下级的最好奖赏，依然是领导者用人成就大事的核心密码。因此，领导者一定要相信下属的才智，拿捏好“宏观调控”与“微观操作”的关系，尽好该尽的职，用好该用的权，放手让他们干事担责、发光发热，尽快在本职岗位上有所作为。同时，也使自己从繁冗事务中解脱出来，以更多时间和精力思考和解决重大问题、难点问题。

1989 年 11 月 20 日，邓小平在《对二野历史的回顾》谈话中，提起挺进大别山后的战斗，有这么一段话：“你们可能注意到，从战争一开始，每一次的具体作战，指挥的都是各纵队的头头，刘邓没有亲自到战场上指挥过一个战斗行动。羊山集战斗就是陈再道指挥的，好几个战斗是陈锡联指挥的，双堆集战斗有一面是王近山、杜义德指挥的，也有是陈赓、杨勇、苏振华指挥的。我们没有发现过下面有什么不对的，也没有纠正过任何纵队领导同志指挥的战斗。”①

邓小平把这种信任下级，放手下级的智慧从战争年代带到和平建设时期。1992 年初，88 岁高龄的邓小平南下武昌、深圳、珠海、上海等城市，发表了著名的“南方谈话”。在谈话中，他又一次提到了年轻干部的选拔和培养问题。据吴邦国回忆，当时他向邓小平汇报工作时特别提出，上海的老同志虽然已经退居二线，但对我们的工作始终很支持，一旁的胡立教马上补充，“我们对他们是三条，一是支持，二是不干预，三是随叫随到。”邓小平听后，高兴地说：“我就是这样，我就怕干扰别人，老同志都应该这样。”邓小平从领导岗位退下来之后，基本不干预中央的领导，让中央领导放手干，成功地实现了领导班子的新老交替。

美国商界传奇人物杰克·韦尔奇曾有句名言：“管得少就是管得

① 《对二野历史的回顾》，《邓小平文选》第 3 卷，人民出版社 1993 年版，第 342 页。

好。”古人说，为治必须有体，上下不可相侵。意思是治国理政要有一定的章法，上下级之间的职责不能混淆，要各安其位、各负其责，做到不揽权、不越位、不错位。古今中外的管理经验告诉我们，什么都“事必躬亲”是不可取的，身为一个领导者，不仅要有“为”的雄心壮志，还必须讲求“为”的科学方法。

然而，现实中，“上下相侵”的现象不仅时有发生，而且在一些部门和领域还相当普遍。比如，有的领导干部不讲层次、大包大揽，动不动就当“保姆”，大事小情都包办，往往费力不讨好；有的事无巨细、亲力亲为，两眼一睁，忙到熄灯，捡芝麻丢西瓜，忙来忙去没忙在点上。凡此种种，不一而足。从一定意义上说，有些领导干部工作质量不高，推进效果不好，并非“为”得太少，而是“为”得太多，管得太宽太细太具体。之所以出现这种问题，原因是多方面的，有的存在权力依恋，有的怀着“武大郎开店”心态，还有的对下属缺乏信任，一些领导干部对别人的能力不放心，担心把事情办砸了，影响工作进展和事业发展。不管是出于公心还是囿于私虑，都应看到，领导者的重要职责是为大家创造条件、改善环境、搭建平台，让人们发挥才智、建功立业，“众人拾柴火焰高”，一起把事情做好、把事业做旺。越俎代庖、指手画脚，不但会造成工作交叉、层次重叠、效率低下，久而久之还会弱化下级功能，使他们想干不能干，有劲无处使，甚至“勤婆婆”带出“懒媳妇”，影响团队的建设和发展。如何破解这一困境？需要大胆把下属推向工作一线，“放手”让他们挑大梁，“放权”让他们唱“主角”，以自己的“不为”成就和促进别人的“有为”。

在战争年代，邓小平与刘伯承充分信任下级，放手下级指挥，所以他们麾下出现了一大批威名远扬的战将，如杨勇、陈再道、陈锡联、陈赓、王近山等。其中，陈锡联是邓小平十分欣赏和信任的一员大将，每当重要关头，邓小平总是将任务交给陈锡联。在淮海大战中，为了歼灭黄维兵团，更是把3个纵队的指挥权交给还不是兵团司令的陈锡联。对于淮海大战自己能指挥3个纵队，陈锡联生前说过："那是总前委书记小平同志的信任与关怀！作为一个军人，独当一面谁不愿意？问题是上级会否给你这个机会。感谢小平，他给了我这个机会！"邓小平之所以给了这个机会，关键是他信任陈锡联。

领导干部如果像诸葛亮那样集权于一身，不仅会束缚下属的能力发挥，也会让自己分身乏术，疲于应付，导致工作效率下降。因此，领导干部要适当放权，授予下属一定权力，自身则抓重点，不再负责具体事宜，将具体实施的权力放心交给下属，有利于激发下属的主动性、积极性和创造性。正如邓小平所说："我的抓法是抓头头、抓方针。"

当然，领导干部放权要明确好对象。放权不能随便，要有所坚持，因人而异。既要做到用人不疑，也要做到疑人不用。对能力强、经验丰富的下属多放一点权力，对能力欠缺的下属就一定要谨慎，对有才无德的下属则坚决不能放权，谨防造成重大损失。

第四节　外圆内方

——我是桃花源中人，不知有汉，何论魏晋

1975年11月20日，根据毛泽东的意见，中央政治局开会。毛远新传达说："毛泽东希望在'文化大革命'的问题上统一认识，提出由邓小平主持做一个肯定'文化大革命'的决议，总的评价是'三七开，七分成绩，三分错误'。"毛泽东的本意是希望邓小平能够就此妥协。但出乎意料的是，邓小平引用毛泽东将重新工作的老干部比作"桃花源中人"的话，委婉地拒绝了毛泽东的提议。他回答道："我是桃花源中人，'不知有汉，无论魏晋'，由我主持写这个决议

不适宜。”言辞虽然委婉，却是柔中寓刚，充分体现了邓小平的外圆内方的性格。

一、锐气形于事，和气形于人

毛泽东曾这样评价邓小平，说他“既有原则性，又有灵活性，是我们党难得的一个领导人才”[①]。从毛泽东的话中可知，“既有原则性又有灵活性”是一门高超的领导艺术，是党和国家领导人具备的一个基本条件。

原则性和灵活性，两者相对而又互相依存，缺一不可。原则是前提、是根本，灵活则是针对措施和手段而言。处事不讲原则就会犯错误，但过于灵活也会犯错误。反之，过于强调原则而没有灵活性却又难于成事。

1918 年 3 月 3 日，苏俄与德国在布列斯特签订和约。根据和约，苏俄向德国割让了大片领土，并缴付了巨额赔款，但是它使苏维埃国家退出了帝国主义战争，避免了遭受夭折的危险，赢得了巩固政权的充足时间。

《布列斯特和约》的签订，是列宁正确路线同“左派共产主义”斗争的结果，更是革命的原则性和策略的灵活性成功结合的典型。当时，列宁考虑到旧军队已经瓦解，新军队刚刚开始建立，苏维埃国家需要一段和平时间来加强国防，主张忍痛签订和约。围绕此事，在全国范围展开了激烈的争论，最后大多数人认识到列宁主张的正确性，赞同列宁的提议。历史发展证明，列宁的主张是符合当时形势的，它为年轻的苏维埃国家渡过难关创造了有利的条件。

从列宁主张签订《布列斯特和约》这件事可以看出，作为一个领导者要有长远眼光，要有全局眼光，要懂得局部利益和整体利益、眼

---

① 权延赤：《走下圣坛的周恩来》，光明日报出版社 2004 年版，第 6—7 页。

前利益和长远利益之间的辩证关系，在必要的时候，要敢于牺牲局部利益换取长远的全局利益。要将原则性与灵活性辩证地统一起来，既不能机械教条地死抱“定规”不放，也不能搞无原则的妥协变通。如果对原则只是简单机械地看待，不根据具体情况灵活处置，就会使原则变成僵化的教条，不利于打开困难局面，也不利于实际问题的解决；反之，脱离原则的变通灵活会失去正确的方向。过分的“讲原则”与过度的灵活性都是不对的，应该在实际工作中尽力避免。应该依据具体客观条件的变化，权衡利弊，作出相应的决策，尤其是要把握好二者之间的“度”。

原则性与灵活性如鸟之双翼，缺一不可。原则性是由事业的方向、目标决定的，失去原则性，就失去了大方向和总目标，即使工作取得一点成绩也没有意义。灵活性是由事业的复杂性、艰巨性和曲折性决定的，许多事情人们无法预料，也不可能按人们设计好的方向发展，这种情况下必须随时调整思路，改变对策，灵活应对，确保原则性要求得以有效贯彻，使大目标得以实现。

在香港问题上，邓小平同志提出“一国两制”伟大构想，就充分体现了原则性与灵活性相统一的政治智慧，既实现了中国恢复行使香港主权，又保证了香港的繁荣与稳定。因此，能否在实际工作中把握原则性与灵活性的统一，体现着领导艺术和方法，也体现着领导能力和素养。

做事既讲原则又讲灵活，这不仅是马克思主义科学的思想和方法论，也是我们每个共产党人做好每一件事情必须遵循的党性要求。

有人认为，原则性和灵活性是相互矛盾、相互冲突，是一个问题的两个极端。这些人，往往或以牺牲“原则性”为代价，来成全“灵活性”；或总是给灵活性带“紧箍咒”，来成全“原则性”。事实上，原则性和灵活性并不矛盾，是相辅相成、相互依存。原则是基础、是前提，灵活是措施、是方法。我们强调的灵活，是有“度”的灵活，是在原则限制下的灵活；同样，我们说的原则，也是讲灵活的原则，并不是一成不变的条条框框。在工作中，只有根据变化了的情况，做到既坚持原则又灵活多变，才能更加有效地解决问题，排除症结、化解矛盾，才能够取得令人满意的效果。相反，如果在工作中，一味强调原则而缺乏灵活，那就会显得“死板”、顽固、保守。结果，工作思路不广，工作效果也会大打折扣。或者如果一味讲灵活，而不坚持原则，“上有政策，下有对策”，那就是典型的实用主义。这样的人，工作目的不纯，工作态度不端正，应受到质疑。

在医院经常可以看到这样的场景：医院 B 超室门前排着长长的队伍，有位病人给分诊台的护士说：“护士，我憋好尿了，能不能给我提前检查?”，只见那护士板着脸，冷冰冰地说：“不行，排了，重憋。”病人在听到护士的回答后，一脸的无奈，只好悻悻离去。分诊台的护士拒绝那位病人提出的要求，虽有她的道理，她受众多病人的监督，排队叫号，按顺序看病理所当然。但是护士在尽职尽责的同时，能否通融通融，给那位病人提供个方便？这就是灵活性的体现。在工作中，如此这般的中规中矩、机械死板的处理问题，不见得就能很好地做到人性化服务。而只有既坚持原则又审时度势，将原则性与灵活性很好地结合起来，才能使工作得以圆满完成。

因此，领导干部正确处理好原则性与灵活性这对矛盾，关键是要有辩证思维，善于抓主要矛盾和矛盾的主要方面，要能“牵住牛鼻子”。再就是熟悉上级的方针政策和指示精神，如果不懂得上级原则性的要求是什么，也就不可能知道主要应该抓什么，不仅丧失工作的原则性，灵活性也不可能把握得好。另外，还要有做大事的气度，领导干部要善于分层次领导，自己重点掌握的是方向、目标和做好监督等工作，具体如何使目标得以实现，则由职能部门和下属单位根据自身特点采取灵活的方法。领导干部懂得并做到这几点，工作的原则性和灵活性问题就会处理得更加得当。

二、为官正气方能坚持原则

1944 年 10 月 25 日，毛泽东在延安中央党校大礼堂，向参加第一期党校培训班的营以上干部作重要讲话。他说：同志们这次出去，要能够团结广大党外群众。一个共产党员，要像柳树一样，插到哪里就在哪里活起来。但是柳树也有弱点，就是随风倒，软得很，所以还要学松树。松树刚劲挺拔，到冬天也不落叶子。松树有原则性，柳树有灵活性。

从这个意义上说，邓小平既是柳树又是松树。1974 年下半年，毛泽东在不同场合、针对某些问题，先后作出了“还是安定团结为好”“把国民经济搞上去”“学习理论反修防修”三条指示。邓小平为了冲破阻力，尽快恢复被“文革”破坏的秩序，在整顿过程中，明确提出“以三项指示为纲”，以此为“尚方宝剑”，大力开展全面的整顿。在这过程中，体现了邓小平的“柳树风格”。

但是毛泽东要邓小平做一个肯定“文革”的决议时，邓小平断然拒绝，又体现了他的“松树风格”。毛泽东晚年曾经说过：“我一生干了两件事，一是和蒋介石斗了那么几十年，把他赶到那么几个海岛上去了。抗战八年，把日本人请回老家去了。对这些事持异议的人不多。另一件事就是发动‘文革’。这件事拥护的人不多，反对的人不少。这两件事都没有完。这笔‘遗产’得交给下一代。”① 这段话反映了毛泽东晚年对于“文革”的矛盾心情：一方面，他已经看到了“文革”的某些错误和危害；另一方面，他十分担忧和看重党内否定“文革”的思想倾向。毛泽东曾提议让邓小平主持写一个肯定“文革”的决议，可是邓小平回答说：“我是桃花源中人，‘不知有汉，无论魏晋’，由我主持写这个决议不适宜。”② 邓小平这种完全不让步的态度，使得毛泽

① 《毛泽东传》，中央文献出版社 2003 年版，第 1781—1782 页。

② 《邓小平年谱》，中央文献出版社 2004 年版，第 131、132 页。

东下决心进行“批邓”。此后，他被停止了大部分工作，毛泽东让他“专管外事”。邓小平主持的全面整顿工作被迫中断。

邓小平在个人进退的关键时刻，拒绝做肯定“文革”的决议，体现了一个彻底的唯物主义者政治上的坚定和远见。在九个月的全面整顿中，他逐渐看清了“文革”给党、国家和各族人民造成的严重危害，看到了人民群众对“文革”的怀疑和抵触情绪与日俱增，看到了拨乱反正产生的明显成效和广泛影响，找到了把中国从“文革”的灾难中解脱出来的方法和道路。因此，在这个事关中国发展的根本原则问题上，他只能义无反顾地牺牲自己了。邓小平拒绝做肯定“文革”的决议，体现了他实事求是的态度和坚持原则的立场。实事求是是马克思主义的精髓，是邓小平一贯坚持的根本思想方法，他曾不止一次讲过自己是“实事求是派”。由于他深感“文革”是一个错误、一场灾难，所以就不可能主持制定一个肯定“文革”的决议。由此也可看出：他不是从眼前或个人利益的角度评判是非的；国家和民族的整体利益、长远利益才是他判断正误的根本出发点和落脚点。

由于邓小平拒绝毛泽东的建议，于是再次被“打倒”。美国汉学专家傅高义在《邓小平时代》一书中写道：“如果邓小平听从周恩来或陈云的劝告，他就要屈服于毛的压力，这也许能避免他下台，但是邓小平没有屈服。据邓榕回忆，当父亲在年初开始大力进行整顿时，他已经估计到有可能挨批和丢官，他已经做好了精神准备。尽管邓小平在当时处境艰难，前途未卜，但到 1977 年重新上台时，他在 1975 年与毛泽东划清界限、拒不让步的做法却为他提供了更大的活动空间。”①

1974 年 10 月 17 日，邓小平与江青在政治局会议上又有激烈的争论，毛泽东得知以后，对邓小平表示赞同。毛泽东说，“她强加于人呐，我也是不高兴的，你开了一个钢铁公司，好。”邓小平说；“我主要是感觉政治局的生活不正常，最后我到她那里去讲了一下，钢铁公

① 傅高义：《邓小平时代》，三联书店 2013 年版，第 155 页。

司对钢铁公司。”毛泽东：“你呢，人家有点怕你，我送你两句话，柔中有刚，绵里藏针。外面和气一点，内部是钢铁公司，过去的缺点，慢慢改一改吧。”

毛泽东对邓小平的评价可谓精确，其实早在邓小平于苏联留学时，他就以立场坚定、善于雄辩，被称作“小钢炮”。而邓小平第一次被外国出版物介绍到西方是1938年，美国驻中国大使馆武官埃文斯·卡尔逊的著作《中国的双星》，在书中，他评价邓小平的头脑像芥末一样辛辣。1981年9月23日，以强硬著称的撒切尔夫人，就被辛辣的“芥末”呛得喘不过气来。当时中英就香港回归进行艰苦谈判，这位英国首相认为，要想继续维持香港的繁荣，就必须继续由英国来管理它，而邓小平则毫不含糊地回应说：“中国在这个问题上没有回旋余地，坦率地讲，主权不是一个可以讨论的问题。1997年中国将收回香港，如果不收回，就意味着中国政府是晚清政府，中国领导人是李鸿章！”邓小平的强硬态度终于迫使撒切尔夫人作出让步。

担任过美国第37任总统的尼克松说过：“领导者的真谛是敢于违背人们由于不了解情况而表示出来的愿望，而且最终甚至能使他们赞同你的看法。实行领导既要求冒险，又要求比现在所时兴的作法更加尊重明达的选民的良好判断。领导人不必在无法改变的政治反对意见面前牺牲自己。但是，在只要发挥一点创造性和努力做些工作就能使这种反对力量变为支持力量的时候，他也不应当牺牲自己的原则。”

坚持原则是邓小平成功的政治智慧，也是他为人做官的底线。在“文革”中，他断然拒绝了做肯定“文革”的决议，虽然再次被打倒，但是他却赢得了党心、民心、军心，这为他第三次复出奠定了坚实的基础。邓小平敢于坚持原则，在于他有一颗“公心”，即自己的一切行为的出发点不是为了个人荣辱，而是为党、为人民、为国家前途着想。

坚持原则，敢于负责，勇于担当，体现着共产党人的蓬勃朝气、浩然正气、昂扬锐气，反映着领导干部强烈的事业心和责任感。当前我国正处于全面建设小康社会的关键时期和深化改革开放、加快转变经济发展方式的攻坚时期，各级领导干部尤其要牢固树立“责任重于泰山”的意识，直面难题、敢抓善管、敢担责任，不辜负党和人民的重托。

但是，显而易见的是，坚持原则有时会“得罪”人，有时会损害到自己的利益。在目前的干部队伍中，存在不敢坚持原则、奉行“好人主义”的现象。有的人只要不出事，宁可不干事，对工作敷衍应付，“做一天和尚撞一天钟”。有的遇到矛盾绕道走、碰到困难往后退，该抓的不抓、该管的不管、该改的不改，四平八稳当“太平官”。有的有心“栽花”，无意“栽刺”，该教育的不教育，该批评的不批评，甚至出了问题还包着、护着。如果任由这种情况发展下去，势必败坏干部队伍风气，损害党的执政形象，失去群众的信任和拥护。对领导干部而言，就应当任其职、尽其责，在其位、谋其政，在是非面前，旗帜鲜明、原则至上；在难题面前，敢闯敢试、敢为人先；在矛盾面前，敢抓敢管、动真碰硬。一个干部只要工作，就要处理各种矛盾，就难免得罪人，但只要真正为民，就应该坚持，而且最终会得到群众的理解。

领导干部要敢于坚持原则，关键在于要破除私心，为官正气。一些干部怕担风险、怕负责任，说到底还是因为私心杂念在作怪。看到歪风邪气不敢管，睁一只眼闭一只眼，事不关己，高高挂起。这种“好人主义”的庸俗作风必须坚决摒弃。“为官避事平生耻”，敢于坚持原则、勇于负责、不怕得罪人，是为政之德的基本要求。对领导干部来说，坚持原则、敢抓敢管在群众眼中是最重要的形象，不讲原则、不负责任在群众眼中是最可憎的行为。要看到：不得罪歪风邪气，就必定得罪公道正气；不得罪少数有这样那样问题的人，就可能得罪大多数奉公守法的人。我们不能因为怕得罪人，而使自己成为得罪组织和人民的人。当利益关系复杂、矛盾问题凸显时，尤其需要领导干部坚持原则、勇于任事、敢于担当，才能形成风清气正、奋发有为的局面。

第三章

邓小平战略规划智慧与领导艺术

第一节　高瞻远瞩

——“三步走”的现代化发展战略

1987 年 8 月 29 日，邓小平会见意大利共产党领导人约蒂和赞盖里谈话时指出：“我国经济发展分三步走，本世纪走两步，达到温饱和小康，下个世纪用三十年到五十年时间再走一步，达到中等发达国家的水平。这就是我们的战略目标，这就是我们的雄心壮志。”

年过八旬的邓小平，壮心不已，最为操心的是如何早日实现中国的现代化，早日实现中华民族的伟大复兴。为此，他曾对中顾委的老同志们深情地说道：“我们虽然活不到那个时候，但有责任提出那个时候的目标。”

“三步走”发展战略目标的确定，解决了我国现代化建设的一个关键问题，这是邓小平做出的重大贡献，也体现了

他高瞻远瞩的战略操控能力。

一、高瞻远瞩的领导战略思维

“文化大革命”极大地影响了中国的经济社会发展。“文革”结束后，以邓小平为代表的中国共产党人深刻地认识到“我们太穷了，太落后了，老实说对不起人民。我们现在必须发展生产力，改善人民生活条件”。中共十一届三中全会决定全党全国的工作重点转到社会主义现代化建设上来。作为中国改革开放和社会主义现代化建设的总设计师，邓小平开始构想中国的经济发展战略。

1979 年邓小平在会见日本首相大平正芳时指出：中国式的四个现代化是本世纪末达到小康水平，以后再花 30 年到 50 年时间，接近发达国家水平。邓小平在 1981 年 4 月又提出“十年翻一番，两个十年翻两番”，达到人均国民生产总值 1000 美元或八九百美元的战略设想。根据这一设想，1982 年中共十二大确定：“从 1981 年到本世纪末的 20 年，我国经济建设总的奋斗目标是在不断提高经济效益的前提下，力争使全国工农业的年总产值翻两番，即由 1980 年的 7100 亿元增加到 2000 年的 2 万 8000 亿元左右。”并且提出，为了实现 20 年的奋斗目标，在战略部署上要分两步走：前 10 年主要是打好基础，积蓄力量，创造条件，后 10 年要进入一个新的经济振兴时期。这就把中国经济建设的中期目标和前进步骤具体化了，从而在战略上指导和协调了各项经济工作。

经过几年的运行，经济建设的实践证明中共十二大提出的目标和部署比较切合实际。同时，从经济发展的进程和日益累积的经验来看，中共中央认识到有必要也有可能从更深的层次和更长远的历史跨度来规划整个经济建设，以增强国家政策的预见性、连续性和稳定性。此时的邓小平把目光投向 21 世纪，开始酝酿中国跨世纪发展的战略构想。1987 年，邓小平进一步明确提出了“三步走”发展战略构想。4 月 30 日，他在会见外国客人时第一次就此做了完整阐述。他说：我们原定的目标，是在 80 年代翻一番，以 1980 年为基数，当时国民生产总值人均只有 250 美元，翻一番，达到 500 美元。第二步是到本世纪末，再翻一番，人均达到 1000 美元。实现这个目标意味着我们进入小康社会。“我们制定的目标更重要的还是第三步。第三步是在下世纪用 30 年到 50 年再翻两番，目标大体上是人均达到 4000 美元”，“做到这一步中国就达到中等发达的水平”。

邓小平的“三步走”战略看似平常，实为高瞻远瞩，既尊重事实（当时中国还没有解决温饱），又着眼于未来发展。邓小平“三步走”发展战略，指引中国人民逐步走上了温饱、富裕、小康的道路。第一步目标的提前实现，解决了长期困扰中国的温饱问题，为第二步的实现创造了条件；实现了第二步，全国人民的生活就能达到小康水平。邓小平认为，“三步走的关键是在第二步，第二步为第三步打基础。”①

凡事意在笔先，战略先行。建设一个伟大的社会主义国家、实现中华民族的伟大复兴，是中国共产党自诞生之日起就承担起来的历史使命。新中国成立后，由于没有制定出正确的战略，我国在建设社会主义中国的道路上有过成功，但更多的是失败，特别是“大跃进”运动。

1958 年 8 月 17 至 30 日，中共中央政治局扩大会议在北戴河举行，一般称这次会议为北戴河会议。北戴河会议号召全党全国为生产 1070 万吨钢而奋斗，还通过了《关于在农村建立人民公社的决议》。会议把 1958 年钢产量的指标翻了一番，年初定的是 500 多万吨，此时刚过半年多，指标却翻了番。毛泽东这时的雄心是，不仅要超过英国，还要同苏联、美国竞赛，他在这次会议上就说过：“苏联将变成两个美国，中国将变成四个美国。”

---

① 《邓小平文选》第 3 卷，人民出版社 1993 年版，第 321 页。

但是，由于当时的目标超越现实条件，“大跃进”战略当然无法实现。1958 年的非理性狂潮给新中国的经济建设带来了阵痛，最严重的是农业生产遭到极大的破坏。1960 年粮食产量跌落到 1951 年的水平，棉花也跌落到 1951 年的水平，油料跌落到 1994 年时水平。许多地区因食物不足而相当普遍地发生浮肿病，不少省份农村人口死亡增加，死亡率大大高于出生率。

邓小平作为党的总书记，参与执行了“大跃进”决策，所以对“大跃进”的危害十分清楚。这为他制定中国现代发展战略提供了借鉴，那就是：分步实施，稳步推进，最终实现全面小康的目标。

邓小平谋划运筹党和国家的前途命运时，总是着眼大局，抓大政方针。1977 年 9 月，他在同教育部主要负责同志谈到抓教育工作时说：“我的抓法就是抓头头，抓方针。重要的政策、措施，也是方针性的东西，这些我是要管的。”邓小平这番话指出了领导干部的核心工作就是制定发展战略（抓方针）。

因此，制定一个能带动地方或部门不断发展的组织发展战略是地方或部门领导者最核心的管理任务之一。如果没有发展战略，或者战略不够清晰，那么地方与部门的发展就没有一个明确的指导，就难以制定出实现战略目标的具体策略。如果没有发展战略，就会缺乏一种整体性的策略原则，地方或部门的领导者就难以将不同的业务部门、职能部门塑造成一支协调统一的团队，就难以使各部门的分散决策和行动始终保持一致，当然也无法形成合力，这种局面最可能引发的结果就是使地方或部门的各种努力互相抵消。

在新的世纪，我们党面临着三大历史任务：一是继续推进现代化建设；二是完成祖国统一；三是维护世界和平与促进共同发展。与此同时，党的建设也面临着两大历史性课题：一是提高党的领导水平和执政水平；二是提高拒腐防变和抵御风险能力。此外在新形势下党的建设还面临着两大严峻的考验：即党能否经受长期执政的考验和党能否经受改革开放和发展社会主义市场经济的考验。如此繁重的任务使党的建设面临巨大挑战。进入新世纪新阶段，国际国内形势发生了新的深刻变化，我们执政党也面临着一系列新情况、新问题、新挑战。而解决问题的根本方法，就是用发展的办法解决前进中出现的新问题，形成战胜各种困难和抵御各种风险的强大合力。而达到这个目标就需要各级领导干部努力提高各种能力（驾驭社会主义市场经济的能力、发展社会主义民主政治的能力、建设社会主义先进文化的能力、构建社会主义和谐社会的能力、应对国际局势和处理国际事务的能力），而提高这些能力最根本的办法又在于要求领导干部善于进行战略思维。

领导干部的战略思维不是从天上掉下来的，而是从实践中产生的，具体来说，领导干部提高战略思维能力的途径和方法有以下三个方面。

首先来源于理论素养。恩格斯说过："一个民族要想登上科学的高峰，一刻也不能没有理论思维。"理论上的清醒和坚定，是政治上清醒和坚定的基础。战略思维能力说到底是一种理论思维能力。只有打牢理论功底，善于辩证思考问题，准确把握事物规律，才能不断增强工作的主动性、前瞻性和创造性。学习理论，关键是要学习马克思主义经典著作，特别是马克思主义哲学，以及马克思主义中国化的理论成果。这是领导者的基本功，没有这个基本功，其他都是无源之水、无本之木；有了这个基本功，就能以其远见卓识在战略上胜人一筹。

其次有赖于调查研究。"纸上得来终觉浅，绝知此事要躬行。"调查研究是领导工作的首要任务，是掌握工作主动权、提高战略思维能力的基础，是进行科学决策、实现正确领导的前提。一个高明的领导者，一定是重视调查研究、善于调查研究的领导者。形势在变、环境在变、任务在变，各种新情况、新问题、新矛盾层出不穷，只有经常深入实际、深入基层、深入群众，多层次、多方位、多渠道地调查研究，才能把情况全面真实地了解清楚，把问题的本质和规律把握准确，把解决问题的思路和对策研究透彻。这既是解决难题、做好工作的客观需要，也是转变作风、提高战略思维能力的必然要求。

最后受益于科学方法。领导干部要提高战略思维能力，工作方法上要注意以下几点：一是抓主要矛盾。抓住主要矛盾，就可以使其他问题迎刃而解，收到事半功倍的效果。二是明确中心任务。中心任务明确了，就可以围绕中心、服务大局，对带动全局起到示范引领作用。三是统筹兼顾。毛泽东比喻为“弹钢琴”，10 个指头都要动，兼顾各方面的利害关系，不能挂一漏万、顾此失彼。四是抓关键环节。抓住关键环节，就可以“牵一发而动全身”。邓小平 1975 年从抓铁路入手展开全面整顿，1977 年从抓教育入手逐步全面拨乱反正，就是善于抓关键环节的成功典范。

二、协调长远利益与短期利益

“天下熙熙，皆为利来；天下攘攘，皆为利往”。为了生存和发展，人们都会以不同方式、不同程度地去追求利益。追求利益无可厚非，但方式必须妥当，控制度必须把握好。重长远利益，轻短期得失，对个人来说是一种人生态度，对集体来说是一种决策谋略。但如果没有战略思维与战略眼光，必然会重短期利益而忽视长远利益。

“人无远虑，必有近忧。”大凡伟人、领袖人物，都有一个共同的特点，就是站得高、看得远，有战略眼光。如果一个人像路易十四一样：“在我死后，哪管洪水滔天”，那他身后要么默默无闻，要么是永远的骂名。留存于人类美好记忆中的，永远只有那些既为人类改善现实生活、又为人类创造美好前程着想的人。人们普遍认为邓小平成为伟人有许多原因，而有长远战略眼光，常想百年之后的远景，考虑中华民族、中国人民以及全人类的未来，则是重要原因之一。

比如植树，相对于要处理面临的许多国内外大事，似乎不是那么紧要，但邓小平对此非常认真，1979 年 3 月 12 日，中国的第一个植树节，他到北京市大兴庞各庄参加植树造林活动。1981年，有鉴于长江和汉江上游山区毁林开荒和森林过量采伐造成四川、陕西南部发生特大水灾，他提出了开展全民义务植树的倡议。正是根据他的倡议，这年12月13日，五届全国人大四次会议通过了《关于开展全民义务植树运动的决议》。此后，几乎每年他都要带领家人参加义务植树活动。他指出："植树造林，绿化祖国，是建设社会主义，造福子孙后代的伟大事业，要坚持二十年，坚持一百年，坚持一千年，要一代一代永远干下去。"1991年，87岁的邓小平已不再适于体力劳动，但他仍在植树节前为全民义务植树活动10周年题词："绿化祖国，造福万代。"植树短期内见不到成效，但前人栽树，后人乘凉，邓小平想的是子孙后代。

"十年树木，百年树人。"邓小平重视植树，更重视树人，特别是革命事业接班人的培养。十一届三中全会以后，大批老干部回到领导岗位，这是对"文革"的拨乱反正。但自然规律不可抗拒，现代化建设急需要大批年轻的人才，老同志不适时退出领导岗位，就无法让年轻同志接班。当时许多老同志刚回到领导岗位又要离开，情何以堪？邓小平正是从百年大计这个角度要求大家、说服大家的。他说："老同志要让啊！要认真地选接班人，这是个百年大计，这是我们的一个战略问题。要忧国忧民忧党啊！"从这个百年大计出发，在他的推动下，十一届三中全会后不久，我们党实行了从顾问委员会制度过渡到离退休制度，成功实现领导干部的新老交替。

不只是树木、树人，邓小平在处理许多重大问题上都表现出战略家的长远眼光与情怀。比如搞高能加速器，这是一项很费钱、费人力和费时间的工程，在改革开放初期，许多人对此有不同看法，但邓小平坚决支持。当外国人问起为什么你们要搞高能加速器时，邓小平毫不犹豫地说：我们是从长远考虑的。从长远考虑，不搞是不行的。

我国在改革开放过程中，许多地方把招商引资作为带动当地经济的发动机，不遗余力地进行引资活动。长期以来，在资本短缺的中国，引进外资一直都是以廉价的生产要素（土地、劳动力）为筹码，甚至不惜以牺牲环境资源为代价。

招商引资是拉动一个区域经济快速发展的强大引擎，坚定不移地走科学型、增量型、吸纳式发展道路是优化区域产业结构的有效途径，这是被成功实践所证明的一条真理。然而，在招商引资的过程中，有少数地方领导只注重眼前利益而忽视长远利益，把追求短期利益最大化作为底线，最终导致一些科技含量高且有市场前景的项目流失，丧失了不少很好的发展机遇。在招商引资中以眼前利益取代长远利益，实际上是一种为了追求政绩而采取的急功近利做法，是拿后辈赖以生存的物质基础来满足今人的贪婪与虚荣，如此“超前消费”所造成的“严重透支”，无疑会给经济社会持续腾飞带来深层次的负面影响，更是对子孙后代的“犯罪”。

因此，各地在招商过程中，必须具有战略眼光，要有为有所不为。在招商引资中，对于能够迅速提升城市能级的重大功能配套项目、现代服务业项目、公益项目，能够迅速提升产业层次、拉动产业壮大、提升地区核心竞争力的基地型效益型龙头型重大项目，要舍得放弃眼前利益，重视长远利益，把目光放远，作出适当让步，先留住客商，再谋划长远发展。有所舍方能有所取，让小利方能得大利，才能实现人民群众根本利益与地区发展的双赢。要在更高层次上继续强势推进招商引资，始终坚持利用外资的总量、质量、结构和效益协调并进，引导外资更多地投向先进制造业、高新技术产业，以及生产性服务业和现代农业，为健康、可持续发展积蓄强大后劲。

经济发展与环境保护客观存在着一定的矛盾。经济发展重要，但环境保护也重要，相对而言，为子孙后代留下没有污染的环境更是一种长远利益。经过三十多年的快速发展，我国积累下来的生态环境问题日益显现，进入高发频发阶段。比如，全国江河水系、地下水污染和饮用水安全问题不容忽视，有的地区重金属超标、土壤污染比较严重，全国频繁出现大范围长时间的雾霾污染天气等等。随着社会发展和人民生活水平不断提高，人民群众对干净的水、清新的空气、安全的食品、优美的环境等的要求越来越高，生态环境在群众生活幸福指数中的地位不断凸显，环境问题日益成为重要的民生问题。正像人们总结的那样：老百姓过去“盼温饱”现在“盼环保”，过去“求生存”现在“求生态”。

生态环境是“中国梦”的一部分，衣食住行无不与环境有关，是老百姓最基础最现实的考虑，所有人概莫能外。实现十八大确定的到2020年国内生产总值和城乡居民人均收入比2010年翻一番的目标，如果我们是继续以牺牲环境为代价的粗放式增长，那么生态环境只会遭到更加严重的破坏，再高的GDP、再高的收入也不能拯救我们赖以生存的环境，环境破坏了，民生也无从谈起。届时，大自然会对我们进行报复。

保护生态环境，关系广大人民的根本利益，关系中华民族发展的长远利益，是功在当代、利在千秋的事业。只有深刻意识到环境对国家发展和人民生活的深刻意义，才能切实做出行动保护环境，才能拥有蓝天、碧水、青山、绿地。正如习近平总书记在纳扎尔巴耶夫大学发表演讲中所指出：“我们既要绿水青山，也要金山银山。宁要绿水青山，不要金山银山，而且绿水青山就是金山银山。”

第二节　纲举目张

——恢复党的实事求是思想路线

1978年5月30日上午，邓小平同胡乔木等谈准备在全军政治工作会议上讲话的内容，提出要着重讲实事求是问题。邓小平指出：“我们讲要继承和发扬毛主席为我们培育的优良传统，第一个就是实事求是。归根到底，这是涉及什么是马克思列宁主义，什么是毛泽东思想的问题。毛泽东思想最根本的最重要的东西就是实事求是。现在发生了一个问题，连实践是检验真理的标准都成了问题，简直是莫明其妙！”

“文革”结束后，为了突破“左”的束缚，邓小平主张恢复中国共产党实事求是的思想路线，从而抓住了解决中国问题的核心。在这条思想路线的指引下，正确地评价了毛泽东同志的功过是非，充分肯定毛泽东思想的科学价值，同时也坚决纠正了毛泽东同志晚年“左”的思想错误，从而实现了指导思想和各条战线的拨乱反正，把党和国家的工作重心转移到经济建设上来，作出了实行改革的重大决策，从此我国的社会主义现代化建设进入了一个新的历史时期。

一、解决本地本部门最核心问题

“十年动乱”带来的深重灾难，使我们党、国家和人民付出了沉重的代价。“左”的错误再也不能继续下去了，必须拨乱反正。

当时的中国可谓百废待兴，每个行业都需要拨乱反正。但是邓小平没有当“救火队长”，而是抓住了当时中国的真正的“纲”——从解决思想路线问题入手。他强调：“思想路线不是小问题”，不解决思想路线问题，“正确的政治路线就制定不出来，制定了也贯彻不下去”。他明确指出：“实事求是，一切从实际出发，理论联系实际，坚持实践是检验真理的标准，这就是我们党的思想路线。”

邓小平主张恢复中国共产党实事求是的思想路线，从而抓住了解决中国问题的核心。在这条思想路线的指引下，正确地评价了毛泽东同志的功过是非，充分肯定毛泽东思想科学价值，同时也坚决纠正了毛泽东同志晚年“左”的思想错误，从而实现了各条战线的拨乱反正，把党和国家的工作重心转移到经济建设上来，作出了实行改革的重大决策，从此我国的社会主义现代化建设进入了一个新的历史时期。

谈起战略思维，也许有的领导干部认为，战略思维是国家领导的事，是治国大事，一个小县、小市，甚至是一个小单位有什么战略可言？实际上，长远与全局的战略问题，对任何一个单位、区域都存在，战略的问题与单位的大小无关。在局部与整体、内部与外部、现在与未来等普遍的联系中思考工作，确定目标、重点、节奏、办法等等，这就是战略思维。战略思维不是指一个领导干部的思维对象，而是一个领导干部的思维方式。换句话说，领导干部在工作中时刻要提醒自己牢记战略思维，并运用战略思维解决本地本部门最核心的问题。

战略思维是对全局性、长远性、根本性问题进行谋划的思考方式，是科学世界观和方法论在实际工作中的具体运用，是从现象揭示本质、从局部把握全局、从当前看长远、从被动变主动的重要工作方法。纵观我国上下五千年的发展史，古往今来杰出的政治家、思想家、军事家、改革家、外交家等，绝大多数同时也是战略家。“不谋全局者不足以谋一域，不谋长远者不足以谋一时”、“运筹帷幄之中，决胜千里之外”等，都是先人留给我们弥足珍贵的战略思维遗产。

战略思维能力是一种大智慧、大谋略、大本领，是领导干部素质和水平的重要体现，要求领导者必须从讲政治、谋全局、顾长远、抓根本的高度，更加积极主动地做好领导工作。我们党历来善于战略思维，能够在历史发展的关键时刻准确判断内外形势，及时抓住战略机遇，妥善应对复杂局面，明确提出战略任务，适时实现战略转变，成就了革命、建设和改革事业的丰功伟绩。

当前，我们正处在大发展、大变革的时代，国内外形势日趋复杂、各种社会矛盾不断凸显，如何迎接严峻挑战，抢抓历史机遇，维护来之不易的发展局面，在激烈竞争特别是大国博弈中赢得主动，全面建设小康社会、推进社会主义现代化、实现中华民族的伟大复兴，有一系列重大问题需要进行战略谋划。领导干部只有不断提高战略思维能力，以开阔的视野、博大的胸襟、敏锐的观察、深邃的思考，才能高瞻远瞩、审时度势、总揽全局、深谋远虑，及时提出战略任务，牢牢把握工作主动权，不断开创发展新局面。

提高战略思维能力来源于马克思主义世界观、方法论的学习和掌握。恩格斯说过："一个民族要想站在科学的最高峰，就一刻也不能没有理论思维。"战略思维能力本身就是一种理论思维能力，需要有深厚的理论功底。因此，领导干部必须高度重视和加强马克思主义哲学的学习和研究，着力提高自己的理论思维素养和水平。只有从世界观和方法论的高度来辩证思考问题，准确把握事物的发展规律，才能不断增强工作的主动性、前瞻性和创造性。

提高战略思维能力来源于党性修养的加强和锻炼。战略思维主要是管方向性、宏观性的问题和长远性、发展目标性的大事。只有头脑清醒、立场坚定，才能把社会主义伟大事业不断推向前进。因此，领导干部必须讲政治，讲政治才能看清目标，顾全大局，正确处理好局部和全局的关系，妥善处理好眼前利益和长远利益的关系，维护好广大人民群众的根本利益，排除各种诱惑和干扰，在战略抉择面前作出正确、科学的决断。

提高战略思维能力来源于知识面的扩大和拓展。战略思维作为较高层次的综合性思维形式，要求具有比较广博的科学文化知识结构。因此，领导干部既要具有胜任工作的专业知识，还应该通过各种渠道不断学习政治、经济、历史、文化、科技、金融、法律等各方面的知识，学习一切反映当代世界发展和社会文明进步的知识。只有牢固树立终身学习的理念，认真学习各方面的知识，推进知识的不断积累和更新，才能促进战略思维能力的提高。

提高战略思维能力来源于社会实践经验的总结和概括。历史知识可以通过书本学习获得，但战略思维能力的提高必须依赖于社会实践。社会实践可以使我们获得丰富的阅历，从而见多识广，眼界开阔。战略思维能力不是人天生具有的，它离不开社会实践。因此，领导干部要注重实践、勇于实践，善于在实践中锻炼，在实践中总结经验，从丰富的实践中汲取营养，从感性认识上升到理性认识，从而科学把握客观事物发展规律，获得高超的战略思维能力。

二、要善于突出重点抓工作

“文革”期间，我国经济已濒临崩溃边缘，社会秩序混乱，形势十分严峻。1975 年初，邓小平同志复出后，担任国务院副总理、中央军委副主席兼总参谋长等职，他立即以非凡的胆略提出整顿企业、整顿经济，选择从铁路整顿入手，体现了邓小平关于突出重点抓工作的高超领导艺术。

当时全国经济工作局面很混乱，各条战线都积累了大量的问题，整顿经济工作要从哪里开始，并不是一件很好确定的问题。如果从规模较小、影响不大的行业开始整顿可能容易取得成功，但是当时却选择了铁路、钢铁等国民经济最重要的行业开始整顿。邓小平主抓铁路整顿，带动了各行各业的整顿，全国工业交通生产和国民经济打破了停滞不前的徘徊局面。

在经济社会深刻转型的今天，各级领导干部手头的工作可谓千头万绪、错综复杂。提高工作质量和效率，需要区分轻重缓急，掌握“弹钢琴”的艺术：一方面要突出重点，抓好重要工作、重点任务；另一方面还要兼顾全盘，不忽视、不放弃其他的工作。领导干部处理日常工作时需要有长远眼光、发展眼光，善于根据形势的发展变化调整工作思路和工作举措。同时，还需要有全局意识、战略意识，坚持两点论与重点论的有机统一，努力做到统筹兼顾，在突出抓好重点工作的同时还善于兼顾其他，推动工作和事业的全面发展。

毛泽东在《党委会的工作方法》一文里把开展工作比喻为“弹钢琴”，精辟地指出：“弹钢琴要十个指头都动作，不能有的动，有的不动。但是，十个指头同时都按下去，那也不成调子。要产生好的音乐，十个指头的动作要有节奏，要互相配合。”这是“弹钢琴”的真谛，也是我们做好各项工作的真谛。在现实中，有些领导干部常会感到工作任务重、头绪多，有时候顾东管不了西，忙南找不着北，摁下葫芦起来瓢，可谓整日忙忙碌碌，结果却事倍功半、效果不佳。作为一名新时期的领导干部，要想尽职尽责，就应该学会“弹钢琴”。

“弹钢琴”用在工作方法上就是五根指头有长有短，有重有轻，实际上这个方法是抓重点的方法。但是，弹钢琴的时候，抓住了重点了，也不能把非重点忘掉，要有轻重缓急的变化。很多同志，工作中一提抓重点，就搞“单打一”，忽视全面，不顾整体；一提全面发展，就平均用力，全线平推。

其实，领导干部面对的每项工作中都有重点、都有难点，也都能够出亮点。一个领导干部能不能胜任本职工作，避免工作失误，很大程度上取决于统筹协调能力。所以，一个领导干部凡事都要考虑周到、细致，把方方面面的情况都考虑进去，切忌凭经验办事，断章取义，一叶障目，不见泰山。如果做不好统筹协调工作，只看到眼前，看不到长远，只注重局部利益，而忽视全局利益，肯定会对工作的整体性和连续性造成重大的影响。

现在的领导干部都很忙，可谓“两眼一睁，忙到熄灯”。领导干部固然要勤政敬业，但如果天天都忙忙碌碌，未必是好事。有的领导成天忙于迎来送往，忙于开会赶场，忙于日常事务，眉毛胡子一把抓，大事小事都要管，看上去很忙，但成效不显。

有些领导干部之所以忙而无功，最主要的原因就是工作不善抓重点。突出重点抓工作是领导干部的重要成事之道。领导干部要从容面对纷繁复杂的各项工作，切实提高工作成效，集中力量抓好事关全局的大事，就应当善于突出重点抓工作。

所谓重点，就是重要之事情、中心之工作、突出之问题、关键之方面，是全局工作中的制高点、突破口。只有抓住重点，工作才算抓到点子上，才能起到牵一发而动全身的作用，才能突破难点，才能带动其他工作实现新突破，创造新成绩，才能够有效地解决事关全局的一系列重大问题，不断把各项事业推向前进。领导干部要把握工作重点，应当从以下几方面入手。

善于把握重点。各个时期、各个地区、各行各业都有自己的工作重点。善于分清主与次、先与后、全局与局部，把主要精力放在抓重点工作上，这样才能取得事半功倍的效果。抓重点的目的，就是要在错综复杂的矛盾中，牵住“牛鼻子”，抓住主要矛盾，理清工作思路，明确工作目标，按照客观规律办事，有效地解决问题，推动整体工作的顺利发展。

合理安排抓重点。领导干部在抓重点时，应根据轻重缓急依次排队，有先有后，有重有轻，有急有缓，不颠倒工作主次。善于处理中心工作和其他工作的平衡协调，使之有节奏、有规律地运转。领导干部合理安排工作主次，就要掌握“弹钢琴”的艺术，要善于处理中心工作和其他工作，组织管理其中各因素的有机配合，平衡协调，使之有节奏、有规律地运转。

善于灵活授权。领导干部要想实行有效领导，就必须掌握“灵活授权”的领导艺术。领导干部要充分相信下属，从繁忙的事务圈子中“超脱”出来，自己集中精力管大事。领导干部授权于下属，就要充分信任他们，放手让他们在职权范围内独立地处理问题，创造性地开展工作。对他们的工作除了进行必要的指导和检查以外，不越俎代庖，不要去随意干涉。因为信任人、尊重人，可激发下属的自尊心和责任感，从而产生一种向心力，和谐一致地行动。

及时转移工作重点。唯物辩证法认为，随着事物的发展，主要矛盾和次要矛盾在不同的条件下是可以相互转化的。领导干部若用老眼光看问题，不能树立动态观念，根据变化了的情况提出新的工作重点，就会导致决策失误，就不能有效掌握领导工作的主动权。领导干部在选定工作重点时，还必须注意当客观情况发生变化时，应及时调整工作重点；当某一阶段工作重点基本完成时，要及时确定新的工作重点；当原定工作重点经实践证明是失误时，更要当机立断，再择优确定新的重点。

第三节　立足实际

——我国正处于社会主义初级阶段

邓小平第三次复出时对一系列问题进行了深刻反思，什么是社会主义，怎样建设社会主义？为什么社会主义国家建成后都遇到了难题？经过缜密的思考，他认为问题的根源在于这些国家都是在经济文化不发达基础上建立起来的，长期以来，未能正确认识自己所处的社会主义发展阶段，脱离客观实际，急躁冒进地要向共产主义过渡。

1980年，邓小平谈到我国社会主义建设经验时指出：不要离开现实和超越阶段地采取一些“左”的办法，在制定政策时必须根据本国的国情。1981年，邓小平在《关于建国以来党的若干历史问题的决议》中提出了“我们的社会主义制度还是处于初级阶段”的论断。

一、顶天立地制定战略规划

在创建新中国的过程中，我党由于不成熟，曾犯过“左倾”错误，差点断送了中国革命。在建设新中国的过程中，由于党的领导层的骄傲情绪，不能立足实际，又犯了“冒进”的错误，给我国的社会主义建设事业带来严重的影响。

1958 年到 1960 年，在中国大地上曾掀起了一场经济建设的“大跃进”运动。与发动者的良好愿望相反，这场运动不但没能使中国的经济迅速赶超英、美等国，反而导致了国民经济的严重困难，造成了一系列的恶果。

1955 年下半年反对右倾保守以来，毛泽东一直在追求一种较高速度的新的发展经济的方法。随着“三大改造”的迅速完成和反右派斗争的全面展开，在他看来，经济战线上的社会主义革命和政治思想战线上的社会主义革命都已取得了伟大胜利，广大人民群众建设社会主义、渴望早日进入共产主义的热情高涨，经济建设应该搞得更快一些，也能搞得更快一些。而在当时整风中一些工厂、农村出现的生产迅速增长的新气象，使他更加相信这一点。

到了 1957 年 1 月，在全国省、市、自治区党委书记会议上，毛泽东首次明确地对反“冒进”进行了批评，说：“前年反右倾，去年反‘冒进’，反‘冒进’的结果又出了个右倾。我指的这个右倾，是指在社会主义革命问题上，主要是在农村社会主义改造问题上的右倾。”这里，他把由于工作失误引起的人们对农业合作化运动的非议和农民的闹退社风潮等，同反“冒进”联系起来了。不久以后，由于在整风过程中不少党外人士对 1956 年的经济工作提出了批评，毛泽东进一步认定反“冒进”给右派进攻提供了口实，因而，他严厉批评了反“冒进”。

1957 年 11 月，毛泽东率中国共产党代表团访问苏联，参加庆祝十月革命 40 周年大会，以及 12 个社会主义国家共产党、工人党代表会议和 64 个国家的共产党、工人党代表会议。这次会议对国际形势作出了“社会主义在向上发展，而帝国主义却在衰退”的基本估计，毛泽东的分析和判断则更加乐观。他在会上指出：目前形势的特点是“东风压倒西风”，也就是说，社会主义的力量相对于帝国主义的力量具有压倒的优势。会议发表的宣言认为：在我们的时代里，世界的发展取决于两个对立的社会制度竞赛的进程和结果。为此，会议特别强调了在经济等方面赶上和超过资本主义阵营对于社会主义国家生存和发展的重要意义，并对实现这种赶超充满了信心。苏联共产党领导人赫鲁晓夫在会上表示，苏联要在工农业最重要的产品的产量方面15年赶上和超过美国。毛泽东从英国共产党领导人那里了解到，英国当时年产钢2000万吨左右，再过15年能达到3000万吨，于是就代表中国共产党提出，中国要在钢产量方面15年赶上或者超过英国。他说：中国从政治上、人口上说是个大国，从经济上说，现在还是个小国。我们要把中国变成一个真正的大国。苏联在15年后可以超过美国，我们在15年后也可能赶上或者超过英国。

回国后，毛泽东找有关部门进一步了解英国工业和经济发展的情况，再次强调了赶超英国的指标。于是，在1957年12月上旬召开的中国工会第八次全国代表大会上，刘少奇代表党中央致词，公开宣布：在15年后，苏联的工农业在最重要的产品的产量方面可能赶上或者超过美国，我们应当争取在同一期间，在钢铁和其他重要工业产品的产量方面赶上或超过英国。李富春则在大会上论证了15年赶上和超过英国的现实可能性，并据此要求提出了第二个五年计划完成时争取实现的指标。

1958年3月9日至26日，在四川成都举行了有中央各部门负责人和东北、华北、西北、西南等地区的省、市、自治区党委第一书记参加的工作会议。会议批准了根据各地区、各部门在南宁会议后的新计划制定的1958年计划和预算第二本账，大幅度提高了一届人大五次会议通过的第一本账中的各项主要指标。其中，要求工业总产值比1957年增长33%；农副业总产值增长16.2%；财政收入增长20.7%；基本建设投资增长41.5%；钢700万吨，增长33.5%；生铁800万吨，增长35.5%；粮食4316亿斤，增长16.6%；棉花4093万担，增长24.8%。此外，会议还提出了在5年到7年内使地方的工业总产值赶上或者超过农业总产值和实现农业机械化、半机械化的任务，并为此作出了下放基建项目审批权等经济管理权力的规定。

由于规划严重脱离实际，“大跃进”给中国的经济造成了巨大的损失。据估算，“大跃进”造成的直接经济损失高达1200亿元。至于在五六十年代许多国家和地区的经济纷纷起飞的情况下，因3年“大跃进”、5年调整（1965年底国民经济调整结束时才恢复到1957年的水平）而贻误8年发展时间所造成的损失，更是大得无法计算。

对于“大跃进”的教训，邓小平认为最主要的是缺乏实事求是，制定规划没有立足实际。他指出：“教训是深刻的或是沉痛的，实事求是的精神受到损害。为什么不实事求是？就是方法出了问题。实事求是，就是对实际情况真正了解。真正了解实际情况，就要调查研究。过去几年调查研究很少，搞了许多虚假现象。毛主席自我检讨了，并对省地市及中央各部委将了一大军。毛主席调研最多，他说也不够。这是这几年的根本教训。”①

邓小平亲历了“大跃进”，所以从“大跃进”中得出了这样的教训：任何规划既要着眼于未来，又要立足实际，通俗地讲就是规划要顶天立地。否则规划就是一厢情愿的主观设想，不是科学的规划。邓小平于1987年8月29日在会见意大利共产党领导人约蒂和赞盖里时的谈话中指出：“我们党的十三大要阐述中国社会主义是处在一个什么阶段，就是处在初级阶段，是初级阶段的社会主义。社会主义本身是共产主义的初级阶段，而我们中国又处在社会主义的初级阶段，就是不发达的阶段。一切都要从这个实际出发，根据这个实际来制订规划。”

改革开放30多年来，随着经济发展和工业化的推进，城市化步伐大大加快。城市化的快速发展，拓展了经济发展和就业空间，促进了经济繁荣和社会进步，功不可没。城市化是我国经济社会发展的必然趋势和强劲动力。但如果不遵循城市发展的客观规律，不循序渐进，城市化就难以健康发展，不仅损害农民利益，也会带来严重的“城市病”。

---

① 《邓小平反思大跃进：调研很少 搞了许多虚假现象》，人民网（2014年8月25日），http://culture.people.com.cn/n/2014/0825/c87423-25530940.html。

来自媒体报道的数据显示，1998 年，中国有 78 个城市表示要建国际化大都市。2003 年，有 182 个城市提出要建国际化大都市。截至 2003 年，中国以国际化大都市为建设目标的城市则已经超过 200 个。在对“国际化大都市”真正内涵还没有搞清楚的情况下就盲目地进行超前的实践，这种非理性引发了建设狂潮，使一些地方领导干部出现了你不搞国际化大都市你就思想落后的错误认识，最终把城市建设引上了脱离实际的国际化大都市发展之路，沉迷于国际化大都市的美梦之中。

但是并非“一大百好”，“都市病”已开始显现。其问题表现在以下几个方面：一是国际化大都市出现的堵车问题；二是国际化大都市出现的空气污染造成的雾霾问题；三是国际化大都市建设过程中对城市历史传统文化造成的破坏问题；四是国际化大都市建设开膛破肚式的大拆大建问题；五是国际化大都市建设让城市性格同质化问题；六是国际化大都市热岛问题；七是国际化大都市突发事件问题。

显然，盲目建设国际化大都市不符合邓小平所倡导的实事求是、一切规划从实际出发的精神。因为中国人多地少，而国外地多人少，所以建设国际化大都市不符合中国国情。

李克强总理上任后，曾在 45 个月内六次提到城镇化。城市化与城镇化虽一字之差，但意义完全不同。中国除了大中城市外，更多的是大大小小的镇，全国约有 2 万个。这些不起眼的小镇可以吸引大量的人口，避免人口都拥进大城市造成“大城市病”。因此，李克强提出了城镇化的新思路。他还指出：“推进城镇化，核心是人的城镇化，关键是提高城镇化质量，目的是造福百姓和富裕农民。要走集约、节能、生态的新路子，着力提高内在承载力，不能人为‘造城’，要实现产业发展和城镇建设融合，让农民工逐步融入城镇。要为农业现代化创造条件、提供市场，实现新型城镇化和农业现代化相辅相成。”[①]

① 李克强在国家粮食局科学研究院考察调研时讲话，2013 年 1 月 15 日。

党的十八大报告中明确提出了走中国特色新型城镇化发展之路，其核心就是一个“新”，而新型城镇化的本质是用科学发展观来统领城镇化建设，新型城镇化的要求是不断提升城镇化建设的特色品质和特色内涵。所谓新型城镇化的“新”绝不是过去那种片面注重追求城市规模扩大、人口增加、空间扩张，而是以提升城市的特色文化、特色产业、特色旅游、特色风貌等“四新”为中心，以实体经济为支撑，以城市文化建设和生态文明建设为引擎，以特色城镇发展为主线，以新型城镇化建设为战略目标的中国特色城镇化发展之路，真正使我们的城镇成为有特色产业支撑、有特色文化内涵、有特色城市品质、有良好生态环境、发展红利真正惠民的宜居之所和特色之城，真正实现新型城镇科学发展、可持续发展和跨越发展。因此，各地在制订城镇化规划时要落实习近平总书记在武汉考察的讲话精神，即“我们不能照搬发达国家现代化模式，因为地球没有足够资源支撑。必须走自己的道路，对人类有所贡献”。做到既有前瞻性，又立足当地实际，充分发挥区域特色，走出一条中国特色化城镇化新道路。

二、制定政策要接地气

1980 年，邓小平谈到我国社会主义建设经验时指出：不要离开现实和超越阶段地采取一些“左”的办法，在制定政策时必须根据本国的国情。1981 年，邓小平在《关于建国以来党的若干历史问题的决议》中提出“我们的社会主义制度还是处于初级阶段”的论断。

一个国家，只有对于自己所处的社会发展阶段有了正确的认识，才能在制定路线、方针、政策时有可靠的理论依据。

从认识论的角度看，十一届三中全会以前，“以阶级斗争为纲”把发展生产力推到无足轻重的位置上，正是在社会发展阶段问题上存在错误认识的表现；而提出“跑步进入共产主义”，消灭商品经济，彻底铲除私有制，认为无须经过生产力的极大发展，就可以超越社会主义初级阶段而进入更高的社会发展阶段，同样是与对我们所处社会发展阶段的判断失误有关。右的错误和“左”的错误都可以从这里找到认识的根源。

邓小平正是基于对中国国情的基本判断、认识到我国所处的社会发展阶段才下结论的。有了社会主义初级阶段理论，使邓小平建设有中国特色社会主义理论的确立有了坚实的基础，也使我们认识到，我们今天所从事的改革开放事业是社会主义的事业，而不是搞资本主义，这是我国的根本方针。

社会主义初级阶段理论，丰富和发展了马克思主义，不仅在马克思主义理论发展史上具有重要的地位，而且具有重要的实践意义。社会主义初级阶段理论，是我们制定路线、方针政策的客观依据，是我们思考一切问题的出发点。30 多年来我国经济建设取得的成就，与我们制定政府从社会主义初级阶段的实际出发是分不开的。

提起政策，中国人都不陌生。政策不但是领导干部行使管理职能的重要手段，也是老百姓维护自身利益的工具。政策的含义是国家政权机关、政党组织和其他社会政治集团为了实现自己所代表的阶级、阶层的利益与意志，以权威形式标准化地规定在一定的历史时期内，应该达到的奋斗目标、遵循的行动原则、完成的明确任务、实行的工作方式、采取的一般步骤和具体措施。

从政策的含义来看，我国政策虽然由党组织或政府部门来制定，但是政策不是约束人民，而是代表了人民的意志与意愿，因此，政策制定机构在制定政策时，要充分听取人民的意见，使政策能够接地气。

但是，现实生活中，出现了一些部门的政策制定和执行存在着闭门造车、脱离民意的现象。人民戏称他们是“在车里视察、在办公室里拍脑门决策”，这样的工作套路最后只能收获“百姓的骂声”。毕竟，政策的制定者不同于一般老百姓，需要更多地进行一些“角色换位”，用脚步去丈量民情。如管医卫的去排队挂个专家门诊，管交通的挤挤早晚高峰的公交车，用“微服私访”去发现问题，找到症结所在，才能更科学地制定政策。而只有政策接地气了，才能有“灵气”，有生命力，老百姓也才会得到更多“看得见、摸得着的实惠”。在前几年的楼市调控中，有些购房者为了避税，出现了排队假离婚现象。正如某位部长所说，如果一个政策出来，造成一些人间的悲喜剧，这个政策肯定是有缺陷的。这个政策在出台过程中，就是没考虑到实际情况，是一个拍脑袋拍出来的政策。

在当前社会问题逐渐增多的情况下，地方政府灵活地制定各种政策，或解决社会问题，或回应民众利益诉求，无疑是政府提高行政效能，重视民意的表现。与法律相比，政策制定的灵活性是其一大优势。但是政策变动太快，就会让老百姓感觉到无所适从。即使是初衷良善的好政策，也可能因为公众的不信任，或拒不执行，或敷衍塞责，或静观其变。而这种“敷衍塞责”“静观其变”，损害了政府的公信力，也增加了社会上的不信任感。

总之，政策的制定必须着眼于实际情况，做到具体情况具体分析。在政策制定前，多接地气，多下基层，多听民声，才能制定出“长命”而合理的政策，让百姓得实惠，让地方政府得口碑。

第四节　战略创新

——从“以阶级斗争为纲”到以经济建设为中心

“以经济建设为中心”取代“以阶级斗争为纲”，是形成改革开放伟大局面的一个重大转折。1978 年，中国共产党召开具有伟大历史意义的十一届三中全会。这次会议最重要的功绩之一，就是作出了把全党工作的着重点转移到社会

主义现代化建设上来的战略规划，实现了从“以阶级斗争为纲”到“以现代化建设为中心”的战略转型。从此，党带领全国人民开始进行全面的社会主义建设，并开辟了中国特色社会主义建设的新道路。

一、战略转型：组织的自我变革

1978年，中国共产党召开具有伟大历史意义的十一届三中全会。这次会议最重要的功绩之一，就是作出了把全党工作的着重点转移到社会主义现代化建设上来的战略决策。从此，我们党的工作重心实现了从“以阶级斗争为纲”到“以现代化建设为中心”的转移，完成了中国发展战略的重大转型。

中国共产党成为执掌全国政权的执政党，党的中心工作是什么？战略方向是什么？这是执政党必须解决的首要问题。从中共七届二中全会到中共八大，以毛泽东为代表的中国共产党人对此有着比较清醒的认识。如毛泽东在中共七届二中全会的报告中指出：“从我们接管城市的第一天起，我们的眼睛就要向着这个城市的生产事业的恢复和发展。务须避免盲目地乱抓乱碰，把中心任务忘记了。”中共八大强调了执政党的中心任务是建设一个伟大的社会主义强国，在中共八大关于政治报告的决议中指出：“我们国内的主要矛盾，已经是人民对于经济文化迅速发展的需要同当前经济文化不能满足人民需要的状况之间的矛盾。”党和全国人民的主要任务，就是要集中力量来解决这个矛盾，把我国尽快地从落后的农业国变为先进的工业国。

但1956年国际社会主义运动中出现“波匈事件”，中共对社会主义社会主要矛盾的认识开始出现了变化。1957年10月，中共八届三中全会讨论了中国社会的主要矛盾问题，会上虽有较大争论，但毛泽东在会上强调：“无产阶级和资产阶级的矛盾，社会主义道路和资本主义道路的矛盾，毫无疑问，这是当前我国社会的主要矛盾。”随后，毛泽东的意见逐渐占据主导地位。1962年9月，中共八届十中全会再次强调阶级斗争，1969年中共九大确定了“以阶级斗争为纲”的基本路线。从此，中共一直把阶级斗争作为战略重心，从而导致了“文革”的悲剧。

中共十一届三中全会及中央工作会议根据邓小平的提议讨论了关于党的工作重心转移这个根本性的问题。在这次决定党和国家前途命运的会议上，许多人对在社会主义时期“无产阶级专政下继续革命”的理论和“以阶级斗争为纲”的方针提出质疑，认为并不是任何阶级斗争都是进步的，其是否进步的客观标准，就是看它是否为解放和发展生产力创造条件。许多与会者在讲话中指出：从历史考察，工作重心应当转移到社会主义建设上来，本来不是一个新问题，早就应该开始这个转移。经过认真、郑重的讨论，全会在这个重要问题上达成共识，决定停止使用“以阶级斗争为纲”的口号，做出“把全党工作的着重点和全国人民的注意力转移到社会主义现代化建设上来”的战略决策，实现了党的八大已经提出却一直没有完成的工作重点的战略转型，从而确定了党在新的历史时期以经济建设为中心的政治路线。

在开放、复杂、动态而且高度不确定的环境下，任何组织（国家、政党、政府、学校、企业等）的战略都不可能一成不变。在制定和实施发展战略时，既要强调发展战略的严肃性和连贯性，又不能过分强调发展战略的长期计划性而使其僵化。当内外部条件变化时，战略需要适时调整，切不可做刻舟求剑的楚人。

战略调整有两种形式：战略转型和战略权变。战略转型是指跟随内外部环境变化而进行的战略转变，通常，转变后的战略与原战略有重大区别；而战略权变则是根据内外部边界条件和资源禀赋的变化，对战略进行权衡变通，作微调或修正。

“四人帮”的倒台标志着“文革”的结束。但中国向何处去仍是摆在中国共产党面前的重大课题。当时的最高领导人华国锋虽然主导粉碎了“四人帮”，但是却仍然坚持“以阶级斗争为纲”，只是某些局部做了调整，这是一种战略权变。如 1976 年 11 月 24 日，华国锋在毛主席纪念堂奠基仪式上发表讲话说，要继承毛泽东的遗志，继续“三个坚持”，即坚持“以阶级斗争为纲”，坚持党的基本路线，坚持无产阶级专政下的继续革命。这“三个坚持”，实际上就是毛泽东晚年“左”的思想的核心，就是“文革”理论的核心。

而邓小平认为，战略权变不足以改变中国的局面，如果人们的思想仍然停留在“以阶级斗争为纲”的“左”的漩涡中，中国将仍处于混乱中。为了迅速改变这一局面，中国共产党必须实现彻底的战略转型，即把工作重心转到经济建设上来，从而开创中国改革开放的新时代。

战略转型是一个漫长而痛苦的过程，轻则伤筋动骨，重则全盘改变。所以，战略转型很少由组织内部自发进行，一般都是在外部环境的严重威胁下，才容易得到认同并执行。从中共的战略转型来看，成功的战略转型能发挥以下三个作用：

第一，化解危机，渡过难关。通过战略转型，基本目标是使组织能顺利生存下去，这也是实施战略转型的最低要求。该作用包含三方面内容：一是缓解现有的危机；二是使组织适应环境的变化；三是提高组织竞争力和运营效率。

第二，抓住机遇，形成优势。通过战略转型，抓住并利用现实的或潜在的机会，获得先发优势，正所谓“先下手为强”。

第三，强制转型，提升能力。战略转型可以通过强制推行有益的转换，改善组织的适应能力。尽管转型初期很痛苦，但如果能坚持贯彻下去，一旦转型成功，带来的成果也是非常丰厚的。相反，若一成不变地维持现有战略，则可能错失良机，最终导致衰败。

任何组织的发展战略都不是一劳永逸的，都要根据环境的变化及时作出调整，否则就会影响组织的发展，甚至危及组织的生存。

以我国汽车工业为例。2009 年，中国以 300 多万辆的优势，首次超越美国，成为世界汽车产销第一大国，比原先预计的提前了 5 年至

6年。中国已成为全球主要的汽车消费市场。中汽协发布的资料显示，2009年中国汽车产销分别完成1379.10万辆和1364.48万辆，同比分别增长48%和46%。

面对巨大的市场，不但国外巨头纷纷进军中国，我国汽车企业也豪气冲天，准备大干一场。但是好景不长，近几年来，由于汽车拥堵，环境恶化，我国许多城市开始限号限牌，汽车销量突飞猛时的势头开始减缓，我国自主品牌汽车更是雪上加霜。随着一线城市限行政策的推进，中国汽车城市消费结构正在改变。来自各大车企的信息显示，北京、上海等地限牌后，中高级车、大排量车的销量占比提升，集中于入门级经济轿车领域的自主品牌则被边缘化。在北京，汽车成交均价较2011年上涨了88%，1.6升以上排量车型的市场占有率提升了17%。不少自主品牌车企开始减少北京的经销商网络。面对这种局面，如果我国汽车自主品牌还像以前一样，造便宜车，打价格战，必然是凶多吉少。因此，汽车自主品牌企业必须调整发展战略，实现战略转型。

面对环境的变化，企业经营战略要转型，政府发展模式也要转型。前几年，房地产形势如日中天的时候，全国许多城市的市长提出了"经营城市"的发展口号。其经营的主要模式有：招商引资、土地出让进行补偿，利用土地出让金进行城市基础设施建设，继续开发房地产解决资金短缺，城市建设空间范围迅速扩张，每一届政府都在把这种模式放大。这种模式有一个前提，那就是房地产市场形势大好，但是目前的状况并非如此。因此，城市发展规划也必须作出转型，否则城市的发展将步入困境。

基于环境的变化，地处我国南方的广州市提出"把新型城市化作为促进工业化、信息化、市场化和国际化的重要抓手"。在这一理念的支持下，广州市的发展理念开始实现转变。从"重物轻人"，到以人为本，重视人的价值提升和幸福指数提升，以人的转型升级促进城市的转型升级；从"内外有别"到"族群融合"，将公共服务向外来工群体延伸，在促进社会和谐的同时更提升了区域人口素质和技能的提升；从重经济轻文化，到以文化引领城市的集约发展和产业的高端化；从重扩大城市规模，到重城市内涵式发展，向存量空间要品质和效益。一连串的理念之变，既来源于城市发展的自身需求，更来源于政府、市场和社会的共同探索，也为未来广州新型城市化发展提供了可资借鉴的样本。

二、战略规划的动态管理

既然战略不是一成不变的，是要根据组织内部的环境变化而做出必要的变动，这样就会引出战略的动态管理这一概念。

动态战略管理是指组织在既定发展战略、愿景和战略目标前提下，围绕战略调整的影响因素与环境的变化以及自身的战略资源与能力的提升，所进行的战略实施、战略评估、战略调整和制定新战略等方面的活动；同时运用动态战略评估与调整的方式对原有的战略进行动态管理。

战略动态管理的核心是监测环境的变化。如何监测？邓小平的答案是实事求是。1980 年 2 月，邓小平在党的十一届五中全会谈到思想路线时说："三中全会确立了，准确地说是重申了党的马克思主义的思想路线。马克思、恩格斯创立了辩证唯物主义和历史唯物主义的思想路线，毛泽东同志用中国语言概括为'实事求是'四个大字。实事求是，一切从实际出发，理论联系实际，坚持实践是检验真理的标准，这就是我们党的思想路线。我们说重申，就是说把这条马克思主义的思想路线恢复起来。这条思想路线，有一段时间被抛开了，给党的事业带来很大的危害，使国家遭到很大的灾难，使党和国家的形象受到很大的损害。但是我们还是应该说，党的这条思想路线是毛泽东同志确立的，他在领导革命的大部分时间内是坚持这条思想路线的。”①

邓小平这段话是中共战略动态管理的一种反思与总结。实事求是可以说是中共成功的最根本原因。中共能够坚持实事求是意味着中共的战略能够适应实际情况的变化，所以能够获得成功；反之，中共的事业就遇到挫败与失败。

实现战略动态管理能够避免战略与客观环境产生巨大偏差，因此，在动态管理过程中必须重视信息情报搜集系统的建立与完善。伴随着市场经济和现代管理科学的发展，信息情报研究与咨询活动广泛开展，信息情报以其高效、全面、快捷的服务方式逐步成为改革政府决策机制、保障政府科学决策的重要手段，是实现区域有序合理竞争，保持竞争优势，提升区域竞争力的可靠保障。开展政府信息情报工作成为辅助政府进行战略动态管理的有效途径。

信息情报系统是以人的智能为主导、信息网络和信息技术为手段、增强组织竞争力为目标的人机结合的竞争战略决策支持和咨询系统。领导干部必须重视信息工作，要从机构设置、人才培养方面给予支持。

信息情报是一项系统工程，有效的信息情报工作需要建立正式的信息情报组织机构。建议由政府统一规划和管理，在政府机构中设立专门的信息情报工作机构，将其纳入政府管理和决策中去，独立运作，成为政府管理者直接领导下的核心战略部门，随时为领导提供有价值的情报产品以支持领导制定战略和决策，发挥参谋作用。同时建立交流合作渠道，即建立与现有政府信息部门的沟通交流机制，建立官、产、研、学的合作机制，建立政府竞争情报网络平台，充分发挥和协调各方面的优势和力量，创立以整合资源、协调行动、多方共赢为目标，条块结合、业务协同的一种优势互补的合作机制，形成以专

① 《邓小平文选》第2卷，人民出版社1994年版，第278页。

门的信息情报部门为核心，其他信息部门共同参与的政府信息情报服务模式。

领导干部是决策活动与战略动态管理的主体，领导干部的重视和期望，直接影响信息情报系统的建立和决策的可执行性。领导干部要树立科学决策的理念，充分了解政府信息情报的价值所在，加强对信息情报在科学决策中的重要地位的认识，在战略层面上重视情报研究与运用。要采取各种措施提供组织、经费、人员方面的支持，把信息情报工作纳入政府决策程序中，积极接受情报咨询服务，自觉主动地将信息情报与战略决策相结合，使之成为决策科学化、民主化、制度化的重要组成部分。

信息情报是一个多学科交叉的领域，是一种高智力的创造性活动。创造高质量的信息情报产品需要高素质的信息情报人才。基于信息情报的特点，信息情报人才在知识能力和素质方面独具特征。在基本素质上要具备强烈的情报意识、精确的分析判断力、高效的处理信息能力和良好的预见力，在知识结构方面需要融通专业技术、管理、信息处理技术和情报专业等多学科知识。特别是信息情报人员需要收集和分析多个语种的情报源，因此对外语知识的掌握要求较高。在政府信息情报领域要培养适合于从事政府决策研究、信息分析、信息咨询方面的专门人才。一方面要构建政府信息情报人员从业评价指标体系，适时引入信息分析师等国家资质认定，逐步做到人员从业按标准、凭资质工作；另一方面要探索建立多层面的人才机制，包括培养机制、引进机制、交流机制、鼓励机制。通过多种方式培养和造就一批政府信息情报研究专家和带头人，保证信息情报工作的持续、高水平的快速发展。

第四章

邓小平策略运用智慧与领导艺术

第一节　灵活机动

——不搞争论，是我的一个发明

1962年7月7日，邓小平在接见出席共青团三届七中全会全体同志时说："我们之所以能够打败蒋介石，就是不讲老规矩，不按老路子打，一切看情况，打赢算数。现在要恢复农业生产，也要看情况，就是在生产关系上不能完全采取一种固定不变的形式，看用哪种形式能够调动群众的积极性就采用哪种形式。现在看来，不论工业还是农业，非退一步不能前进。"

1992年，邓小平在南方谈话中指出："不搞争论，是我的一个发明。不争论，是为了争取时间干。一争论就复杂了，把时间都争掉了，什么也干不成，不争论，大胆地试，大胆地闯。农村改革是如此，城市改革也应如此。"邓小平的这两段话，充分体现了他一贯的灵活机动的领导策略。

一、墨守成规打不开工作局面

老子在《道德经》中说："水善利万物而不争。"在《道德经》最后收笔时又写道："圣人之道，为而不争。"《道德经》第六十六章中则明确指出了"为而不争"是人生修养的最高境界，所产生的最终结果就是"以其不争，故天下莫能与之争"。邓小平把这条人生至理发挥成治国智慧。

1992年，邓小平在南方谈话中指出："不搞争论，是我的一个发明。不争论，是为了争取时间干。一争论就复杂了，把时间都争掉了，什么也干不成，不争论，大胆地试，大胆地闯。农村改革是如此，城市改革也应如此。"邓小平不搞争论的智慧体现出他一贯主张并实践的机动灵活的工作原则。丰富的革命经验与几十年政治斗争的历练，使他很清楚："左"的那一套，什么时候不是说起来头头是道，干起来就不是那回事！你要同他争论，费时费力不说，也不见得争得过。只要先干出了成绩，争论就自然没有了，这就是邓小平策略运用灵活性的集中体现。

1962年7月7日，在接见出席共青团三届七中全会全体同志时，他说："我们之所以能够打败蒋介石，就是不讲老规矩，不按老路子打，一切看情况，打赢算数。"

邓小平所说的"不讲老规矩，不按老路子"，也就是说不墨守成规。墨守成规，顾名思义，就是墨守现成的、陈旧的或通行已久的规则办法。形容思想保守，不求改进，只知道按老规矩办事。开拓创新是指以敢为人先的精神去大胆闯、大胆试，创造性地开展工作。墨守成规与开拓创新是两种对立的思维模式，二者既相互区别又相互联系。

邓小平指出："一个国家，一个政党，一个民族，如果一切从本本出发，思想僵化，迷信盛行，那它就不能前进，它的生机就停止了，就要亡党亡国。”邓小平讲的从本本出发，思想僵化，其本质就是墨守成规。墨守成规与开拓创新存在必然联系，只有突破墨守成规的思想，才能树立开拓创新的意识。

泰戈尔说：“那些仅仅循规蹈矩地过活的人，并不是在使社会进步，只是在使社会得以维持下去。”改革开放30多年的伟大实践证明，只有突破墨守成规的思想，才能实现开拓创新。我们所倡导的开拓创新，不是不顾条件的一味蛮干，也不是脱离实际的异想天开，更不是只图虚名，不求实效的形式主义。真正的开拓创新，是在科学的理论指导下，在遵循客观规律的基础上，不满足于已有的成绩，不自缚于陈旧的框框，不拘泥于过去的经验，解放思想，大胆探索，敢闯敢试，不怕失败。墨守成规必然导致落后，墨守成规没有发展前途。只有突破墨守成规的观念、思路、方法，才能打破传统的思维模式、落后的发展方式和因循守旧的思想观念。世界是不断运动变化的，创新是永无止境的，人类只有不断突破墨守成规的思想，不停地开拓创新，才能促进社会的永恒发展。

二、原则性和灵活性相互统一

20世纪中叶，一次接待苏联客人时，毛泽东指着邓小平介绍道：此人能够将原则性与灵活性很好地结合起来，今后前途无量。1973年12月，毛泽东在中央政治局会议上当场送给邓小平八个字：“柔中有刚，绵里藏针。”“刚”和“针”指的是原则性，“柔”和“绵”指的是灵活性。这个评价，恰如其分地概括了邓小平既讲原则性，又讲灵活性，体现出“刚”“柔”相济，“针”“绵”互补的特点。

邓小平在长期的领导实践中，非常重视原则性与灵活性相结合。在他看来，没有原则性，就失去了大局观念，失去了纪律性，就丧失了一个共产党员的党性。但只有原则性，没有灵活性，就不会创造性地执行党的政策，就只能生搬硬套别人的经验，就难以跟上形势的发展。只有把原则性和灵活性有机统一起来，才能有所发明、有所创造、有所前进。

坚持原则性是一个共产党员最起码的人格和觉悟。坚持原则性，最重要的是体现在党性观念上。邓小平对那些党性不强的干部提出了严厉批评："如果党的领导干部自己不严格要求自己，不遵守党纪国法，违反党的原则，闹派性，搞特殊化，走后门，铺张浪费，损公利私，不与群众同甘苦，不实行吃苦在先、享受在后，不服从组织决定，不接受群众监督，甚至对批评自己的人实行打击报复，怎么能指望他们改造社会风气呢！"[①]

讲原则性就要有大局观念。不服从大局就无原则性可言。中国的大局就是集中力量进行现代化建设，任何单位和个人都应该在这个大局下行动，不管以何种理由破坏经济建设这个中心工作的，都是没有原则性的表现。

原则性还表现为纪律性，即遵守党的政治纪律和组织纪律。没有政治纪律和组织纪律，对党的政策阳奉阴违，评头论足，就是没有原则性的表现。邓小平认为，一个党如果没有纪律性，就是一盘散沙，就没有战斗力，就无法带领人民完成历史的重任。

对原则性有着深刻理解的邓小平，一向在原则问题上旗帜鲜明，毫不含糊。即使在遭受政治打击、身处逆境的情况下，在原则问题上也毫不妥协让步，表现了一个真正的共产党员立场坚定、爱憎分明、刚正不阿、顶天立地的胸怀和豪情。邓小平坚定的原则性突出表现在他坚持四项基本原则的立场和态度上。正是他这种坚定的原则性，才使中国特色社会主义的旗帜高高飘扬在世界的高空。

邓小平对灵活性也有精深而独到的见解。他认为灵活性首先表现为将抽象的、原则的问题具体化。原则是一种刚性的东西，必须落实在具体行动中。原则可以变通执行，但决不是可有可无、可硬可软、

---

① 《邓小平文选》第2卷，人民出版社1994年版，第177—178页。

可高可低的。要在实践中坚持原则，就必须有具体的措施和办法。邓小平认为，贯彻中央和上级的指示即原则性，必须有具体政策、具体措施，以解决具体的思想问题和实际问题。他说：“一个生产队、一个工厂、一个车间、一个班组的党组织，如果能够面对自己单位的具体问题，走群众路线，同群众商量，提出很好的办法，由共产党员起模范作用，真正解决这些问题，那么，那里的党组织对四个现代化就做出了很可贵的贡献。”①

贯彻灵活性，必须具体问题具体分析，区别对待不同的事物。原则性带有普遍性和一般性的特点，对全局具有指导意义。但由于各地方、各单位的实际情况不同，贯彻上级指示的时候，就不能笼统行事，而应因地制宜。应当“从当地具体条件和群众意愿出发，这一点很重要。我们在宣传上不要只讲一种办法，要求各地都照着去做”。“不管白猫黑猫，抓到老鼠就是好猫”，绝非唯利是图，而是对被扭曲人性的矫枉过正！尊重个体的发挥，才更有团队的力量基础！承包到户、私营经济、社会主义初级阶段理论，解放了压抑已久的生产力，才有了今天快速稳定的经济形势，才有了今天让世界震惊的中国奇迹！

灵活性还要体现在掌握分寸、注意火候上。原则的东西往往只能从全局的需要出发，指导性的方针和政策不可能照顾到各地区的具体情况。因此，在执行原则的时候，就要从实际出发来贯彻执行。要做到既不违背原则，又符合本地区的实情，就必须掌握分寸注意火候。对拿不准的问题，不要匆忙做结论。对人对事的处理不要绝对化，要留有余地等。

“柔中有刚，绵里藏针”的思维方式和领导艺术，是邓小平理论修养、政治智慧、领导魄力以及人格、胸怀等方面的综合体现。没有厚实的理论根底，就不可能辨明方向、看清大局，也就谈不上坚持原

---

① 纪录片《邓小平》解说词，中央文献出版社 1997 年版。

则；没有胆量和魄力，没有无私无畏的宽广胸怀和高尚人格，就不可能坚持原则；没有丰富的政治智慧和政治勇气，就不敢变通，或者不会变通。所以，坚持原则性与灵活性的统一，说起来容易，做起来很难。要做到像邓小平那样将原则性与灵活性运用到炉火纯青的程度，就必须努力提高自身的综合素质。

在长期的革命与实践中，邓小平把坚定的原则性和高度灵活性相统一的策略思想，给党的肌体注入了生机与活力。对于这一点，毛泽东十分欣赏，他曾经这样评价邓小平，他说：“这个人（邓小平）既有原则性，又有灵活性，是我们党内难得的一个领导人才。”①

领导干部在处理事务时都要坚持原则性与灵活性相统一。原则性是由事业的方向、目标决定的，失去原则性，就失去了大方向和总目标，即使工作取得一点成绩也没有意义。灵活性是由事业的复杂性、艰巨性和曲折性决定的，许多事情人们无法预料，也不可能按人们设计好的方向发展，这种情况下必须随时调整思路，改变对策，灵活应对，确保原则性要求得以有效贯彻，使大目标得以实现。

正确处理好原则性与灵活性这对矛盾，关键是要有辩证思维，善于抓主要矛盾和矛盾的主要方面，要能“牵住牛鼻子”。再就是熟悉上级的方针政策和指示精神，如果不懂得上级原则性要求是什么，也就不可能知道主要应该抓什么，不仅丧失工作的原则性，灵活性也不可能把握得好。

当然，领导干部在处理事务时不能以灵活性为借口，搞上“有政策，下有对策”。对此，2013 年 1 月 22 日，习近平在中国共产党第十八届中央纪律检查委员会第二次全体会议上发表重要讲话时指出，要防止和克服地方和部门保护主义、本位主义，决不允许“上有政策，下有对策”，决不允许有令不行、有禁不止，决不允许在贯彻执行中央决策部署上打折扣、做选择、搞变通。

---

① 《邓小平文选》第 2 卷，人民出版社 1994 年版，第 229、230 页。

第二节 稳步推进

——走新的农村包围城市道路

1984年6月30日，邓小平对日本客人说："我们的改革和开放是从经济方面开始的，首先又是从农村开始的。为什么要从农村开始呢？因为农村人口占我国人口的百分之八十，农村不稳定，整个政治局势就不稳定，农民没有摆脱贫困，就是我国没有摆脱贫困……党的十一届三中全会以后决定进行农村改革，给农民自主权，给基层自主权，这样一下子就把农民的积极性调动起来了，把基层的积极性调动起来，面貌就改变了。"

由于起步稳，农村改革取得了成功，邓小平在此基础上启动了城市改革。邓小平指出："我们最大的试验是经济体制的改革。改革先从农村开始，农村见了成效，我们才有勇气进行城市的改革。城市改革实际上是整个经济体制的改革，这是要冒很大风险的。"

一、胆子要大，步子要稳

农村包围城市，最后夺取全国胜利的革命道路，是以毛泽东为代表的中国共产党人在领导中国革命实践中逐步摸索出来的一条具有中国特色的发展道路和总战略。其基本内容是中国民主革命首先在敌人统治力量比较薄弱的农村，发动农民武装暴动，建立人民军队，建立革命根据地，把武装斗争、土地革命、建立政权结合起来，使之建成支持长期革命战争的战略基地。进而依托根据地积累发展革命力量，随着革命战争、人民武装和根据地的发展，逐步造成农村包围城市的战略态势，最后夺取全国胜利。

邓小平作为第一代领导集体的重要成员，亲历了中国革命的历史过程，他把中国革命式的道路运用到中国现代化建设中来，探索出一条新的“农村包围城市”的改革之路。邓小平这一策略运用可以概括为“胆子要大，步子要稳”。因为从某种意义上说，改革也是一场革命。所以改革必须胆子大，但是改革不能一蹴而就，所以不能急于求成，所以步子要稳。对此，邓小平后来总结道：“我们的方针是胆子要大，步子要稳，走一步，看一步。”①

中国改革源自农村，农村改革发端安徽。安徽人民敢为人先，创造了许多成功经验，为全国农村改革做出了重大贡献。1978 年，小岗村 18 位农民秘密签下生死契约，抛弃“大锅饭”改为“大包干”，拉开了中国农村家庭联产承包责任制改革的序幕。

这一年，肥西县、凤阳县、来安县一些地方农民甘冒风险，率先实行包产到户、包干到户。他们的行为代表了亿万农民挣脱旧体制束缚，求得生产自主、获得温饱的强烈愿望。他们的顽强抗争和大胆创新，最终在邓小平的大力支持下，在全省乃至全国全面推行了家庭联产承包责任制。

20 世纪 70 年代末 80 年代初，这场以回归农民经营自主权为主旨，以建立家庭联产承包责任制为主要内容的农村改革，由安徽发端，迅速席卷全国，并由农村地区扩展到城市经济体制改革，对中国改革开放、现代化建设做出了历史性贡献。

邓小平后来一再以农村推行家庭联产承包责任制为例来说明“胆子要大，步子要稳”的改革策略。在他看来，改革既然是伟大的实验、全新的事业，是一场革命，怎么会没有人怀疑呢？这是很自然

① 《邓小平文选》第 3 卷，人民出版社 1993 年版，第 113 页。

的。“改革的政策，人们一开始并不是都能理解的，要通过事实的证明才能被普遍接受。”例如国有企业实行公司制，乡镇企业发展股份合作制，都要通过试点，逐步推行，不能一哄而起。正是采用了“胆子要大，步子要稳”改革策略，中国的经济才没有大起大落，而一直保持了持续稳定的发展。

步子要稳不是保守思想，而是邓小平的一种发展策略。步子要稳主要指发展的步子要稳，既不能胆小慎微，也不能大起大落，而应当根据客观规律和条件，有步骤地发展。正如邓小平指出的那样：“我们每走一步都要总结经验，哪些事进度要快一点，哪些要慢一点，哪些还要收一收，没有这条是不行的，不能蛮干。”①

改革开放改变了中国，中国的发展成就令世人瞩目，但改革开放没有终点，而且随着改革开放的深入，改革开放的艰巨性也在不断地增大。在这种局面下，强调“胆子要大，步子要稳”的发展策略显得十分重要。2013 年 7 月 21 日至 23 日，中共中央总书记、国家主席、中央军委主席习近平在湖北调研全面深化改革问题和当前经济运行情况。他强调，全面深化改革是党的十八大提出的一项战略部署，一定要始终把改革创新精神贯彻到治国理政各个环节，推动经济持续健康发展。要把握全面深化改革的重大关系，处理好胆子要大和步子要稳的关系。

胆子要大，因为我们的改革已步入深水区，没有勇气和胆量，就难以穿越激流抵达成功的彼岸。与 30 多年前的改革相比，今天全面深化改革面临着更多难题。改革初期，随着一系列束缚生产力的禁锢解除，经济发展突飞猛进，社会呈现“人人受益”的可喜局面。而改革向纵深推进，各种利益分配的矛盾和问题也随之而来，效率与公平摆上了同等重要的位置。在新起点上全面深化改革，势必触碰到利益固化的藩篱，遭遇多方面阻碍掣肘，改革的艰巨性、复杂性、风险性

① 《邓小平文选》第 3 卷，人民出版社 1993 年版，第 219 页。

凸显。这种情况之下，“胆子要大”显得尤为重要。

深水区的改革，与浅水区的最大区别就是经不起反复折腾和人为失误。改革初期，“摸着石头过河”倘若滑倒了，最多呛两口水，而在深水区，跌倒了就有被激流卷走的危险。在新的历史条件下，强调步子要稳，体现的是我们深化改革的策略和方法。胆子要大，是解决勇于改革的问题；步子要稳，是解决如何改革的问题。全面深化改革，一定要注意策略和方法，做到步子要稳。一是注重调查研究。调查研究是谋事之基、成事之道。应通过深入实际的调查研究确定全面深化改革的思路和举措。二是善于总结和运用改革开放的成功经验。把三十多年改革开放积累的成功经验总结好、运用好，全面深化改革的步子就能更稳。三是尊重群众首创精神。坚持问政于民、问需于民、问计于民，听取人民群众对深化改革的意见，集中群众的智慧和力量。四是搞好试点。对于一些牵一发而动全身的重大改革，可采取先行先试、逐步推开的方法。

胆子要大与步子要稳是辩证统一的。胆子要大，才敢于使改革的航船驶入深水区，才有到达胜利彼岸的可能；步子要稳，才能使改革的航船保持正确方向、平稳向前，使到达胜利彼岸的可能变成现实。只有把胆子要大与步子要稳有机结合起来，才能在全面深化改革中谱写实现中国梦的精彩乐章。

二、先易后难，层层递进

有人说，改革是一场革命。由此可见，改革并非一件容易的事情。邓小平作为改革开放的总设计师，在掌控改革开放的节奏上，充分吸收了中国历史上的改革经验，并照顾到中国当时的国情，采用了“先易后难，层层递进”的策略，从而使中国的改革开放得到顺利进行并取得巨大的成功。

在改革开放路径上，邓小平采取了从下到上、先易后难、稳步推进、层层递进的路径。从十一届三中全会到20世纪90年代，我国在许多领域的改革，一般都是由农民、工人和农村、城镇的基层力量在实践中自发进行改革探索，然后将改革的成功信息向上传递，逐渐为上层接受并转化为推进改革的意志。同时，我国的改革也是先从容易取得成效的领域（如农村承包制改革，乡镇企业改革等）开始的，因为这些领域涉及的利益关联部门少，但对老百姓的生活影响大。比如通过承包制增加工农产品生产；通过市场化改革扩大城乡商品流通；通过分配制度改革，增加居民收入等。而涉及利益关联部门多、改革阻力大的社会以及上层建筑领域改革是在20世纪90年代中期以后才大范围展开的。

邓小平曾说："我们改革的成功不是靠本本，而是靠实践，靠实事求是。农村搞家庭联产承包，这个发明权是农民的，农村改革中的好多东西都是基层创造出来的，我们把它拿来加工、提高作为全国的指导。"有了农村的承包制改革经验与思想观念的转变，后来推行城市改革遇到的阻力就小了许多。

实践证明，邓小平所设计的渐进改革仍然是中国政改的最优选择。中国的经济改革走的是一条渐进改革的道路，中国的政治改革走的也是一条渐进改革的道路。这一改革路径的特点是：在局部试验、积累经验的基础上，先易后难、循序渐进地推进改革。渐进改革降低了改革的风险，减少了失误，最大限度地维持了中国的政治稳定和社会稳定。

领导干部大部分都负责一个地区一个部门的发展大计，在发展过程中，应充分借鉴邓小平"步子要稳"的发展策略，不能头脑发热，不能急于求成。领导干部在工作中要讲究策略方法，先易后难，不搞一刀切，不求齐步走，把改革的力度、发展的速度和社会可承受的程度统一起来，在保持社会和谐稳定中推进改革发展，通过改革发展又促进社会和谐稳定。

第三节 因地制宜

——在土改中区分“巩固区”和“游击区”

在转战大别山过程中，邓小平根据大别山的实际情况，向中央提出因地制宜的土改政策。邓小平认为，大别山区的特点是经过苏维埃土地革命和抗日战争两个时期，苏维埃时期的“左”，抗日时期的“右”，均在各阶层发生很深影响。因此，地主富农有所体验，而基本群众经过多次失败的教训，不敢轻易起来参加土改。大别山区有1200万人口，可分两种区域，即巩固区和游击区。在巩固区可以进行土改，在游击区不能急于平分土地，但应深入宣传《中国土地法大纲》。

邓小平根据实际情况认为，在新解放区，不管是何种区域，马上动手分浮财、分土地都是不合适的。新解放区党的主要精力应放在发展生产、稳定社会正常秩序、为战争做准备上面。这一因地制宜的策略为中共的土改政策优化提供了有益的借鉴。

一、发展模式要因地制宜

1947年10月《中国土地法大纲》颁布后，解放区土地改革运动如火如荼地开展起来。但在土地改革中，也出现了一些“左”的错误倾向，如“贫雇农包办一切”、“贫雇农打江山坐江山”，损害了中农的利益；而对地主、富农，则存在乱打乱杀的现象。

1948年1月14日，毛泽东致电邓小平，从6个方面征询他对新解放区党的政策问题的意见。1月15日和22日，邓小平连续向党中央和毛泽东发出两封电报，系统介绍了大别山区各方面的情况。在第二封电报中，邓小平对毛泽东提出的6个方面的问题，作了详细的回答。5月9日，邓小平将这个意见报告了毛泽东。在5月中旬的中原局豫西陕南负责人会议上，邓小平明确将土改转为“双减”（减租减息）。提出工作方针：一是建立反蒋胡（宗南）的统一战线；二是不分浮财，不打土豪，连大地主也不打；三是实行征借粮食、款子的政策，解决军需；四是保护一切工商业。邓小平随后将这一观点报告了毛泽东。在征得了陈毅、粟裕、李先念、薄一波等人的意见后，毛泽东决定将土地改革变为“双减”。5月24日，毛泽东将这一决定告诉了邓小平，并指出：“这一减租减息政策是任何新解放区地区所不能缺少的，缺少了这个阶段，我们就要犯错误。”5月25日，毛泽东为中共中央起草了《1948年的土地改革工作和整党工作》的指示，向全党阐述了“双减”方针的内容。这一政策，对于巩固和发展新解放区，取得新解放区人民的广泛支持，发挥了重要作用。实践也让毛泽东认识了邓小平。他曾经幽默地说：“看邓小平的报告，就像吃冰糖葫芦。”①

邓小平作为大别山战略区的负责人，有贯彻《中国土地法大纲》的职责。但是他没有盲目执行，而是先深入调查研究，在掌握第一手资料的基础上，提出自己的见解，即土改模式要因地制宜，不能搞“一刀切”，而是要区分巩固区和游击区，针对这两类不同的地区，采取不同的政策与措施。这一因地制宜的土改政策不但在大别山战略区取得巨大的成绩，而且还被中央采纳，成为全国的指导方针。

改革开放是我国的基本国策，但全国各地千差万别，各地在改革

---

① 何立波、宋凤英：《毛泽东早年便对邓小平寄予厚望：希望你为党争气》，人民网文史频道（2013年3月8日），http://history.people.com.cn/n/2013/0308/c198865-20720549.html。

开放的大方针下，根据当地实际情况制定出符合实际的发展模式，才能推动当地的发展。例如我国东部沿海地区可以大力发展外向型经济，吸引外资投资办厂。但这一东部沿海地区的发展模式就不一定适宜于西部地区，原因在于：西部地区深居亚欧大陆内陆腹地，大多不沿海，邻近国家和地区的经济发展水平都比较落后，远离世界经济中心和中国经济核心，西部地区各中心城市（除南宁外）距最近海港的距离均超过1000公里，到中国三大中心城市北京、上海、广州的距离一般都在2000公里左右。占全国国土面积71%的西部地区铁路和公路长度只有全国的37%和40%。随着国际、国内竞争趋于白热化，越来越多的企业采取集聚核心能力，对供应链进行管理来构筑竞争力的战略，因而对产业集聚提出了较高的要求，产业集聚成为区域竞争力的重要决定因素。西部地区由于对外开放较晚，国有企业比率高，中小企业发育不充分和资源初级加工企业多等原因，产业配套环境普遍较差，产业集聚基础薄弱，阻碍了域外企业的投资热情，常见于东部沿海地区的劳动密集型加工贸易性投资在西部却寥寥无几。

面对招商引资的劣势，西部地区应本着实事求是的精神，寻求适合当地实际的发展模式，否则就是东施效颦。2005年，甘肃省庆阳市正宁县为投资者出台规定：只要在该县投资1000万元以上，就可以享受副县级待遇。该县的引资政策还包括：凡在正宁境内投资100万至500万元、符合国家产业政策的工业项目，用地实行“零地价”租用；投资500万元以上（含500万元）的工业项目，实行“零地价”征用。采用“零地价”租用或“零地价”征用的工业项目，土地费用由县里统筹解决。正宁县政府出台此项政策的动因是：正宁县位于甘肃省东南部，地处偏僻，财政困难，自身发展壮大的能力十分有限，特别是过早退出国家扶贫开发工作重点县、省扶贫困县，争取上级投资项目空间小、难度大，必须借助外力加快发展。

正宁县的出发点是好的，但是违背了实事求是的精神。邓小平曾说：“所谓因地制宜，就是说那里适宜发展什么就发展什么，不适宜发展的就不要去硬搞。”[①] 中国地域辽阔，各地差异巨大，借助外力的招商引资发展模式并不能适应每一个地区，因此，各地在寻求经济社会发展模式时务必根据自身的基础条件，找到最适合的路径。

位于贵州省西南部的晴隆县，属黔西南布依族苗族自治州，是一个典型的喀斯特地貌山区农业县，山多地少，喀斯特区域面积多达911.2 平方公里，占全县国土面积的 68.46%。长期以来，山区农民一直遵循着种植玉米和水稻的传统耕作方式，不仅产量低而不稳，而且极易导致水土流失，石漠化现象越来越严重，全县也因此成为突出的贫困县。然而，晴隆县也有自己的优势，草山、草坡资源丰富，雨水丰沛。20 世纪 80 年代末民间就流传一个说法：“贵州的草养肥了云南的羊。”

晴隆县没有盲目地招商引资，而是因地制宜，大力发展养殖业，该县从 2002 年开始大规模地推广种草养羊。越来越多的农民放弃了传统的玉米和水稻种植，加入到种草养羊的队伍中来。2000 年之前，全县只有 2600 只羊，而 2011 年一年就卖出了 12.6 万只羊。

晴隆县委县政府总结经验，把种草养羊作为全县的支柱产业，实行“政府引导、企业带动、以场带户、利益共享”的运作模式，积极推广种草养羊的模式，同时加强对石漠化地区进行工程治理，使草地畜牧业得到快速发展。自 2000 年以来至 2011 年底，全县仅种草养羊产业一项共投入 1.02 亿元，到 2011 年底实现人工种草 13.35 平方公里，改良草场 12.89 平方公里，完成坡地改梯田 0.94 平方公里，建成排涝渠 488.5 米。全县从事种草养羊的农户已经达到 12800 户，有 5 万多人从事养羊业。全县存栏羊多达 42 万只。种草养羊产业使农民增收 4 亿多元。2011 年，晴隆县农民人均收入达到 5800 元人民币，其中增收部分的 70% 来自养羊业。比如位于光照镇的桃园草场，覆盖农户 179 户，还带动周边农户 208 户参与种草养羊，几年来新建人工

---

① 《邓小平文选》第 2 卷，人民出版社 1994 年版，第 316 页。

草地 1.2 万亩（约 8 平方公里）。当地农民在项目实施前的人均年收入只有 500 元人民币，生活很困难。现在，养羊农户的年收入最低的达到 1 万元，最高的 18.6 万元。[①]

有关专家指出，“晴隆模式”的重要意义，不仅探索出喀斯特地区脱贫致富的成功之路，还探索出农村专业经济合作组织发展的有效模式，也是西南贫困地区新农村建设的成功实践，对科技扶贫工作的健康发展具有指导意义。

二、实施差异化发展策略

邓小平曾说过：“我们之所以能够打败蒋介石，就是不讲老规矩，不按老路子打，一切看情况，打赢算数。”由此可见，邓小平一贯坚持具体情况具体分析的执行策略，运用这种策略，无论是在革命时期，还是在建设时期，邓小平都取得了巨大的成功。

1947 年 10 月，中共中央依据北方老解放区经验，颁布了《中国土地法大纲》，要求各解放区普遍实行土改。刘邓大军到达大别山，创建巩固的根据地，土改成了头等大事，不少地方干部急于求成，提出“打到哪里，分到哪里”。但由于当时大别山还处于战争环境中，敌我“拉锯”激烈，群众担心大军过后地主们要秋后算账，于是，一些群众白天积极分田分浮财，晚上又偷偷退回去，还向地主赔礼道歉。一些士绅为求自保，纷纷投靠国民党，这样加大了解放军在大别山立足的困难。

邓小平根据大别山的实际情况提出：大别山有 1200 万人口，可分两种区域，即巩固区和游击区。在巩固区可以进行土改，在游击区不能急于平分土地，但应深入宣传《土地法大纲》。根据邓小平的意见，1948 年 3 月 12 日，鄂豫区党委明确宣布停止土改过火的做法，

---

① 《贵州晴隆因地制宜种草养羊 创石漠化地区脱贫模式》，中国农业网（2012 年 6 月 4 日），http://www.agronet.com.cn/News/724139.html。

并到处张贴布告，保护厂主、店主照常营业，对被侵犯的中农户赔礼道歉，退回错分的土地财物。接着又宣布对没有反攻倒算的地主保障安全，使他们安心生产。实行主、佃都同意的减租减息政策，清理超征和群众错分而又无法退赔的工商财物。在财政困难的情况下，仅新县即退赔六七万块银元。这样做，很快减少了对共产党的对立情绪，社会秩序逐渐恢复正常，一些士绅也开始和共产党合作。

邓小平在大别山的成功做法，被中共中央所吸收。中共中央最终完成了对新解放区土改政策的修正和认识。邓小平这一领导策略的精髓在于根据不同的情况，采用不同的方法，也就是当今管理界流行的差异化发展模式。

差异化发展是一个管理术语，指的是在市场经济中，应对竞争的一种方法和手段。相对于“趋同化”发展和“同质化”发展，差异化发展是在市场经济中，应对竞争的一种方法和手段。

迈克尔·波特在其《竞争战略》中总结三种基本战略：总成本领先战略、差异化战略、专一化战略。并把差异化战略作为对付“五种竞争力”，建立移动壁垒，避免均质产品市场上的高强度竞争，赢得超常收益的主要战略。

2014 年 3 月，中共中央、国务院印发了《国家新型城镇化规划(2014—2020 年)》。这是我国今后一个时期指导全国城镇化健康发展的宏观性、战略性、基础性规划。城镇化是现代化的必由之路，是解决农业农村农民三农问题的重要途径，是推动区域协调发展的有力支撑，是扩大内需和促进产业升级的重要抓手。

城镇化将会是创造中国经济增长的新引擎，发展目标不容质疑，但各城市在发展模式上却必须避免千城一面，应该探索出因地制宜、各具特色的城市发展模式。城市特色作为一个城市的生命线，既是城市长远发展的坐标，又是支撑整个城市生存、竞争、发展的根基和灵魂，也是城市区别于其他城市的魅力所在。城市特色具有差异性、传承性和艺术性等特点。一座没有特色的城市，是平庸的城市，是没有灵魂的城市。

随着全球经济、社会、科技等突飞猛进的发展，地区间、国际间的交往（人流、物流、资金流、信息流）正变得日益频繁，城市建设的模仿和“克隆”现象增多，以及在城市建设中，由于对城市历史文脉、文化传统、民族宗教、经济产业、资源环境等特征和内涵缺乏深入的探讨、发掘，导致“城市不分大小，地域不分南北，城市面貌都似曾相识”的个性丧失。于是，“城市特色”作为一个问题被越来越多的人所关注。

城市竞争的高级阶段将是城市特色的竞争，将由过去单一、有形的竞争转向综合、无形的竞争。城市特色就是城市的个性，是城市的文化品位，是城市在形成发展中所具有的自然风貌、形态结构、文化格调、历史底蕴、景观形象和功能特征等社会及经济诸多方面的总和，是城市形象的客观展示与城市魅力所在。任何一座具有影响力的城市都有自己独到的特色，城市如何保持自己的特色，如何增强自己的竞争力，关键在于了解特色、保持特色、创新特色。[①]

特色能提高城市的知名度、影响力和吸引力，能增强城市竞争力和发展效率；没有特色的城市很难拥有旺盛的生命力。可以说，特色就是一种竞争力，特色也是城市发展的活力源泉。城市的特色发展，体现在城市的方方面面。

当前，各地对城市建设没有深刻的理解，往往都是照搬北上广深等大城市的一些建设模式，修大马路、建大广场、盖大高楼……俨然一派“大都市”的模样，然而，这样的城市大多人气寥寥。其实，空间尺度直接影响着小城镇的整体氛围。尺度宜人的城市会带给人温馨、舒适的氛围，尺度过大则会给人冷漠、生疏的感觉。简单来讲，对于中小城市，过大的空间尺度破坏了原本的人与人、人与自然之间的亲密感，更无特色可言。

---

① 陈宇：《城市发展应注重城市特色的构建》，《山西建筑》，2005 年第 7 期。

有的地方领导干部认为城市要有特色，首先要塑造城市形象，于是就照搬大城市的一些做法，修宽马路、建高楼、筑城标……有的城镇甚至要求建设整齐划一、强行统一风格的建筑外观。然而，与大城市相比，中小城市更需要用简单明了的本土建筑元素和色彩来强化城镇特色，而不是简单地模仿城市建设的手法，大搞欧式建筑、仿古建筑……小城镇的个性与魅力根植于本土文化，城镇建设必须结合自身特点，不能照搬他人模式。照搬照抄不可能摆脱“千篇一律”“千城一面”的特色危机。

城市特色是城市的竞争力，是一种可持续发展的动力。城市的特色源于将当地的本土文化融入城市的各个方面。城市需要有自己的特色，更需要紧紧把握特色发展的方向。城市特色发展的关键在于城市领导者要确立城市发展的差异化模式，这样才能避免千城一面。

城市差异化战略在全球化、信息化时代已具备实施的基础和前提，城市差异化战略可以有效避免千城一面现象的出现。城市差异化发展是当今世界主流城市发展的新方向，世界各地不同形态的城市都将会走上差异化发展之路。

在经济全球化背景下，国际竞争的基本单位应该定位在城市。中国城市化进程近 10 年速度提升，相同层次、不同层次城市之间竞争十分激烈，城市间以土地、税收为主降低商务成本的优惠手段，由于供给能力大、涉及范围广而日益成为对城市极具破坏的残酷竞争，此类竞争产生的后果迫使城市寻求新的竞争手段和途径，因而差异化竞争战略在现代城市发展中扮演了十分重要的角色。城市差异化发展是指城市向社会提供的同类精神、物质产品和服务项目具有不完全的可替代性，以便与其他提供同类产品和服务的城市相区别。城市发展的差异化使同类产品和服务具有异质的特性，差异化战略的基础是消费者、投资者对异质产品和服务存在消费偏好，因而实行差异化战略的城市就能够积聚更多的资源和赢得更大的长期效应。城市差异化战略在全球化、信息化时代已具备实施的基础和前提，作为国际竞争基本单位的城市将因差异化发展而更适合以人为本的科学发展观。

在全球化背景下，无论是城市公共政策的确立还是城市规划设计的编制，都受到全球化的影响，但是有特色的城市才具有争夺全球资源的能力，也才能捕捉到发展机遇。例如历史文化名城泉州，以“海上丝绸之路”作为带动城市发展的一个主题文化，激发了海外侨胞关注家乡发展的热情，产生了巨大的文化凝聚力，同时也带来了可观的综合效益。

第四节　以点带面

——建立与发展深圳经济特区

创办经济特区始于1979年4月。在中央工作会议上，中共广东省委书记习仲勋发言，明确提出要利用毗邻港澳的条件，实行特殊政策和灵活措施，加快对外开放和经济发展。邓小平十分赞同这一设想。他说：“还是叫特区好，陕甘宁开始就叫特区嘛！中央没有钱，可以给些政策，你们自己去搞，杀出一条血路来。”

1980年8月26日，五届全国人大常委会第十五次会议审议并批准建立深圳、珠海、汕头、厦门四个经济特区，并批准公布了《广东省经济特区条例》。

一、先试点后试行再推广

粉碎“四人帮”后，中国一批有远见的领导人和实际工作者，开始探索引进外资和技术、设备的新路，其中，如何学习和借鉴港澳经验，利用港澳同胞、海外侨胞的力量，引起了有关部门的重视。

1978年4月，国家计委和外贸部联合组成港澳经济贸易考察组，对香港、澳门进行了新中国成立以来首次大规模的实地调查研究。6月，考察组正式写出了一份《港澳经济考察报告》，提出把靠近港澳的广东宝安、珠海划成出口基地，力争经过三年努力，把两地建设成具有相当水平的对外生产基地、加工基地和吸引港澳人的游览区。中央领导在6月3日听取了考察组的汇报后，表示“总的同意”，并要求“说干就干，把它办起来”。

1979年1月，邓小平在一份香港厂商要求回广州开设工厂的来信摘报上批示：“这件事，我看广东可以放手干。”这对广东省委有很大的启示和鼓舞作用。广东省委开始考虑如何能发展得更快一点的问题。经过一段时间的酝酿，广东省希望在对外经济活动中先走一步的想法逐步形成。

1979年4月，在中央工作会议期间，习仲勋带着这个意见，向邓小平汇报。习仲勋谈了广东经济的现状，以及广东省开放、搞活的设想。其中着重提到，省委要求允许在深圳、珠海、汕头划出一定地区，单独进行管理，作为华侨、港澳同胞和外商的投资场所，按照国际市场的需要组织生产，“类似海外的出口加工区”。邓小平对广东省委提出的举办出口加工区的设想表示支持，并说：“还是叫特区好。陕甘宁开始就叫特区嘛！中央没有钱，可以给些政策，你们自己去搞，杀出一条血路来。”

邓小平作为改革开放的总设计师，他不但善于描绘改革开放的蓝图，还善于把握改革开放的步骤。在当时“左”的思想还没有完全消除情况下，全面推行改革开放存在巨大的风险，搞不好改革开放的大船就会搁浅。因此，邓小平采取了一种较为稳妥的办法，那就是“先试点后试行再推广”。

邓小平这种政治智慧在今天仍有十分重大的借鉴意义。一项改革措施特别是重大举措，先试点探索、投石问路，取得经验、达成共识后再全面推开会比较稳当。先试点后推广，是邓小平推进改革的成功做法。一项改革特别是重大改革，先在基层、在局部试点，有利于取得经验，有利于规避风险，有利于科学决策，也有利于统一思想。

回顾我国30多年的改革历程，先易后难、先试点后推广、先局部后全局，是我们推进改革的基本思路，也是重要的工作方法。比如，经济改革起步于农村，一是因为解决温饱问题，调动农民生产经营的积极性，这是内在动力；二是因为农村受计划经济影响相对小一些。就是农村改革也是先从基层基础改起，先实行包产到户。工业和城市的改革起步于沿海，因为沿海城市有商品生产的传统，毗邻港澳台，便于承接产业转移和发展出口加工业，有利于打开空间，为全面改革和全方位开放创造条件。

李克强总理指出，我国国情复杂，一时看不准、吃不透的改革，可先选择一些地区和领域开展试点，以点带面，并有及时调整和纠错的机制，在探索中“排雷”和清除“荆棘”，这是一种好做法。

改革必然导致原有格局的调整、体制机制的创新，先在点上取得突破，“允许看，但要坚决地试”，可以减少和消除阻力，控制可能存在的风险，留出后续完善的空间。凡是涉及面宽的重大政策，应该在一些地区先行先试，取得成功经验后，再由点及面推广。中国是一个大国，绝不能在根本性问题上出现颠覆性错误，出现后就无法挽回、无法弥补。因此，一项改革措施特别是重大举措，“先试点后试行再推广”，这种路径比较稳妥，这也是中外学者经常提到的渐进式改革。

试点是全面改革的重要途径和科学方法，既要鼓励试点，又要注重试点的跟踪总结，通过总结试点的新鲜经验，使感性认识上升为理性认识。这既体现了马克思主义实践论的观点，同时也是党的群众路线的具体体现。

二、树立典型以点带面

1957 年 10 月，毛泽东第二次访苏。参与商谈和签署《莫斯科宣言》的中方首席代表邓小平，与苏方首席代表苏斯洛夫几次交锋下来，苏斯洛夫不得不承认："这个人很厉害，不好谈，他话不多，专抓你的要害和漏洞。"

"要害和漏洞"就是关键点，邓小平抓关键点的智慧贯穿他革命的一生。在"文革"后期的大整顿中，邓小平面对混乱的局面，专抓关键点，然后以点带面，迅速使中国各行各业出现了新的面貌。

四届全国人大一次会议闭幕后，周恩来的病情加重。1975 年 2 月 1 日，周恩来主持有全体副总理出席和叶剑英、郭沫若列席的国务院常务会议，确定由邓小平代替他主持国务院会议和呈批主要文件。2 月 2 日，周恩来致信毛泽东，汇报国务院各副总理分工情况。毛泽东圈阅了此信，邓小平开始主持国务院工作。

邓小平受命于危难之际。他根据毛泽东提出的要安定团结、把国民经济搞上去的指示，在主持召开的各种类型的会议上，明确而且坚定地提出进行整顿的要求。在毛泽东、周恩来的支持和叶剑英、李先念等的配合下，邓小平果断地对被搞乱了的各条战线进行整顿，提出摆脱动乱、加快经济恢复和发展的一系列措施，进行了当时条件下所能进行的拨乱反正。

在交通系统中，邓小平选择铁路作为整顿的突破口。邓小平说："怎样才能把国民经济搞上去？经过分析的结果，当前的薄弱环节是铁路。铁路运输的问题不解决，生产部署统统打乱，整个计划都会落空。所以中央下决心要解决这个问题。"在铁路整顿中着重抓两条线（陇海、浙赣）、四个点（徐州、南京、南昌、太原），而以徐州为突破口。

在 3 月下旬徐州铁路整顿取得突破性进展的时候，邓小平立即抓住时机，召开国务院全体会议，把钢铁整顿的问题提上日程，指出“下一步中心是要解决钢的问题”。同时提出，把徐州铁路整顿重点突破取得的经验在面上推广，不仅指导铁路系统整顿，而且指导整个交通系统的整顿。同时，又批转江苏省委文件，运用徐海地区整顿的经验指导全国地方的整顿。钢铁整顿以“八大钢”（鞍钢、武钢、包钢、太钢、本钢、首钢、攀钢、马钢）为重点，因为“八大钢”的钢产量占全国50%，铁产量占全国65%，抓好八大钢对完成全年计划有决定性作用。在“八大钢”整顿的过程中，及时发现太钢的经验，在整个钢铁系统推广，迅速扭转了钢铁系统的混乱局面。

邓小平第三次复出，开始制定中国改革开放战略。当时的中国，“左”的思想仍占有一定的市场，改革开放的步子迈得太大，或者改革遇到了挫败，“资本主义复辟”的帽子就会戴在改革者的头上。因此，邓小平没有在中国实行全面的改革开放，而是把目光放在特区，把特区作为改革开放的“典型”。

1979年12月，广东省第五届人民代表大会第二次会议响应邓小平的号召，决定在深圳、珠海、汕头划出一定区域设置经济特区，并原则通过了经济特区条例。1980年8月26日，五届全国人大常委会第十五次会议通过决议，决定在深圳、珠海、汕头、厦门设置经济特区。具有深远历史意义的中国经济特区正式宣告成立了。像一个呱呱坠地的婴儿，经济特区一成立，就迎来各方关注的目光，各种议论也接踵而至。在这个关键时刻，邓小平亲自出来表了态。1984年早春，从1月22日到2月16日，他先后视察广州、深圳、珠海、厦门和上海。他说，兴办特区是我倡议的，现在来看看办得怎么样了。邓小平此行中，对深圳特区的题词是：“深圳的发展和经验证明，我们建立经济特区的政策是正确的。”

深圳特区试点成功后，邓小平及时把深圳特区的做法由点到面进行推广。根据邓小平的提议，1984年5月，国务院决定，大连、秦皇岛、天津、烟台、青岛、连云港、南通、上海、宁波、温州、福州、广州、湛江、北海等 14 个沿海港口城市对外开放，海南岛 1988 年划为海南经济特区. 开放城市可以根据自己的条件，划定有明确地域界限的区域，兴办新的经济技术开发区。在那里集中开设中外合资、中外合作和外商独资经营的企业与中外合作的科学研究机构。紧接着，内陆所有的省会、自治区首府城市相继对外开放，还在一些大中城市建立保税区、国家级经济技术开发区和高新技术产业开发区。我国形成了经济特区—沿海开放城市—沿海经济开放区—沿江和内陆开放城市—沿边开放城市的对外开放格局，对外开放城市已遍布中国所有省区。上述对外开放地区，由于实行不同的优惠政策，在发展外向型经济、出口创汇、引进先进技术等方面，起到了窗口和对内地的辐射作用。宽领域、多层次、有重点、点线面结合的全方位对外开放格局由此形成。

邓小平曾说，改革是全面的改革。作为一场深刻而全面的社会变革，改革涉及经济体制、政治体制、文化体制、社会体制、生态体制以及党的相关制度，领域广泛，任务繁重。随着改革的不断深入，各个领域各个环节改革的关联性和互动性明显增强，每一项改革都会对其他改革产生重要影响，每一项改革又都需要其他改革协同配合。不整体推进，很多单项改革很难完成。在全面建设小康社会的关键阶段，中国改革的整体性特征，决定了我们的各项决策部署必须更加注重改革措施的相互促进、良性互动、协同配合。

同时，整体推进又不是平均用力、齐头并进，而是要注重抓主要矛盾和矛盾的主要方面，注重抓改革的关键环节。从改革全局来看，重点领域“牵一发而动全身”，关系到改革大局，是改革的重中之重；关键环节“一子落而满盘活”，关系到改革成效，是改革的有力支点。以这些重点领域和关键环节为突破口，可以对全面改革起到牵引和推动作用。

当前，一些公众普遍关注、反映强烈的具体问题，大多涉及面广、配套性强、利益关系复杂，涉及宏大的改革命题。如 2.6 亿农民工真正融入城市，户籍制度需要破冰，公共服务、教育医疗、社会保障等改革同样要跟进；做大蛋糕之后分好蛋糕，确保“收入倍增”是重点，税收制度、公共财政、分配秩序等改革也是支撑。没有整体推进，难免会顾此失彼，使改革举步维艰；没有重点突破，也难免会乱了节奏，让改革久推不转。改革进入攻坚期、深水区，把握好整体推进和重点突破的辩证法至关重要。

第五章

邓小平干部管理智慧与领导艺术

第一节　干部标准

——革命化、年轻化、知识化、专业化

1980年8月，邓小平在中共中央政治局扩大会议上提出：选干部要注意德才兼备。“所谓德，最主要的，就是坚持社会主义道路和党的领导。在这个前提下，干部队伍要年轻化、知识化、专业化，并且要把对于这种干部的提拔使用制度化”。

同年12月，邓小平在中共中央工作会议上又指出：“要在坚持社会主义道路的前提下，使我们的干部队伍年轻化、知识化、专业化，并且要逐步制定完善的干部制度来加以保证。提出年轻化、知识化、专业化这三个条件，当然首先是要革命化，所以说要以坚持社会主义道路为前提。”

一、根据“四化”标准选择干部

“文革”结束后，百废待兴，急需大量德才兼备的人才。虽然一大批被冲击的老干部纷纷复出，但他们一是年龄普遍偏大，二是个人能力和知识结构都来自于战争年代和政治运动，已不符合改革开放新形势的需要。

1980 年 8 月，邓小平在中共中央政治局扩大会议上提出：选干部要注意德才兼备。“所谓德，最主要的，就是坚持社会主义道路和党的领导。在这个前提下，干部队伍要年轻化、知识化、专业化，并且要把对于这种干部的提拔使用制度化。”[①] 同年 12 月，邓小平在中共中央工作会议上又指出：“要在坚持社会主义道路的前提下，使我们的干部队伍年轻化、知识化、专业化，并且要逐步制定完善的干部制度来加以保证。提出年轻化、知识化、专业化这三个条件，当然首先是要革命化，所以说要以坚持社会主义道路为前提。”[②]

1982 年 12 月在中共十二大上，干部“四化”标准被写入了大会通过的新党章。“革命化”是对干部队伍政治素质的要求，主要指坚持四项基本原则，拥护和执行党的基本路线，在政治上同中共中央保持一致，不以权谋私，全心全意为人民服务，党性强，作风正派等。“年轻化”是对干部年龄的要求，主要指年富力强，精力充沛，能够胜任繁重的工作。一方面不断把优秀中青年干部选拔到领导岗位上，一方面实行离退休制度，使各级领导班子有一个合理的年龄结构。“知识化”是对干部文化水平的要求，主要指不断提高科学文化水平，以适应现代化建设的需要，既要注重学历，又要注重真才实学。“专业化”是对干部专业水平和业务能力的要求，主要指专业技术、知识，使之成为精通本行的行家和能手。“四化”是相互联系、不可分

① 《邓小平文选》第 2 卷，人民出版社 1994 年版，第 326 页。
② 《邓小平文选》第 2 卷，人民出版社 1994 年版，第 361 页。

割的整体。不讲革命化就会迷失方向，只讲革命化，不讲知识化、专业化，又会成为空头政治家；年轻化则是适应新陈代谢规律，要不断培养社会主义事业的接班人，以保证社会主义建设持续不断发展的需要。干部“四化”标准是用人唯贤、德才兼备的干部路线在新形势下的发展。1992 年春，邓小平在视察南方的讲话中又强调指出：“中国要出问题，还是出在共产党内部。对这个问题要清醒，要注意培养人，要按照‘革命化、年轻化、知识化、专业化’的标准，选拔德才兼备的人进班子。”[①] 邓小平强调选“公认者”，这是由党的性质、人民的愿望、社会的稳定所决定的。

在改革开放初期，邓小平提出干部“四化”标准是着眼于我国的改革开放事业需要大量的改革人才。邓小平除了制定干部标准外，还提出了选人用人的“三要”原则。选人“三要”：一是“要抛弃一切成见，寻找人民相信是坚持改革路线的人”。二是“要抛弃个人恩怨来选人，反对过自己的人也要用”。三是“考虑人的角度，也要深化，这也是一种改革，是思想上的改革，思想上的解放”。邓小平讲的“三要”，核心是用坚持和敢于改革的人，在这个前提下摒弃个人私见，以党的大业为重，放宽视野选人。也就是说，在深化改革用人思路和方式中选“准”人。

总之，选改革者、开放者、实干者、公认者以及“三要”思路是邓小平在建设中国特色社会主义并最终取得胜利的历史时期的主要用人原则和标准。

在不同的历史时期，干部的标准有所不同。改革开放初期，熟悉专业、锐意改革的干部是好干部。现在，习近平总书记又用 20 个字画出一幅“标准像”，成为新时期干部选择的标准，予新时期好干部以新的时代内涵。那就是“信念坚定、为民服务、勤政务实、敢于担当、清正廉洁”。

---

① 《邓小平文选》第 3 卷，人民出版社 1993 年版，第 380 页。

我国的各级领导干部是一个相对的概念，既是下级（相对于中央），又是上级（相对于基层），因此，领导干部的重要职责之一就是根据干部的标准把合适的人才选拔到各级领导岗位上来。邓小平说过："我的抓法就是抓头头，抓方针。""抓头头"就是选拔好领导干部。

领导干部如何做好干部选拔工作？依据干部选择标准，按照《党政领导干部选拔任用工作条例的规定，参照好干部 20 字标准，抛弃私心，坚持群众路线，这样就能把优秀的人才选拔到各级领导岗位上来，这样才能落实习近平总书记所提出的任用干部要求，即"要坚持求真务实，察真情、说实话，出真招、办实事，下真功、求实效，让埋头苦干、真抓实干的干部真正得到重用、充分施展才华，让作风飘浮、哗众取宠的干部无以表功、受到贬责"。

二、坚持德才兼备的标准

1980 年 8 月，邓小平在《党和国家领导制度的改革》一文中指出："所谓德，最主要的，就是坚持社会主义道路和党的领导。在这个前提下，干部队伍要年轻化、知识化、专业化。"

干部的德与才既是两个范畴，又是辩证统一的整体，两者互为条件存在和发展，不能割裂开来。全面提高干部队伍素质，选好用好干部，必须坚持德与才两手抓、两手都要硬。

树立正确的德才观，要求深刻认识、准确把握德与才的辩证关系。干部的德与才既是两个范畴，又是辩证统一的整体，两者互为条件存在和发展，不能割裂开来。这就好比人的两条腿，只有均衡发展、协调动作，才能行走自如。只有坚持正确的世界观、权力观、事业观，具有良好的道德修养和行为习惯，才能确保工作、学习的动机和方向不出偏差，激发干事创业的潜能和战胜困难的勇气，使干部的才用得其所并得到充分施展。同时，只有在学习中不断充实自己，在实践中不断锤炼自己，才能深化对客观世界和主观世界的认识，从而在思想上进一步坚定德的价值取向，在行动上进一步拓展德的作用范围。因此，全面提高干部队伍素质，选好用好干部，必须坚持德与才两手抓、两手都要硬。同时要看到，与才相比，德总是第一位的。司马光曾精辟地指出，“德者，才之帅也”。现在一些干部出问题，主要不是出在才上，而是出在德上。我们坚持德才兼备、以德为先用人标准，必须以德为前提，把好干部的政治关、品德关，确保各级领导权牢牢掌握在忠于党、忠于国家、忠于人民的人手中。实践表明，凡是有所作为、群众公认的优秀干部，必定是德才兼备的干部。

我们强调干部的德与古代与国外官员的德有所不同，“德”不单指干部的品德修养，更重要的是指干部的政治品德。讲政治品德是对干部特别是党的干部的要求。从本质上看，干部不是一个职业，但领导干部岗位却是各行各业中内在要求较高的岗位。所谓内在要求高就是指这个岗位既有有才的要求又有德而且是高标准的“德”的要求，就是“德才兼备、以德为先”。德才兼备是前提，以德为先是要求，是对干部岗位特定的要求。干部特别是领导干部岗位的特殊性决定了干部手中掌握的是或多或少的“公权”，这种权力的目标指向是为他人奉献、为他人谋利益而不是索取、为自己捞好处，这就是干部的政治品德。所以考察干部的德既要看干部是否会“做人”、会“做事”，更主要的是看干部的政治品德。《干部任用条例》中关于党政领导干部应当具备的6项基本条件，集中体现了新时期党中央对领导干部政治品德的要求，可以概括为是否具备理论水平、理想信念是否坚定、是否坚持执政为民、是否求真务实、是否坚持民主集中制、是否清正廉洁6个方面。应该说政治品德是领导干部德的核心。

当然，德与才是辩证统一的，强调以德为先，也决不能忽视才能。一个干部有德无才，政治上虽然可以信赖，但难以托付重任。因此，在选拔任用干部工作中，必须把德才兼备、以德为先用人标准作为一个整体来认识、来把握、来贯彻，既要把好政治关，又要把好才能关，真正把那些品德好同时又有真才实学、能力突出的干部选拔上来。

古时，能知晓四书五经，通天文晓地理便称大才。新形势下，我们对于干部的要求也被赋予了新的内涵。做一名新时期的合格干部，基本的能力素质自然是必备的。然而，面对新时期的新情况，各级领导干部还必须具备新形势下的新理念，同时要具备创新意识。符合选拔要求的干部，必须是有过硬的能力素质，完成业务工作。同时必须具有新理念和创新意识，能正确认识当前国情和社情，特别应具备足够的群众意识，赋予群众工作以新的理念。

第二节　严格要求

——对党的干部要求应更加严格

1956年9月16日，邓小平在中国共产党第八次全国代表大会所作的《关于修改党的章程》的报告中指出："在这里，我觉得有必要谈一谈党的干部问题。的确，如果我们向每一个普通的党员都提出了严格的要求，那么，我们就需要向党的干部提出更严格的要求。党的各级组织中的骨干，受到了党和人民更多的信任，因此，他们对于党和人民，显然也比普通党员负有更高的责任。"

一、要求严格是一种爱护

邓小平在他的革命生涯中，一向对干部要求严格，因为在他看来，要求严格就是一种爱护。1947 年 8 月 27 日，刘邓大军千里挺进大别山。在此次重大军事行动之前，毛泽东与刘伯承、邓小平曾经反复研究过，这是一次大胆的军事冒险行动。在出发前的誓师大会上，邓小平提出了这次行动的三种可能：一是部队到不了大别山；二是部队到大别山后站不住脚；三是部队扎根大别山。要坚决避免前两种结果，努力实现第三种结果。因为第一种结果是刘邓大军被消灭，第二种结果是返回根据地打游击。

但是，刘邓大军到达大别山区后，部队中干部战士情绪低落，对建立根据地的信心不足，还经常发生一些战士私拿群众的东西、破坏纪律的现象。对此，刘伯承痛心疾首地说：“部队纪律这么坏，如不迅速纠正，我们肯定站不住脚！”邓小平在河南省信阳市新县小姜湾村专门主持召开整顿纪律干部大会，在会上宣布了三条纪律：枪打老百姓者，枪毙！抢掠民财者，枪毙！强奸妇女者，枪毙！这也就是邓小平所说的“约法三章”。但是，就在“约法三章”公布后，就发生了野战军司令部警卫团的副连长私拿群众财物的事件，严重违反了“约法三章”的第二条纪律。邓小平为了严肃军纪，召开公判大会，按“约法三章”规定，处决了这个副连长。

公审大会开始了，直属部队坐在一边，前来观看的老百姓坐在另一边，会场寂静无声。由于这位副连长平时打仗勇敢，表现不错，许多人请求司令部饶恕他，给他一个立功赎罪的机会。一些当地的群众也前来为他求情。那个店主闻声赶来，对主持大会的同志说：“早知大军纪律这么严，说什么我也不跑上山了。如果家里有人，就不会发生这样的事了，请刀下留情。”

负责督办此事的张际春副政委见状，也动了恻隐之心，请示邓小平能否宽大处理。邓小平听了严肃地说：“群众的话，我们可以理解。但既规定了‘约法三章’，就不能说话不算数，失信于民。如果对一个副连长姑息、迁就，不能执行纪律，那么今后更多的人犯纪律怎么办？不下决心严整军纪，部队的纪律就会继续坏下去，群众就更不相信我们，而我们在大别山也就站不住脚!”

当天下午，这个副连长在群众公判大会上被处决了。枪毙了一个副连长，避免了10个、100个像副连长这样的干部和战士重犯错误，教育了更多的人从中汲取教训，严格遵守群众纪律。这起事件在全军和当地的群众中引起了强烈震动和反响。从此，部队纪律严明，秋毫无犯。邓小平也知道这位副连长是偶尔犯错，但是如果不绳之以法，就会有更多的干部犯错误，所以邓小平只好“挥泪斩马谡”，以避免更多的干部犯错误。

1956年9月16日，邓小平在中国共产党第八次全国代表大会所作的《关于修改党的章程》的报告中指出：“在这里，我觉得有必要谈一谈党的干部问题。的确，如果我们向每一个普通的党员都提出了严格的要求，那么，我们就需要向党的干部提出更严格的要求。党的各级组织中的骨干，受到了党和人民更多的信任，因此，他们对于党和人民，显然也比普通党员负有更高的责任。”

改革开放初期，正值历史转变时期，“问题堆积成山，工作百端待举”。为了尽快把全党全国人民的思想统一到经济建设这个中心任务上，邓小平提出要发扬党的密切联系群众的优良作风，用良好的党风促进社会风气的进步。他认为，党是整个社会的表率，党的各级领导同志又是全党的表率。因此，为了促进社会风气的进步，首先必须搞好党风，特别是要求党的各级领导同志以身作则。

领导干部要有较高的思想品德和党性修养，以领导干部的标准来严格要求自己，认真履行干部职责，勤政为民，为民造福，服务群众，搞好干群关系，起好模范带头作用。同时，领导干部有监督下级干部之责，要学习邓小平从严管理干部的做法，对下级干部严格要求，这才是对他们最好的爱护。

习近平曾指出，党要管党，才能管好党；从严治党，才能治好党。党要管党，首先是管好干部；从严治党，关键是从严治吏。要把从严管理干部贯彻落实到干部队伍建设全过程，坚持从严教育、从严管理、从严监督。各级领导机关和领导干部，尤其是中央机关和中央国家机关，高级领导干部要强化带头意识，时时处处严要求、做表率。

二、对领导干部腐败零容忍

1989年5月31日，在征得陈云、李先念同意后，邓小平找李鹏、姚依林进行了一次长谈。这次谈话的核心内容是中央领导人和中央领导集体怎样才能干好。

在谈到反腐败时，邓小平指出："反腐败这个关必须过，对党内高层腐败下不了手，就会丧失人心，就会失败，这是大局，不管是谁，一律受惩罚，要公布于众。"

对于反腐败的决心和措施，邓小平交待了以下几个要点：一是，"我们是真正反腐败，不是假的。本来我们就是要反对腐败的。对腐败的现象我也很不满意啊！反对腐败，几年来我一直在讲，你们也多次听到我讲过，我还经常查我家里有没有违法乱纪的事。"二是，"腐败的事情，一抓就能抓到重要的案件，就是我们往往下不了手。这就会丧失人心，使人们以为我们在包庇腐败。这个关我们必须过，要兑现。是一就是一，是二就是二，该怎么处理就怎么处理，一定要取信于民。"三是，"腐败、贪污、受贿，抓一二十件，有的是省里的，有的是全国范围的。要雷厉风行地抓，要公布于众，要按照法律办事。该受惩罚的，不管是谁，一律受惩罚。"四是，惩治腐败要拿事实给人民看，这样人民的心里才会平静下来。不然就会今天一个上街，明天一个上街，"要看到这个大局"。

1989年6月16日，邓小平在同几位中央负责同志谈话时指出："要整好我们的党，实现我们的战略目标，不惩治腐败，特别是党内的高层的腐败现象，确实有失败的危险。"他还多次强调："越是高级干部的子弟，越是高级干部，越是名人，他们的违法案件越要抓紧查处，抓住典型，效果也大。”

1979 年 3 月，他在《坚持四项基本原则》的重要讲话中指出：“为了促进社会风气的进步，首先是对着我们这些高级干部的。我们脱离群众，干部特殊化是一个重要原因。如果我们的高级干部首先把这方面存在的问题解决了，就能理直气壮地解决好全国其他方面存在的这类问题……为了整顿党风，搞好民风，先要从我们高级干部整起。”

邓小平认为端正党风必须从领导干部抓起。原因在于只有领导干部才有条件进行腐败，越是高级领导越有条件进行腐败。早在 1957 年，邓小平曾经提出过这样的一句话：“在中国来说，谁有资格犯大错误？就是中国共产党。犯了错误影响也最大。……如果我们不受监督，不注意扩大党和国家的民主生活，就一定要脱离群众，犯大错误。”领导干部在党风廉政建设上做出表率，就能带出好的党风，有了好的党风，就能带出好的社会风气。所以他对干部腐败零容忍。

邓小平同志在 1986 年 1 月 17 日的政治局常委上曾说过这样的一段话：“死刑不能废除，有些犯罪就是要判死刑。一些屡教屡犯的，劳改几年放出来以后继续犯罪，而且更熟练，更会对付公安司法机关了。对这样的累犯为什么不依法杀一些？还有贩卖妇女、儿童，搞迷信职业活动和反动会道门，屡教不改的，为什么不依法加重判处？当然，杀人要慎重，但总得要杀一些。陈云同志曾说，杀一些可以挽救一大批干部。涉及政治领域、思想领域的问题，只要不触犯刑律，就不受刑事惩处，不涉及死刑问题，但是对严重的经济犯罪、刑事犯罪，总要依法杀一些人。现在总的表现是手软。其实判死刑也是一种必不可少的教育手段。现在杀人一般只是杀那些犯杀人罪的人，其他的严重犯罪呢？卖淫罪犯很猖獗，为什么不严惩几个最恶劣的？组织卖淫抓了几次不改的，一律依法从重判处。经济犯罪特别严重，使国家损失几百万、上千万的国家工作人员，为什么不可以按刑法规定判死刑？1952 年毛泽东同志杀了两个人，一个是刘青山、一个是张子善，起了很大的作用，现在只杀两个起不了那么大的作用。”①

邓小平的干部腐败零容忍态度被习近平为首的党中央继承并发扬光大。2014 年 1 月，习近平同志在十八届中央纪委三次全会上的重要讲话中指出，反腐败高压态势必须继续保持，坚持以零容忍态度惩治腐败。这充分表明了中央在反腐败问题上的坚强意志和坚定决心，也说明了零容忍态度是防治腐败的必要条件。

什么是以零容忍态度惩治腐败？就是对腐败现象毫不忍受、毫不宽容，就是有腐必反、有贪必肃。对腐败分子，发现一个坚决查处一个；对腐败行为，发现一起坚决纠正一起；坚持“露头即打”，防止滋生蔓延，甚至连退休干部的在职腐败行为也不放过，以消除领导干部的侥幸心理。

对腐败零容忍，是由中国共产党的性质和宗旨决定的。中国共产党是中国工人阶级的先锋队，同时是中国人民和中华民族的先锋队，以全心全意为人民服务为自己的根本宗旨。这就决定了党与腐败水火不容。从 1926 年 8 月 4 日中共中央向全党发出关于《坚决清洗贪污腐化分子》的通告，到 1932 年 5 月 9 日中华苏维埃共和国枪决第一个腐败分子谢步升；从新中国成立之初严惩腐败分子刘青山、张子善，到改革开放以来惩治 100 多名省部级贪官。无不表明，不论是在革命战争的艰难岁月，还是在建设改革的和平年代，中共始终坚持有腐必反、有贪必肃，保持对腐败的高压态势。

① 《邓小平文选》第 3 卷，人民出版社 1993 年版，第 152 页。

第三节　知人善任

——朱镕基只能当一把手不能当二把手

2011 年，前中共中央政治局常委、中纪委书记吴官正在读完《朱镕基讲话实录》后，有过这样一句评价："伟大的邓小平与江泽民选择了伟大的朱镕基。"这句话是对邓小平选人用人水平的一个精彩注释。

1991 年春节后，邓小平有了调朱镕基进京的打算。由于朱镕基独立思考、敢于直言的性格，不见得所有人都喜欢，为此，邓小平专门讲过一句话："朱镕基只能当第一把手，不能当第二把手。"1992 年 5 月，邓小平视察首都钢铁公司时说："我不懂经济，但是我能听懂。我们选干部，还要懂经济。朱镕基就懂经济。"

一、不知人善任就是失职

毛泽东与邓小平一致认为，领导干部的重要职责就是用干部。用干部的前提就是知人善任，如果一个领导不能知人善任，而成天忙于事务，这个领导决不是一位优秀的领导。

淮海战役是三大战役中最有影响的战役，在某种程度上决定了国共之间的胜负。国民党在大陆的败亡，真正起决定性作用的还是淮海战役，国民党虽然输掉了辽沈战役和平津战役，但只要能在淮海战役中获胜，基本还能够维持江南半壁江山，淮海战役的失败则注定了它在大陆的彻底溃败，所以，淮海战役应该称得上国共决战中的决战。

如此重大的决战，选将是国共双方统帅部重中之重的大事。在淮海战役前，共产党最高统帅部做出了一个英明的用人决定：为了协同中原野战军，陈毅被派往中原野战军任副司令，仍兼华东野战军司令员，暂时由粟裕同志代职，也就是说将华野指挥权给了粟裕。不久，中央军委决定，由邓小平、刘伯承、陈毅、粟裕和谭震林等五人组成总前委，邓小平担任总前委书记，统一指挥60多万解放军进行淮海战役。众所周知，中共的领导原则是党指挥枪，将中野与华野置于以邓小平为书记的总前委领导之下，保证了两大野战军的统一指挥与战役协同。

相对于共产党军队的超豪华阵容，国民党统帅部却做出一个“惊人”的决定：派“福将”刘峙出任徐州“剿总”总司令，而当时公认的最佳人选是白崇禧。原因在于蒋介石的用人指导思想是用听话的不用有才的。1948年5月，李宗仁当选中华民国副总统一个月后，蒋介石为了报复白崇禧，也为了防白、李在南京对他构成心腹之患，就借改组内阁之机，免掉了白崇禧的国防部长之职，改任“华中剿总总司令”，让白崇禧离开南京去武汉，由亲信何应钦接任国防部长。由于怕白崇禧拥兵自重，蒋介石特意把同处黄淮平原的国民党军队分为武汉“剿总”和徐州“剿总”两个互不统属的作战单位，并委亲信刘峙出任地位更为重要的徐州“剿总”总司令，以便分散和牵制白崇禧的兵权。

武汉和徐州两个“剿总”，同处黄淮平原，在战略上本属一个地理单位，它西起潼关、宜昌，东达海岸线，内有陇海、平汉、津浦3条铁路干线纵横其间，更有长江、淮河水道横贯其中，调动部队和指挥作战均极便利。正因如此，早在我刘邓大军挺进大别山威逼武汉、南京时，白崇禧就曾提出华中只设一个战区，由他统一指挥武汉和徐州方面的两支大军。白崇禧的主张虽有他乘机扩张新桂系势力的企图，但对改变国民党军被动防守部署，不失为上策。然而，蒋介石怕白崇禧兵权过重，难以控制，没有答应。

刘峙毕业于保定陆军军官学校，后在蒋介石手下任黄埔军校教官，是蒋介石的嫡系老将，抗战以来素以“常败将军”著称。让刘峙当徐州“剿总”总司令，国民党内部早就议论纷纷：“徐州是南京的大门，应派一员虎将把守；不派一虎，也应派一狗看门；今派一只猪，眼看大门会守不住。”就这样，刘峙在徐州当了半年的总司令。等到1948年10月下旬，华东野战军与中原野战军两支解放军会战徐州的态势露出端倪，何应钦、顾祝同都担心刘峙不堪重任，于是，又提出以白崇禧统一指挥之议，并向蒋介石说明叫白崇禧统一指挥只是暂时的措施，会战结束后，武汉“剿总”和徐州“剿总”仍分区负责。蒋介石好不容易同意了，但白崇禧这时不干了，如果蒋介石当时果断启用白崇禧，白崇禧也不至于甩手不干。

淮海战役中的第12兵团，用黄维而不用胡琏也是一个错误。黄维被任命为第12兵团司令官时，自己对蒋介石说：离开部队太久了，带兵有困难，遭蒋介石的斥责。最后，黄维提出，打完这一仗，还是回去办学校。十八军军长杨伯涛在台湾临死前说：“黄维是个外行。”而胡琏绝对是个内行。胡琏作风泼辣，性格骄悍，而又颇有谋略，毛泽东评价胡琏“狡如狐，猛如虎”。国民党将军中能打仗的不少，会打仗的不多，善打恶仗硬仗的就更是屈指可数了。胡琏就是其中一位，而且是以善打恶仗出名的国民党将军。《毛泽东军事文集》中有7篇专门针对国民党十八军及胡琏的电文，能多次得毛泽东指名道姓“待遇”的国民党将军并不多见。

淮海战役胜负的因素很多，国共双方的用人是其中的一个因素。对于领导干部来说，身先士卒是必要的，但知人善任却是主要的。领导干部知人善任，把合适的人放在合适的岗位上，这才是领导干部最重要的工作，否则就是失职，失职就要追究责任。为此，2014年初，中共中央印发《党政领导干部选拔任用工作条例》，新《条例》明确指出，凡用人失察失误造成严重后果的，本地区本部门用人上的不正之风严重、干部群众反映强烈以及对违反组织人事纪律的行为查处不力的，应当根据具体情况，追究党委（党组）主要领导成员、有关领导成员、组织（人事）部门和纪检监察机关有关领导成员以及其他直接责任人的责任。

新中国成立之初的刘青山、张子善案人们耳熟而详，但有些细节很多人或许并不清楚。早在处决刘张两人一个月前，河北省委副书记马国瑞代表省委作了检讨，省长杨秀峰代表省政府作了检讨，先后刊登在《人民日报》上。下属出了问题，负责选人用人与管理教育之责的领导不回避、不推脱，而是主动承担责任，接受社会监督批评。正是因为有这样的责任意识、敬畏之心，正是因为有这样的问责力度、倒逼压力，我们才能让全党警醒起来，建设一个风清气正的新中国。

二、提高知人善任的能力

2011 年，前中共中央政治局常委、中纪委书记吴官正在读完《朱镕基讲话实录》后，有过这样一句评价："伟大的邓小平与江泽民选择了伟大的朱镕基。"① 这句话是对邓小平选人用人水平的一个精彩注释。

1991 年春节后，邓小平有了调朱镕基进京的打算。由于朱镕基独立思考、敢于直言的性格，不见得所有人都喜欢，为此，邓小平专门讲过一句话："朱镕基只能当第一把手，不能当第二把手。"1992 年 5 月，邓小平视察首都钢铁公司时说："我不懂经济，但是我能听懂。我们选干部，还要懂经济。朱镕基就懂经济。"

1992 年 10 月 19 日，朱镕基在中共十四届一中全会上连跳几级，由中央候补委员跃升为政治局常委。

当然，对于朱镕基进入政治局常委，党内外是有一些不同意见和声音的。有人写信表示反对。有人说："多考察，注重实绩。"还有人

---

① 吴官正：《伟大邓小平与江泽民选择了伟大的朱镕基》，人民网（2013 年 8 月 15 日），http://politics.people.com.cn/n/2013/0815/c1001－22574882.html。

说："要多听意见，上来了，再下去就被动。"[①]

但是，邓小平爱才用才的态度十分坚决而明确。他说："我们党现在和将来都需要一批党性强、懂经济、思想开放、富于创新、任劳任怨的领导干部，这样的同志现在还不多，朱镕基就是这样一位同志。他从地方到中央作出了不少成绩，党和人民都见到的。一些同志应当把偏见收起来，一大批新的能献身于党的事业的好干部就在眼前。"[②] 在十四届一中全会上，朱镕基顺利当选为中央政治局常委。翌年3月，在八届全国人大一次会议上，他被任命为国务院副总理。

朱镕基在出任国务院副总理3个月后兼任中国人民银行行长。那时，中国经济出现了投资膨胀、货币发行量过大、物价猛涨等金融秩序混乱的情况，在江泽民、李鹏的支持下，被称为"救火队长"的朱镕基果断决策，加强宏观调控，整顿金融秩序，为治理通胀、平抑物价奠定了基础。朱镕基坚持不搞全面紧缩，只对低水平重复建设和"泡沫经济"的部分从严管理；而对交通、能源、农业及有利于培育新的经济增长点的部分积极扶持。这样避免了大起大落，实现了经济的"软着陆"。此次经济的宏观调控，是中国宣布建立社会主义市场经济体制改革目标后的首次经济战役，这次胜利使朱镕基赢得了国内外的广泛赞誉。当然，这同时也体现了邓小平知人善任的能力与水平。

用人难，知人更难。知人是善任的前提。要善任得先知人，不知人就谈不上善任。领导者要有伯乐的眼光，恢宏的气度，还要有清醒的头脑。领导者要有效地发挥各种职能，都离不开人。而人又是有自己的意志思想和愿望的。如果领导者能够按照需要，人事相宜，选用得当，就会有好的成效。

---

① 《邓小平曾点评朱镕基：只能当一把手 不能当二把手》，中国网（2014年8月20日），http://news.china.com/focus/dengxiaoping/11165078/20140820/18725042_2.html。

② 余亦青：《好干部就在眼前》，《环球人物》，2014年第22期。

领导者用人，首先要用人之长，避人之短。古往今来，特别是以现实生活中，有专长的人比比皆是，而没有短处的人却很难找到。能“运筹帷幄，决胜千里”的诸葛亮却不如张飞“冲锋陷阵，勇冠三军”；能写出传世之作的文学泰斗，不一定会做生意；能研制原子弹的科学家不一定会种地。所以领导者用人要善于量才使用，做到人尽其才，事尽其功。

实践证明，用人失当，是领导者最大的失职行为。反过来说，一个亏损企业，一个瘫痪了的单位，派遣一名或几名德才兼备、精明能干、大公无私、人事相宜的负责人，这个企业才有可能扭转被动局面，变亏为盈，这个单位才有可能生机焕发，兴旺发达起来。

古今中外的许多事实证明，领导者选才用人事关全局，责任重大，举足轻重。成也在人，败也在人。领导者只有知人善任，任人唯贤，才能完成承担的职责和任务。只有善重知人、善重人才、精心选才才能恰当合理使用，才能促进社会主义经济建设的快速发展。

第四节　新陈代谢

——“我最后的作用是带头建立退休制度”

1989 年 6 月，党的十三届四中全会确立了以江泽民为核心的第三代中央领导集体，鉴于新的中央领导集体工作卓有成效，社会政治局面稳定，赢得了党和人民的信任，邓小平当年 9 月再次坚决要求退休，并就退休的有关问题与新的中央领导集体的主要成员进行了一次长谈。在谈到退休时间时，他说：“我过去多次讲，可能我最后的作用是带头建立

退休制度。我已经慢慢练习如何过退休生活，工作了几十年，完全脱离总有个过程。”

一、带头建立退休制度

1978年中共十一届三中全会恢复了党的实事求是的思想路线，确立了以四个现代化建设为党的工作重心的政治路线，中国开始了社会主义建设的新时期。

正确的政治路线，需要组织路线来保证。而此时，在组织路线方面，党面临着一个非常严峻的问题。“文化大革命”十年内乱，党的干部路线遭到严重破坏，正常的干部培训、选拔、任用机制被打乱，德才兼备干部成长的道路被堵塞。造反派、打砸抢分子和帮派骨干分子混进各级党政机关，“文革”以后清理了这“三种人”，党的干部结构出现严重的断层现象，各级领导机关缺少一批年富力强、有专业知识的干部。

与此相应的突出问题是，各级领导班子老化的状况非常严重。“文革”之后，进行了新中国成立以来前所未有规模的冤假错案平反（到1982年底，全国共纠正300余万人的冤假错案），一大批被冤屈的老干部获得解放，恢复工作，重新走上领导岗位，这是党正视历史、正确对待老干部的结果。但是，由此产生了新的问题：大量的老干部返回领导岗位，大体上恢复原来的或者相当于原来的职务，很快就出现了“机构臃肿，层次多，副职多，闲职多”的现象，并且使党政机关领导班子原本年龄偏大的问题更加突出。1979年，中央国家机关部委正副部长、主任平均10人以上，省、自治区、直辖市党委常委成员平均17人、政府领导成员平均11人以上，最多的省正副省长20多人。当时中央管理的干部中，60岁以上者占50.55%，其中65岁以上者占26.7%，省、自治区、直辖市党委常委和政府领导班子成员平均年龄在61岁以上。[1] 许多老干部年高体衰，积劳成疾，很难承担领导岗位的繁重工作。陈云就此指出："现在省委、地委的主要负责同志多数是六十岁以上的干部，其中不少还是七十岁以上的干部，政府各部委的领导同志大体也一样。""现在从中央到县委，大部分人头发都已经白了。""这些干部身负重任，都在党政军第一线工作，日夜操劳。这种状况显然已经不能适应我国近十亿人口大国的繁重的领导工作。"[2]

要确保十一届三中全会路线、方针、政策的落实，确保干部队伍的稳定性、连续性，必须要有人、有干部，因为政治路线确定之后干部就是决定的因素。因此，从组织路线上全面系统地解决干部老化和年轻干部缺乏的问题，成为党在当时必须解决的、关系全局的战略问题。

1979年夏天，邓小平在视察上海、山东、天津等地时，一路强调的话题就是抓紧选拔年轻干部、培养接班人的问题。他说："现在各级领导班子岁数太大，精力不够"，"摆在老同志面前的任务，就是要有意识地选拔年轻人，选一些年轻的身体好的同志来接班"[3]。

基于对党和国家未来前途的考虑，邓小平向中央提出干部实行离退休制度的建议，得到中央大多数人的赞同。中共十一届五中全会后，中央政治局作出《关于丧失工作能力的老同志不当十二大代表和中央委员候选人的决定》；1980年9月29日，全国人民代表大会常务委员会第十六次会议批准了《国务院关于老干部离职休养的暂行规定》。同年9月，在五届人大三次会议上，邓小平、陈云、李先念、徐向前、王震、王任重辞去国务院副总理之职；聂荣臻、刘伯承、张鼎丞、蔡畅、周建人主动辞去人大常委会副委员长职务，目的是为一批年富力强的年轻干部进入中央领导层腾出位置。德高望重的老革命

① 《宋任穷回忆录》，解放军出版社2007年版，第451页。
② 《陈云文选》第3卷，人民出版社1995年版，第292、269页。
③ 《邓小平文选》第2卷，人民出版社1994年版，第192页。

家在给接班人让路方面为全党作出了表率。

邓小平在1988年9月5日所做的《总结历史是为了开辟未来》的讲话中说："我有一个观点，如果一个党、一个国家把希望寄托在一两个人的威望上，并不健康。那样，只要这个人一有变动，就会出现不稳定。在十三大上，我和一些老同志退出了领导核心。这表明，中国的未来要靠新的领导集体。近十年来的成功也是集体搞成的。我这个人做了一点事，但不能说都是我发明的。其实很多事是别人发明的，群众发明的，我只不过把它们概括起来，提出了方针政策。我认为，过分夸大个人作用是不对的。"

1989年6月，党的十三届四中全会确立了以江泽民为核心的第三代中央领导集体，鉴于新的中央领导集体工作卓有成效，社会政治局面稳定，赢得了党和人民的信任，邓小平当年9月再次坚决要求退休，并就退休的有关问题与新的中央领导集体的主要成员进行了一次长谈。在谈到退休时间时，他说："我过去多次讲，可能我最后的作用是带头建立退休制度。我已经慢慢练习如何过退休生活，工作了几十年，完全脱离总有个过程。"

邓小平坚持在身体还健康的时候从领导岗位上彻底退下来，充分显示了一个伟大的马克思主义者"心底无私天地宽"的伟大品格和高风亮节，更为重要的是：在中国真正建立领导干部退休制度，彻底废除干部领导职务终身制，领导干部退休制度的建立为中青年干部成长创造了条件。

由于传统习惯的影响，领导干部中能上不能下、能进不能出、能升不能降的倾向普遍地而且长期地存在着。退休制度打破了这些观念，在全社会深刻地传播和树立了一到规定年龄就应退（离）休的意识，并使之深入人心，成为了全社会的共识。这种遍及整个社会的强烈的意识和氛围，有利于后来干部人事制度改革的深化，有利于干部队伍的新陈代谢，使我国的干部队伍永葆活力。

退休制度还强烈地向领导干部传递了一种理念：领导职务不是终

身的，任职是有时限的，为后来的领导干部任期制和限任制奠定了基础。而领导干部任期制和限任制，为国家政治权力稳定的代际转移奠定了基础，有利于从根本上保障党和国家政治生活正常进行和健康发展，保持领导机构的生机与活力，有利于发现和培养人才，把优秀人才选拔到领导岗位上，从而保证革命事业后继有人，永远兴旺发达，并且为社会、经济的快速稳定持续发展奠定扎实的政治基础。

“流水不腐，户枢不蠹。”干部不流动，只能是死水一潭。新生物代替旧生物，是生物发展的客观规律。干部人事制度也存在新陈代谢问题。“长江后浪推前浪，世人新人换旧人”，干部队伍吐故纳新、能上能下就是新陈代谢的过程。近年来，随着干部人事制度改革的不断深化，通过公开选拔、竞争上岗等有效途径，逐步拓宽了领导干部“能上”的渠道。但由于种种原因，干部“能下”的机制还没有真正建立起来。干部“能上不能下”有观念的问题，有制度的问题，也有机制、文化的问题。特别是在仕途“独木桥”、一切都和职务相联系的情况下，除了用年龄来下、用换届来下、用是否犯错误来下、用健康状况来下，似乎缺少更多有效的办法。由于目前缺乏对退出后领导干部的后续保障制度，如安置渠道、社会保障机制、工资福利制度、干部转岗或再就业相关的培训制度等等，导致即使有些不适应担任现职的干部想要离开现任岗位，也会因没有合理的补偿或妥善安置的办法而放弃“辞官”。往往出现“有能力的进不来，想出去的走不动”的尴尬局面。因此，我国干部人事制度改革中建立干部退出的相关制度配套，这样才能畅通干部能下的通道，为干部队伍的新陈代谢奠定制度基础。

二、接班人是个战略问题

邓小平曾说：“认真选好接班人，这是一个战略问题，是关系到我们党和国家长远利益的大问题。”邓小平为什么把选拔接班人提升到战略的高度呢，原因在于王洪文的一句话触动了他。

1975年2月，身患重病的周恩来总理给毛泽东呈上一份请示报告。报告建议：邓小平“主管外事，在周恩来总理治病疗养期间代表总理主持会议和呈批主要文件”。毛泽东批准了这个报告。这一举措像一把尖刀插在了急于抢班夺权的“四人帮”心上。急红了眼的王洪文跑到上海肆无忌惮地叫喊：“10年后再看。”是年，邓小平71岁，王洪文刚满40岁。

王洪文的话传到中南海。在71岁与40岁的比较中，邓小平显得格外清醒。他找到李先念等老同志交换对王洪文这句话的看法，说：“10年之后，我们这些人变成什么样子？从年龄上说，我们斗不过他们啊！”几个老革命家从王洪文的话中觉察到党和国家面临着一场潜在的危机，那就是：老一辈革命家大都年事已高，一旦撒手人寰，谁来接班？从此，接班人的问题伴随着王洪文的那句话就一直深深地刻在邓小平的脑海之中。

1978年6月2日，在全军政治工作会议上，邓小平谈到接班人的问题：“我们老同志在这个问题上，眼光要放得远一些。选好接班人，带好接班人。这件事做好了，我们才有资格去见马克思，见毛主席，见周总理。”

1979年7月29日，邓小平在接见中共海军委员会常委扩大会议的全体同志时说：“现在我们还没有解决的问题是什么呢？是组织路线问题。这是一个很重要的问题。政治路线确立了，要由人来具体地贯彻执行。由什么样的人来执行，是由赞成党的政治路线的人，还是由不赞成的人，或者是由持中间态度的人来执行，结果不一样。这就提出了一个要什么人来接班的问题。”他还说：“现在摆在老同志面前的任务，就是要有意识地选拔年轻人，选一些年轻的身体好的同志来接班。要趁着我们在的时候解决这个问题，我们不在了，将来很难解决。”

1980年8月18日，即将决定中央人事变动的五届人大三次会议前夕，邓小平在中央政治局扩大会议上就党和国家领导制度的改革作重要讲话。他说："这项工作（指提拔中青年干部接班）当然要有步骤地进行，但是太慢了不行。错过时机，老同志不在了，再来解决这个问题，就晚了，要比现在难得多，对于我们这些老同志来说，就是犯了历史性的大错误。有些同志担心年轻人经验不够，不能胜任。我看这种担心是不必要的。经验不够，只是比较而言。同志们回想一下，我们中间许多人当大干部、做大事，开始的时候还不是二三十岁？"

邓小平对接班人选拔的高瞻远瞩，促使他多次向中央提出一系列建议，中央开始有计划地实行接班人计划。1980 年春节前后，时任中组部部长宋任穷让一名副部长带着 10 个工作组分赴各省、市、自治区考察优秀中青年干部，并将名单上报中央。

邓小平把接班人培养提升到战略高度，这是卓越领导智慧的一大亮点。邓小平非常爱才、惜才，也很善于用才，他一贯号召要选贤任能。在选拔干部方面，他提出的用才标准是：革命化、年轻化、专业化、知识化。王兆国就是由邓小平亲自推荐到重要领导岗位上的一位符合"四化"要求的干部。

1980 年 7 月 22 日，邓小平在中共中央委员、中共湖北省委第一书记陈丕显的陪同下，从武汉市坐火车来到湖北武当山北麓的新兴车城十堰市第二汽车制造厂视察。当火车停靠十堰市时，二汽党委书记兼厂长黄正夏、副厂长王兆国以及当时在二汽考察的中共河南省委第一书记段君毅、第二书记胡立教上车迎接。据说邓小平当时正在吃早饭，一见大家上来，高兴地说："早就想来看看，这次来成啦！"湖北省委第一书记陈丕显幽默地加了一句："邓副主席在宜昌市参观时就问到十堰市的中国第二汽车制造厂，这次是自愿自觉来的。"

黄正夏对邓小平说："陪我来迎接您的还有我们新提拨的副厂长王兆国同志，是总厂主管生产的副厂长之一。"邓小平侧身问王兆国："你今年多大啦？"

“38 岁！”王兆国回答邓小平。

黄正夏又详细地向邓小平介绍说：“王兆国出生于 1940 年代初，读小学中学大学都是学生干部，大学毕业后被分配到湖北十堰二汽。从技术员、团委书记干到厂政治部副主任、厂党委常委、副厂长。”

在从十堰市回武汉市的路上，邓小平对湖北省委第一书记陈丕显说：“二汽领导中青年干部不少，有个叫王兆国的副厂长 38 岁。”邓小平对湖北之行发现王兆国感到很高兴。后来在他的提拔下，王兆国很快以二汽副厂长的身份挂名十堰市委常委并调到共青团中央书记处工作，并迅速担任了共青团中央书记处第一书记、福建省省长、全国政协副主席。

中共十二大前，邓小平又提到王兆国，意味深长地说：“体制改革，重要的是要选拔人才。”

领导干部在任时就要考虑离任后的接班人问题，要善于发现与有意识培养接班人，并及时向组织部门推荐，从而使地方和部门的工作不中断，同时保持干部队伍的新陈代谢。

第六章

邓小平因势决策智慧与领导艺术

第一节　当机立断

——走到大别山就是胜利

鲁西南战役后，刘邓大军需要休整，但接到毛泽东“陕北情况甚为困难”的电报后，刘邓二话没说，不到10天，即率部千里跃进大别山。若干年后，邓小平对这段经历记忆犹新。他对子女谈话时说：“我这一生，这一个时候最紧张。听到黄河的水要来，我自己都听得到自己的心脏在怦怦地跳！只有我和（你）刘伯伯看了这份电报，看完后立即就烧毁了。当时，我们真是困难哪，但是，我们二话没说，立即复电中央，说半个月后行动。用十天作千里跃进大别山的准备，时间已经很短了，但我们不到十天就开始行动了。当时，真正的是二话没说，什么样的困难也不能顾了！”

一、培养果断的决策能力

决策是任何组织能否持续发展的最为关键的一步，也是一个人能否成功的关键，无论是一个领导者还是一个普通的人，人生道路都离不开决策。决策往往影响人的一生，要么成就一生，要么毁灭一生。一件事情做不做、什么时候做、该怎么做，都要果断地做出决策。决策晚了，机会就没有了；决策错了，则全盘皆输。所以，要想做一个成功的人，尤其是一个成功的领导者，就应该时刻注意培养自己果断的决策能力。

邓小平作为大军统帅，本身有着非常果断的决策能力，这也是毛泽东让他出任二野政治委员的一大原因。1973 年 12 月 15 日，毛泽东在他的书房同政治局有关同志及部分大军区司令员谈话，又说："我们现在请了一位总参谋长。他呢，有些人怕他，但是办事比较果断……"毛泽东所说的办事果断就是说邓小平具有果断的决策能力。刘邓大军千里跃进大别山的过程就鲜明地体现了邓小平的果断决策能力。

鲁西南战役后，刘邓大军需要休整，但接到毛泽东"陕北情况甚为困难"的电报后，刘邓二话没说，不到 10 天，即率部千里跃进大别山。若干年后，邓小平对这段经历记忆犹新。他对子女谈话时说："我这一生，这一个时候最紧张。听到黄河的水要来，我自己都听得到自己的心脏在怦怦地跳！只有我和（你）刘伯伯看了这份电报，看完后立即就烧毁了。当时，我们真是困难哪，但是，我们二话没说，立即复电中央，说半个月后行动。用十天作千里跃进大别山的准备，时间已经很短了，但我们不到十天就开始行动了。当时，真正的是二话没说，什么样的困难也不能顾了！"

对于刘伯承、邓小平率部千里跃进大别山的举动，几十年后，原国民党政府国防部作战厅厅长、起义将领郭汝瑰评价说："刘伯承、邓小平他们进军大别山呀，那是纵井救人，跳到枯井里去救人，自己就是很危险的事情，所以那时刘邓是最危险的了。”

中国向来有重结果而忽视过程的习惯。千里挺进在大别山的成功被人们津津乐道，而刘邓大军决策过程却被人们所忽视。当时刘邓大军作出进军大别山的决策其实是非常艰难的，而且决策思考的时间很短，因为军情与水情要求刘邓必须当机立断。当时，军情紧急，水情严重，由于连日暴雨倾盆，黄河水位猛涨，尤其是蒋介石企图重演炸黄河大堤，水淹我军的故伎。值此险象环生之时，刘伯承用“忧心如焚”四个字表述自己焦灼心情。而邓小平也感到这时是自己一生中最为紧张的时刻。“听到黄河的水要来，我自己都听得到自己的心脏在怦怦地跳!”

革命年代需要当机立断，改革开放同样需要果断决策。改革开放是党在新的时代条件下带领全国各族人民进行的新的伟大革命，是当代中国最鲜明的特色，也是我们党最鲜明的旗帜。面对当前艰巨繁重的改革任务和错综复杂的国际国内形势，领导干部必须具有果断的决策能力。

在现实生活中，一些地方出现矛盾和问题后，由于当地领导议而不决，没有及时采取应对措施，结果“小事拖大，大事拖炸”，最后酿成震惊社会的群体事件，教训不可谓不深刻。顾虑、拖延是决断的大敌。有些决策，特别是一些非常规性的决策，本身就包含着一定的风险，有些问题来得急，需要当机立断。这就要求领导干部必须敢于决断、勇于担当，切不可畏首畏尾、议而不决。

二、敢于负责才能当机立断

带领中国人民富起来了的邓小平，外柔内刚，“三落三起”，终于在人生的暮年成就了一番千古伟业，铸就了一个全新的中国。他的性格柔中带刚，处理问题当机立断。邓小平当机立断的决策能力与风格的背后是因为他敢于负责。

在他的重要文章、讲话和谈话中，邓小平多次直接或间接谈到“责任”问题，可以说“责任”观念贯穿于《邓小平文选》的始终。新中国成立后，中国共产党众望所归成为执政党，党的责任也随之加重了。1962 年 2 月 6 日，邓小平在扩大的中央工作会议上讲话指出：“我们党成为执政党，这是一件值得高兴的事情。但是，执政党也不是很容易当的。执了政，党的责任就加重了。”①

责任是一种使命，更是一种奉献，责任是党员干部综合素质的外在表现，党员干部是党的事业的骨干和中坚，不仅要当好发展的排头兵、领头雁，更要敢于负责、敢于担当。“位高者责重，名赫者责大”。职务就是责任，责任要放到心上，责任就要敢于担当。

当年，邓小平在接到中央军委的电报后，能够做到“二话没说，立即复电中央，说半个月后行动”。这背后的原因在于邓小平能够也勇于负责，才能当机立断，如果刘邓没有敢于对革命负责的精神，定会在原地不动，左开会右讨论，这样定会丧失战机，给中国革命进程带来重大影响。

为了统一全军意志，刘邓接到中央军委电报后还是抓紧时间召开各纵队和冀鲁豫、豫皖苏军区负责人开会，讨论和部署南进行动。会议讨论阶段的气氛很热烈。不少人主张在鲁西南或豫皖苏再打一个大仗，理由是依托根据地作战有利条件很多，有人民群众的支援，物资弹药补充以及地形也都便利，加上华东野战军外线兵团的 5 个纵队已到达郓城、巨野地区，力量上更加强大。部队虽经连续作战，消耗较大，也很疲劳，但在连战连捷的鼓舞下士气旺盛，求战情绪很高。而且如能再给敌人一个大的打击，歼敌越多，对战略跃进就越有利，南下的包袱也就减轻了许多。

刘伯承、邓小平全神贯注地倾听着大家的议论，脸上时而微笑时

---

① 《邓小平文选》第 1 卷，人民出版社 1994 年版，第 303 页。

而严肃，人们的不同认识牵动着他们的思绪。刘伯承间或拿起放大镜，走到墙上的地图跟前查看着什么，思考中张开手掌，用拇指和中指在地图上上下左右计量着。

讨论完毕，刘伯承对大家讲话。他说：我和小平同志一致认为，跃进大别山，是党中央、中央军委赋予我们的战略任务，是我们考虑一切问题的出发点和立足点。把战争引向蒋管区，彻底粉碎敌人的重点进攻，有利于扭转全国的战略局势，因此困难再大也要克服。当前敌人集重点于鲁西南和陇海路，企图与我决战。我们也曾考虑在鲁西南再打一仗，再歼灭它几万人。但当前陇海路南至长江边广大地区，敌兵力薄弱，后方空虚，正是我跃进大别山的大好时机，所以要当机立断，抓紧时间，越早越好、越快越好，以发挥战略突然性的奇效。机不可失，时不我待。党中央要求我们一定要先敌进入大别山，先敌在大别山展开。他一口气讲述了提前跃进的道理，最后讲到两个“先敌”时，特别加重了语气，表明了把跃进提前的关键所在。

邓小平接着讲话，他说：毛泽东对我军千里跃进大别山估计了三个前途，一是付了代价站不住脚准备回来；二是付了代价站不稳脚，在周围坚持打游击；三是付了代价站稳了脚。我们要从最困难方面着想，坚决勇敢地战胜一切困难，争取最好的前途。当然我们马上行动，会有很多困难，但在党中央正确领导下，在全国各战略区特别是陈粟、陈谢（陈赓、谢高治）大军的有力配合下，有广大指战员的艰苦奋斗，任何困难都是可以克服的。

正是由于刘邓敢于对革命负责，所以他们能够当机立断，克服一切困难发起战略反攻。如果没有敢于负责的精神，而是担心个人荣辱，是很难下定向大别山跃进的决心的。当时中央军委发给刘邓的电报只是提到陕北“甚为困难”，并没有下达措辞严厉的命令，而是要求前方指挥员根据具体情况作出判断。接到电报后，刘邓向中央复电，“我决心提前于8月7日全军开始战略跃进！”中共中央军委于8月9日、10日连续复电刘伯承、邓小平指出：“决心完全正确”，“情况紧急不及请示时，一切由你们机断处理。”从中央军委与刘邓的电报可以看出，刘邓完全可以不执行或是延期执行跃进大别山的命令，但是刘邓本着对革命大局负责的精神，提前开始了行动。

“兵无常势，水无常形。”风险是与决策相伴而存的，世上没有无风险的决策。我们不能由于有风险就怕决策，更不能因重大问题风险大就回避。尤其是在上级批示较原则，而又没有现成经验可借鉴或遇到十分棘手、敏感和可能承担个人风险的问题时，更要敢于果断决策。当然，敢冒风险不是武断或独断，而是建立在科学的实事求是的基础上的果断。如目前经济活动中的决策，由于市场经济活动本身的开放性和竞争性，使这种决策活动既充满了成功的希望，也潜伏着失败的可能，即使是市场经济的专家内行，也时刻潜伏着失败的可能性。这一特殊性要求我们，只有敢于冒风险，才有希望抓住机遇为我所用，在被动中争取主动，在可能中求得壮大。

任何决策都要坚持利大于弊的选择或追求小害图大利的选择，没有有利无害和一本万利的决策。因此，敢于决策与敢负责任是连在一起的，但敢负责任不仅仅是承担过失的责任，更重要的内涵应是在敢用职权的前提下，通过密切注视决策结果实施过程中瞬息万变的事件和情况，随机应变，及时调整对策，做到应付自如，达到趋利避害的目的。在确知难以实现预定的目标时，要果断“刹车”，及时进行新的决策。在确知再坚持和努力一下就可以和能够取得成功时，要敢于顶住压力，排除各方面的干扰，不惜一切代价也要坚持和拼搏到底，切不可半途而废，功亏一篑。

改革开放是一场新的革命，因此，改革开放过程不是一帆风顺的。作为党的领导干部，必须牢记“为官避事平生耻”。任其职，尽其责；在其位，谋其政。要始终保持一种克难奋进、战而胜之的信心和勇气，保持一种坚韧不拔、百折不挠的斗志和锐气，带头在干部队伍中弘扬“敢于负责就是能力、战胜困难就是业绩，发现问题就是水平、回避矛盾就是失职”的敢抓敢管、敢于负责的精神。对发展中必须解决的、群众反映强烈的问题，以敢于负责的精神，果断决策的态度去落实解决，不让问题扩大化，以维护改革开放的稳定大局。

第二节　举重若轻

——邓小平“一根指头”与裁军100万

1985年6月4日，北京，人民大会堂。时任中央军委主席的邓小平轻轻伸出的一根指头震惊了世界——中国人民解放军裁减员额100万。

裁军100万人，约占当时中国军队人数的1/4。裁军100万人，对中国军队来说是一次从上到下、从里到外的“立体震荡”，是对一个庞大的机制实施脱胎换骨的大手术。这一惊心动魄的举动，牵动着每一个军人及其家庭的实际利益，触一发而动全局，错综复杂，极难操作。邓小平是一个善于创造奇迹的统帅。在他的领导下，中国军队干净、利落、稳妥地完成了这个伤筋动骨的大手术。1985年，人民解放军开始了彻底消肿，实行百万大裁军。

一、举重若轻的决策风格

1985年6月4日，北京，人民大会堂。时任中央军委主席的邓小平轻轻伸出的一根指头震惊了世界——中国人民解放军裁减员额100万。

裁军100万人，约占当时中国军队人数的1/4。裁军100万人，对中国军队来说是一次从上到下、从里到外的“立体震荡”，是对一个庞大的机制实施脱胎换骨的大手术。这一惊心动魄的举动，牵动着每一个军人及其家庭的实际利益，触一发而动全局，错综复杂，极难操作。邓小平是一个善于创造奇迹的统帅。在他的领导下，中国军队干净、利落、稳妥地完成了这个伤筋动骨的大手术。1985 年，人民解放军开始了彻底消肿，实行百万大裁军。

1981 年，77 岁的邓小平，出任中央军委主席，成为人民军队的最高统帅。邓小平上任伊始，集中考虑的一个问题就是要把人民军队建设成为一支强大的现代化、正规化的革命军队。1981 年 9 月，邓小平观看了人民解放军在华北某地举行的军事演习。这是新中国成立以来人民军队规模最大、投入兵力最多的一场诸军兵种实兵实弹演习，代表了当时中国军队的最高水平。在 5 天的演习中，邓小平认真地看、严肃地听，但话语并不多。演习进行到精彩处，他也会鼓掌，却并没有像其他人那样显得兴奋异常。他的整个情绪，始终是平稳和深沉的。

华北军事大演习结束的第二天，也就是 9 月 19 日，邓小平检阅完部队后，发表了重要讲话。他说：必须把我军建设成为一支强大的现代化、正规化的革命军队。我们一定要在国民经济不断发展的基础上，改善武器装备，加速国防现代化。

实现军队现代化，首先要解决的问题是处理好军队建设与整个国家经济建设的关系。邓小平认为，经济建设是党和国家的中心工作，是军队建设的基础，军队建设必须服从经济建设这个大局。在国家经济困难的条件下，军队只能走精兵之路。通过体制改革，精简编制，实行“消肿”，以节省开支用于现代化装备。

1984 年 11 月 1 日，中央军委委员被召集到北京开会，会上，邓小平提出裁军 100 万，并陈述了他的理由。首先是机构臃肿，每个军区的领导班子有十几名二十名之多，邓小平幽默地说“打麻将都得凑好几桌”，而且结构不合理，官兵比例是 1 比 2.6，远远高于其他国家。当时中国军费很少，而军队人数太多，直接限制了军队武器装备的发展和战斗力的提高。另一个裁军的理由是基于对国际形势的判断，短期内不会发生大的战争，“即使战争爆发，我们也要消肿”。

在邓小平的领导下，中国军队干净、利落、稳妥地完成了这个伤筋动骨的大手术。在1975年那次未能完成的军队整顿的基础上，在1982年那次有很大成效的军队精简整编的基础上，1985年人民解放军开始了彻底消肿，实行百万大裁军。中央军委所属的总参、总政、总后三总部总部机关的人员精简了一半；11个大军区精简合并为7个；军级以上单位裁掉31个；师、团级单位撤销4054个；中国人民解放军军事学院、政治学院、后勤学院合并为国防大学。各县市人民武装部不再归军分区管辖，改为地方建制，干部和战士退出现役；军队内部管理的76种干部职务改为由士兵担任，官兵的比例达到1比3.3。同时，从1985年起，3年内有60万干部退出现役，转业到地方从事经济建设。

邓小平在大裁军上体现的举重若轻决策艺术基于两点，一是大局意识，二是责任意识。大局有两个，一是世界大局，世界性大规模战争不可能发生，没有必要保持庞大的军队，而且由于科技的发展，军队的战斗力并不由人数决定。二是国内大局，即军队也要服从经济建设这个大局，只有国家经济发达了，军队的装备才能得到更新。他曾对将领们说：“大家很关心军队的建设，关心军队装备的现代化，这个问题也涉及大局。四个现代化，其中就有一个国防现代化。如果不搞国防现代化，那岂不是只有三个现代化了？但是，四化总得有先有后。军队装备真正现代化，只有国民经济建立了比较好的基础才有可能。所以，我们要忍耐几年。我看，到本世纪末我们肯定会超过翻两番的目标，到那个时候我们经济力量强了，就可以拿出比较多的钱来更新装备。”

责任体现了邓小平对国家负责，对军队的前途负责。实行裁军肯定利大于弊，但困难重重，是因为裁军牵涉面太广，是“得罪”人的事情，但是邓小平没有选择“和稀泥”，当值班军委主席。1984年11

月1日，就在国庆35周年阅兵一个月之后，在北京京西宾馆召开的中央军委座谈上，他说："这次阅兵，国内外反映很好。要说有个缺陷，就是80岁的人来检阅部队，本身就是个缺陷。裁军是个得罪人的事，还是我来得罪吧，不把矛盾交给新的中央军委主席。"

据一些曾经在邓小平领导下工作过的人回忆，邓小平善于在做出大的决定后"大胆放手"，"不作具体干预"，"不多讲具体方法"，让下属充分发挥智慧、施展才干。按照中组部原部长陈野苹的说法是："既抓得紧，又放得开。在重大问题和关键问题上，他抓得很紧；在具体工作和日常事务上，他又放得开手。"

可以这样说，邓小平一生所取得的成就得益于他那"举重若轻"的领导风格。由于长期处在工作的第一线，邓小平面临任务的沉重与繁杂是可想而知的。他的高明之处，是能够在错综复杂、扑朔迷离的诸多头绪中，迅速而准确地把握住主要矛盾或矛盾的主要方面，果断地加以解决，并由于日久天长的积累而达到一种艺术的境地。解放战争时期，刘邓大军打了许多关系全局的硬仗。每当战役开始，刘邓常常是集思广益，反复比较作战方案。一旦决定下来，邓小平只是宣示总的战略意图、部署作战目标，"示以任务而不示以手段"，对具体指挥作战则敢于放手给下级指挥员，让他们自主行事，自己则坐镇中枢，沉着调度。正是这种"放手"带出了一大批优秀指挥员，也减轻了自己的工作量，以便集中精力思考大事。到了和平年代，他这种领导方式达到了炉火纯青的程度。在新时期施行改革开放的重大举措过程中，邓小平总是在方针、政策、原则方面作出明确的交代，具体方法不多讲，给人留下广阔的用武之地，使执行者充分发挥自己的创造性。

作为一名领导干部，每天面临千头万绪的工作，如果不能像邓小平那样做到举重若轻，而是事无巨细，事必躬亲，必然会陷入琐事而不能自拔。

"吾非不知。但受先帝托孤之重，惟恐他人不似我尽心也！"后人读《三国演义》中诸葛亮在杨颙劝他不必亲理细事时"泣曰"的这段话，都不免感叹：诸葛亮的学识、智慧、才能世间罕有，但他也有明显的缺点：不懂得举重若轻。刘备托孤之后，他"夙兴夜寐，罚二十以上皆亲览焉"。深知事必躬亲将导致"形疲神困，一事无成"，可他知其不可而为之，最终英年早逝，没能完成灭魏兴汉的重任。这种负重前行的行为当然也有竭诚尽忠的成分，但恰恰也是不懂得举重若轻的表现。

二、举重若轻与举轻若重

2013 年 7 月，在接受《第一财经日报》专访时，联想集团名誉董事长柳传志说："我觉得从邓小平身上学到了很重要的东西。邓小平的做法是一个举重若轻的做法，他给人们提供了一个良好的环境，这个对我后来的工作方式有很大的影响。"

在 1950 年党的七届三中全会召开期间，周恩来曾有过一次对刘伯承和邓小平两人工作方法的评价。他说，小平同志是"举重若轻"，伯承同志则是"举轻若重"。并说，他喜欢"举重若轻"，但无法做到，只能和伯承同志一样"举轻若重"。确实，用"举轻若重"来形容刘伯承的军事指挥风格是非常恰当的。刘伯承说过："接受任务定下决心要有包天的胆略，在部署和指挥战斗时，要像'描花绣朵'的姑娘那样认真细心。"他既胆略过人，又严谨慎行，把胆略建立在严谨的基础上。

"举重若轻"的意思是举起沉重的东西像是在摆弄轻小的东西。比喻能力强，能够轻松地胜任繁重的工作或自如地处理困难的事情。"举轻若重"的意思是举轻的东西也像举重的东西一样稳重，比喻做简单的事也很认真仔细，或做简单的事也当作很有意义的事。"举重若轻"与"举轻若重"合起来理解就是指无论是面对困难险境，还是面对简单细微的事，既要从容不迫应对自如，有山崩于前桥断于后而色不变心不惊之气概；又要有谨小慎微的心思如履薄冰的警醒，把小事看成具有重要意义的事情。这两句成语词义相对看似矛盾，但说出了我们在工作中所应有的态度，和毛泽东的战略上藐视敌人、战术上重视敌人是同样的道理。

在工作中，经常会碰到自己认为相对困难或容易的事情：碰到困难一时觉得手脚无措似乎一筹莫展时，不要被眼前的情势吓到，要调整好自己的心态，以一颗平常心来对待，才能发挥出自己真正的工作能力；碰到微小简单可以轻而易举不用吹灰之力办成的事情时，也不要轻视这项工作，要以百分之百的认真精神来完成。正如华尔街的一句名言：“你做对了，没有人会记得你；但你做错了，全世界都会记住你。”如何做到“举重若轻”与“举轻若重”就要看自身的态度以及行动了。要做到举重若轻，就要努力学习，刻苦钻研，加强能力，磨砺意志，锤炼毅力，坚韧性格；要做到举轻若重，就要拥有稳重的性格，认真的态度和强烈的责任心。

现实中，经常会有人用举重若轻或举轻若重来评判某位领导的工作能力、工作作风和领导艺术。这两者有高低之分吗？其实举重若轻或举轻若重，既是工作方法、工作态度，也是一种能力和境界，并无是非高低之分。对领导干部而言，则是一种领导艺术。

从领导班子建设角度来看，班子的战斗力既取决于班长的领导力，也取决于班子成员的执行力，只有班子成员形成合力，才能发挥领导班子的战斗力、号召力、影响力。故此，班长就应当侧重把握全局，做到举重若轻，而其他班子成员则在班长的领导下，条分缕析、举轻若重完成共同的目标。班长应当考虑如何调动班子成员的积极性、责任心，让他们以一种举轻若重的态度做好分管工作。也就是说，在领导班子能力建设中，班长如何做到举重若轻与怎样调动班子成员的举轻若重，并实现两者的和谐统一，这是领导班子能力建设不可不研究的问题。反之，如果班长举轻若重，事无巨细、统揽手中、一抓到底，则必然影响其他班子成员履职的心态。

一个领导干部要同时具备这两种工作方法，的确很不容易。但是从党的工作、一个领导班子的工作来说，却是必须同时具有、缺一不可的。在进行战略决策或解决重大问题时，必须有举重若轻的方法和气势，方能增强信心，当机立断，否则就可能迁延不决，贻误时机；而在决策以后，确定具体战术和具体措施时，则必须时时处处注意举轻若重，这样方能周密细致，扎实稳妥，否则就可能出现疏漏，招致失误。能否善于掌握和运用这两种工作方法这是衡量具体工作中领导者的领导水平和领导艺术的一个重要标志。辩证把握举重若轻和举轻若重的关系，就要求每一个领导干部都具备举重若轻的能力，并以举轻若重的态度去推动工作，狠抓落实和推进，只有两者兼具并实现有机统一，才能称得上具备领导艺术。

我们党既需要举轻若重的领导干部，又需要举重若轻的领导干部。在风起云涌的时代大潮中，当代中国大舟乘风破浪，风险、挑战层出不穷，要想经受得住大风大浪中的执政考验和实践考验，就必须继承老一辈革命家的领导风格，才能够为改革开放和社会主义发展保驾护航。要审时度势，果断决策；要情系民众，埋头苦干，从一点一滴做起，把小事做好，好事做实，实事做细，维护党的形象。

我们的领导干部，既需要拥有举轻若重的作为，又需要举重若轻的本领。领导干部自身建设就要举轻若重，不要两耳不闻窗外事，置民声于不顾，对事业掉以轻心，应该时时三省自身，处处注重自身形象，从一言一行管好自己，管好子女和配偶。在大是大非面前要旗帜鲜明，在革命立场上坚定不移，在理想信念上矢志不渝。于紧要关头能拥有强烈的政治敏锐感和责任感，确立应有的决策制高点和超出一般群众的思想境界，站得高望得远，不要“一叶障目，不见泰山”，不要财迷心窍，迷失前进的方向，要排除一切干扰因素，观其大略，扼其精要，举重若轻，真正拥有“五岭逶迤腾细浪，乌蒙磅礴走泥丸”的革命气概，迅速在繁杂的矛盾冲突中，理清思路，突出主题。

举轻若重和举重若轻其实质是一致的，那就是一心一意代表人民、服务人民，把群众利益放在根本位置，贯穿领导工作的始终。举轻若重和举重若轻是一种领导艺术，也是一种领导素质，必须依靠长期执着的自我积累、自我进取才能够形成。

第三节　群体决策

——关于建国以来党的若干历史问题的决议

《关于建国以来党的若干历史问题的决议》（以下简称《决议》）的起草工作，是在中央政治局、中央书记处领导下，由邓小平、胡耀邦主持进行的。起草小组由胡乔木负责。在《决议》的起草过程中，曾经过全党高级干部4000人的讨论、政治局扩大会议的讨论、十一届六中全会预备会议的讨论等多次讨论和修改，反复征求、吸取了各方面的意见后最后定稿。

1981年6月29日召开十一届六中全会闭幕会。邓小平在宣布闭幕的讲话中说：《决议》“真正是达到了我们原来的要求。这对我们统一党内的思想，有很重要的作用”，“今后作为一个共产党员来说，要在这个统一的口径下来讲话。思想不通，组织服从。相信这个决议能够经得住历史考验”。

一、集体决策与个人决策

1989年9月4日，邓小平与新一代党的领导人座谈时，真诚地提出，“我不希望在新的政治局、新的常委会产生以后再宣布我起一个什么样的作用。现在看来，我的分量太重，对党和国家不利。我多年来就意识到这个问题。一个国家的命运建立在一两个人的声望上面，是很不健康的，是很危险的。”①

中国共产党从七大起，建立起比较规范的集体领导制度，实行的是集体决策。1945 年 4 月 23 日至 6 月 11 日，党的七大在延安召开，选举产生了以毛泽东为核心的新的中央委员会。6 月 19 日召开的七届一中全会上，选举毛泽东、朱德、刘少奇、周恩来、任弼时为中央书记处书记。史称“五大书记”。毛泽东当选为中央委员会主席、中央政治局主席和中央书记处主席。中国共产党以毛泽东为核心的第一代领导集体形成。

这一届中央领导集体政治上成熟、年富力强、经验丰富、卓有作为。其后，结束抗日战争、迎接国共谈判、领导解放战争，“五大书记”的集体领导、集体决策达到了辉煌的阶段。新中国成立后的前 7 年，在中央集体领导下，进行了土地改革、抗美援朝、肃清反革命、“三反”、“五反”和思想改造等五大运动，并顺利完成第一个五年计划。

1956 年召开的党的八大强调要扩大党内民主，坚持民主集中制，加强党的集体领导，反对个人崇拜。邓小平在八大作《关于修改党的章程的报告》时指出：“很明显，个人决定重大问题，是同共产主义政党的建党原则相违背的，是必然要犯错误的，只有联系群众的集体领导，才符合于党的民主集中制原则，才便于尽量减少犯错误的机会。”

从 1957 年反右扩大化直至“文化大革命”时期，党和国家的民主生活逐渐不正常，党的权力过分集中于个人，个人领导实际上取代了党中央的集体领导，对毛泽东的个人崇拜也被鼓吹到了狂热的程度，最终导致党内民主乃至党的整个事业遭受严重挫折。“文革”中导致集体领导（集体决策）被个人领导（个人决策）所取代的原因，

① 《邓小平的“战略安排”》，中国共产党新闻网（2008 年 2 月 20 日），http://cpc.people.com.cn/GB/64162/82819/115573/115576/6903300.html。

在于1943年3月建立的中共中央主席制以及主席有最后决定权的规定。

有了“文革”的教训，邓小平主张重新建立党的集体领导制度，因为只有集体领导才能保证集体决策，避免个人决策替代集体决策。他曾指出：“我们强调集体领导，是鉴于国际的经验和我们自己的经验。延安的经验是很好的，那时是集体领导。”[①]

1982年，以邓小平为核心的党中央领导集体决定废除存在多年的主席制，中央只设总书记。这一决定随后被写入了十二大新党章中。从此，中央总书记取代中央主席成为中共中央的最高领导者。这就明显地改变了党中央主席过分集权的现象，有利于限制党的最高领导者个人的权力，也便于对党的最高领导人进行监督。这是因为，中央总书记与中央主席在政治局常委中的地位、作用是明显不同的。在权力运行中，一般是中央总书记和政治局常委会共同领导政治局的工作，政治局及其常委会又领导中央委员会的工作。然而，主席制在实践中常被扭曲和“异化”为由主席个人领导政治局及其常委会甚至领导中央委员会的工作。总书记制与主席制的最大区别在于，总书记只是中央政治局常委之一，没有“最后决定权”。十二大新党章明确规定：中央委员会总书记负责召集中央政治局会议和中央政治局常务委员会会议，并主持中央书记处的工作。[②]

邓小平提议建立的新的中央集体领导制度，能够有效地防止个人决策替代集体决策，保证重大决策的正确概率，体现了高超的领导智慧。事实上，邓小平从战争年代起，就以身作则地贯彻集体领导与集体决策，刘邓不分家的佳话就是集体领导与集体分家的典范。在转战大别山的艰苦岁月时，刘邓大军分为内线与外线，刘伯承与邓小平暂时分开，但上报给中央的电报，邓小平要求一律以刘邓的名义上报，

① 中共中央文献研究室编：《邓小平年谱（一九七五—一九九七）》（上），中央文献出版社2004年版，第618页。

② 《十二大以来重要文献选编》（上），人民出版社1986年版，第77页。

下达的命令也是如此。

群体决策是为充分发挥集体的智慧，由多人共同参与决策分析并制定决策的整体过程。其中，参与决策的人组成了决策群体。从古到今的历史表明，集体决策大大地优于个人决策，可以有效地避免决策失误。

决策失误是最大的失误，会给一个地方、一个部门、一个单位的发展带来重大影响，甚至是生死攸关的影响。避免决策失误要靠规范化的制度来保证，但任何制度都要靠人来执行。如果“一把手”把“班长”当成“家长”，搞个人说了算，听不进不同意见，唯我独尊，独断专行，其结果只能是无法形成科学的决策。为此，避免决策失误关键在于“一把手”不搞“一言堂”，而要带头执行民主集中制，以集体决策代替个人决策。

决策不能搞“一言堂”。决策权是领导者的一项重要权力，不坚持民主就容易被滥用。“一言堂”是决策权滥用的前兆、决策失误的一大前因。有的领导者一个人或几个人在决策时，特别是对于那些关系全局利益的重大事项、关系群众利益的重要问题以及干部的重要任免调动方面，不按科学、民主决策行事，喜欢独断。有的领导者决策时虽也走程序，却要么先把有不同意见的同志过滤掉，要么一听有不同声音就起急，即使有人敢于说出正确的看法也不采纳。其决策实施的后果，往往损失严重，贻害无穷。

2012 年《求是》杂志第 6 期发表了习近平同志重要文章《扎实做好保持党的纯洁性各项工作》，文章提到“严格的监督是防止党员和党的干部腐化变质、维护党的纯洁性的重要途径”，习近平强调领导干部必须严格贯彻党的民主集中制原则，不能搞“一言堂”，不能由个人或少数人说了算，而应该搞“群言堂”，依靠集体智慧和严格程序来决定。

作为领导干部应深刻领会习近平总书记要求，充分发扬党内民主，实行集体领导与集体决策。领导干部就要摆正自己在领导班子中、在党员群众中的位置。领导干部要清醒认识自己权力来自党和人民，自己只是党组织中的一员，不能无视组织原则和程序；发扬党内民主，领导干部就要严格执行民主集中制的各项制度规定，严格按照领导班子内部议事和决策机制办事；发扬党内民主，领导干部及其领导班子成员，都有责任、有义务创造党内浓厚讨论、学习、议事氛围，相互学习、相互尊重、相互谅解、相互支持，相互批评，集思广益，博采众长，形成共识，达到团结共事的目的。

二、决策要坚持走群众路线

1981 年 6 月，中共十一届六中全会一致通过《关于建国以来党的若干历史问题的决议》。十多年后，江泽民在评价这个决议时指出："十一届六中全会专门作出关于建国以来党的若干历史问题的决议，根本否定了'文化大革命'和'无产阶级专政下继续革命'的理论，同时坚决顶住否定毛泽东同志和毛泽东思想的错误思潮，维护了毛泽东同志的历史地位，肯定了毛泽东思想的指导作用。随着国内局势的发展和国际局势的变化，越来越显示出党作出这个重大决策的勇气和远见。"①

在主持《决议》起草的过程中，邓小平集思广益，群策群力，充分征求社会各界的意见，既维护了毛泽东及毛泽东思想的历史地位，又纠正了"文革"的失误。

在决议起草过程中，邓小平力举开门写决议，要求起草部门广泛征求全社会对《决议》的意见，让《决议》成为我国大多数人的共识。

中共十一届三中全会前后，党进行了指导思想和各条战线的拨乱反正工作，对"文化大革命"的错误进行否定，对中华人民共和国成

① 《江泽民文选》第 1 卷，人民出版社 2006 年版，第 214 页。

立以后十几年来的一些历史问题重新评价，党内和党外有些同志就对社会主义和共产党产生了一些疑惑，对毛泽东的一生功绩和思想的正确性也有种种不正确的想法。所以，如何看待建国以后党的历史、如何评价“文化大革命”、如何评价毛泽东思想，成为当时中国政治生活中的大问题。

《决议》就是在这样的历史背景下起草的。《决议》的起草工作，是在中共中央政治局、中央书记处领导下，由邓小平、胡耀邦主要主持负责进行的。在《决议》的起草过程中，从1980年3月到十一届六中全会，曾经过全党高级干部4000人的讨论、政治局扩大会议的讨论、十一届六中全会预备会议的讨论等多次讨论和修改，反复征求、吸取了各方面的意见后最后定稿。

《决议》的出台消除了当时的混乱思想，为接下来的改革开放凝聚了人心，《决议》的成功与《决议》起草过程充分听取了不同的意见密不可分。中国共产党的宗旨是全心全意为人民服务，所以党的一切出发点都必须从群众中来，到群众中去。

在1956年八大上作的《关于修改党的章程的报告》中，邓小平对群众路线作了系统而精辟的阐述。他说：“党必须密切联系群众和依靠群众，而不能脱离群众，不能站在群众之上；每一个党员必须养成为人民服务、向群众负责、遇事同群众商量和同群众共甘苦的工作作风”，“如果正确地实行群众路线，使我们得到成功，那么，违背群众路线，就一定要使我们的工作遭受损失，使人民的利益遭受损失。”

邓小平指出：“党只有紧紧地依靠群众，密切地联系群众，随时听取群众的呼声，了解群众的情绪，代表群众的利益，才能形成强大的力量，顺利地完成自己的各项任务。”在决策过程中，要特别注意倾听群众的呼声，了解群众的情绪，要能够听进群众的不同意见。他严肃地指出：“一个革命政党，就怕听不到人民的声音，最可怕的是鸦雀无声。”他鼓励大家发出“不同的声音”，认为“有不同意见不要紧，各种方案可以比较。办什么事也得走群众路线。人民内部要有充分的民主，这样才能拿出好的主意来。”邓小平坚决反对行政决策过程中搞“家长制”“一言堂”“个人独断专行”，他要求各级决策者要通过充分民主的程序，使决策科学合理。

管理离不开决策，领导干部决策时应借鉴邓小平关于决策走群众路线的领导智慧，不能够关门决策，从自己小团体利益出发，而要充分考虑群众利益。党的十八大报告强调要“坚持科学决策、民主决策、依法决策”。民主决策是指领导干部在决策中要提高民主意识，坚持群众路线，决策过程充分听取群众意见，决策信息全面向群众公开，确保决策顺民意、集民智、合民利。当前，社会各种利益矛盾十分复杂，决策的复杂性和难度不断增加，这就要求各级领导干部把群众路线“内化于心，外显于行”，贯穿于决策的全过程，切实转变决策方式，优化决策行为，提高民主决策质量。

政府做重大公共决策的目的是为了维护公共利益，这些公共利益与群众利益密切相关。坚持公共决策走群众路线，首先必须建立和完善保障公众参与的公共决策机制。传统型政府是管制型政府或称统治型政府，政府执掌甚至垄断着社会的公共权力，人民群众是被管制、被统治的对象，在公共决策制定过程中只有被动服从的义务而无主动参与的权利。“政之所兴，在顺民心；政之所废，在逆民心。”政府“闭门造车”，搞“一言堂”，难以做出符合人民群众利益、让人民群众满意的科学决策，这样的决策也难以在群众中得到落实。凡是正确的决策必然是将群众的意见集中起来，化为系统的意见，再回到群众中去，使之成为群众的自觉行动，即把党的路线、方针、政策转化为人民群众改造客观世界的物质力量。因此，必须以制度建设来保障人民群众能够积极参政议政，充分表达民意。所有公共决策，必须广泛听取群众意见，对涉及人民群众利益的重大事项实行听证制度，防止不当决策损害人民群众的利益。

第七章

邓小平思想宣传智慧与领导艺术

第一节 党管宣传

——宣传工作就是一切革命工作的粮草

“宣传工作就是一切革命工作的粮草”，这是邓小平1950年5月16日在西南区宣传工作会上提出的著名论断。邓小平的经历中有两次接触党的报刊工作，一次是1920年赴法勤工俭学后参与中共旅欧支部的团刊《少年》、党刊《赤光》的编务工作；一次是1933年5月至1935年1月主编红军的机关报《红星报》。也许是这两段经历，邓小平非常重视宣传工作，他也曾评价自己“能做宣传工作”。离开军队转做党政工作时，邓小平就提出了“学会用笔的领导方法”的执政新理念，提倡领导干部提笔写文章，通过报纸宣传，使政策法令和群众直接见面。

一、党要抓宣传管宣传

1926 年 1 月，根据组织安排，年仅 22 岁的邓小平和十几名青年由法国赶赴莫斯科中山大学学习。同年 6 月，在填写该校一份《党员批评计划案》时，他在“做什么工作最适合”一栏中这样写道：“能作宣传及组织工作。”邓小平一生戎马倥偬、治国理政，这个中肯的评价，在邓小平后来的革命生涯中得到了印证。然而，这个自我评价与“改革开放总设计师”的党内外评价相比，鲜为人知。

后来的事实证明，他确实善于做宣传工作，并且取得了不错的成绩。即使在中央苏区受错误打击被派去主编《红星》报时，他依然把报纸办得有声有色。遵义会议后，邓小平担任过中央红军总政治部副主任、红一军团政治部宣传部部长、八路军总政治部副主任、一二九师政治委员等与宣传密切相关的职务，一直对新闻宣传工作高度重视。

在担任八路军总政治部副主任时，邓小平很重视并主张要以宣传方式动员新兵，并在 1938 年 1 月对新兵动员工作做得较好的地方的经验进行了总结：“在那里，进行了充分的宣传鼓动工作。运用了各种宣传的武器——戏剧、歌曲、壁报、群众大会、演讲、个别谈话等方法，向群众说明目前形势和生路，揭露敌人的残暴。经过广泛而深入的宣传后，民众的抗日热情很快被激发出来，自动加入军队的踊跃，远远超过强征的效果。”① 也正是高度重视宣传工作，使得八路军的政策、主张更加深入人心，人民群众更加积极地拥护八路军的主张、大力支持八路军的工作。

在革命战争年代，党中央探索出“农村包围城市，武装夺取政权”的道路，党的不少干部特别是部队干部，用惯了“枪杆子”、习

① 《邓小平文选》第 1 卷，人民出版社 1994 年版，第 3 页。

惯于领导“枪杆子”。

夺取政权后，由农村进入城市，一大批部队干部转业到地方，充实到了各级领导岗位上，担负起领导建设的重任。主政西南的邓小平从实践中觉察到，一些干部不熟悉党的宣传工作，不会用或用不好“笔杆子”。针对这一问题，邓小平从回顾党的历史入手，大力提高各级干部对宣传工作重要性的认识。他说，“我们党从马克思主义小组开始就重视宣传工作”，长期的革命斗争实践证明，“宣传工作就是一切革命工作的粮草，革命工作没有宣传是不行的”。为此，他从党的宣传工作伴随党的事业始终和作为党的工作重要组成部分的高度，要求“各级党委都要重视宣传工作”。

时代进步到今天，意识形态领域的重要性和复杂性大大超过以往。站在世界角度看中国，我们常常能够认识到，一个国家的强大，光靠硬实力是不够的。软实力是一个民族、一个国家的精气神，养精聚气凝神，与强身健体同样重要。但具体到自己所在的地方、行业和单位，一些主要领导干部就含糊了。不少人觉得，宣传思想工作是“务虚”，是宣传文化部门的事，自己点个头、画个圈、打打气、给点经费就差不多了。还有一些同志，对意识形态工作不想抓、不会抓、不敢抓，觉得政治性太强、驾驭起来不易，不如集中精力先把经济和民生搞上去，认为这才是“重实干，不空谈”的表现，这种“一俊遮百丑”的思想更是要不得。

我们中国共产党人能不能打仗，新中国的成立已经说明了；能不能搞建设搞发展，改革开放的推进也已经说明了；但能不能在日益复杂的国际国内环境下坚持党的领导、坚持和发展中国特色社会主义，这个还需要一代代共产党人继续做出努力。

正是在这样的大背景下，习近平同志强调，做好宣传思想工作必须全党动手。要树立大宣传的工作理念，动员各条战线、各个部门一起来做，把宣传思想工作同各个领域的行政管理、行业管理、社会管理更加紧密地结合起来。而做好这些，离不开党委班子尤其是一把手从大视野综观大势，下大决心整合资源，花大力气“虚功实做”，亲自过问亲自抓，构建“大宣传”的大格局。

领导干部忽视宣传思想工作的教训不少。有些地方的主要领导，视宣传思想工作如“灭火队”，决策前不通气、决策中不让宣传部门知情，一遇突发事件，却把担子全都压在宣传部门身上，搞些不明所以的“授权发布”，弄得新闻发言人左支右绌、捉襟见肘，效果自然不好。还有些领导干部，虽然“重视”宣传思想工作，但其实是只在意本地区本部门乃至本人的形象，把宣传工作等同于领导新闻，他们常常违背传播规律、不顾群众感受，热衷于搞涂脂抹粉、文过饰非的形象宣传，喜欢别人给自己“抬轿子”，这样的“重视”换来的，只是“皇帝的新装”。

早在1980年，邓小平就指出，党的领导机关要腾出主要的时间和精力来做思想政治工作，做人的工作，做群众工作。新媒体时代，思想传播的渠道和方式发生了很大变化。越是这样，越要重视宣传思想工作在整个社会舆论领域的主导作用。各级党委要把宣传思想工作作为政治责任来抓，像重视经济工作那样重视宣传思想工作，与经济、社会建设一同研究部署和落实，主要负责同志要带头阅看本地区本部门主要媒体的内容，带头把住本地区本部门媒体的导向。在选人用人导向上，要把是不是重视宣传思想工作、能不能做好宣传思想工作作为衡量一个领导干部是否成熟和能否委以重任的重要标志。

“疾风知劲草，板荡识诚臣”。革命战争年代，判断一个党员干部是否合格，需要经过血与火、生与死的考验。如今，有硝烟的战争少了，但没有硝烟的战争无时无刻不在发生。西方国家把我国的发展壮大视为对其价值观和制度模式的挑战，加紧对我国进行思想文化渗透。国内外各种敌对势力一刻也没有停止对我们党、对社会主义制度、对中国特色社会主义事业的攻击和挑衅。在事关坚持还是否定四项基本原则等大是大非和政治原则问题上，我们必须增强主动性、掌握主动权、打好主动仗。每一名领导干部特别是各级党组织主要负责人都应毫不动摇地坚持党性原则，旗帜鲜明、理直气壮、坚持不懈地与各种错误思想作斗争，帮助广大干部群众划清是非界限、澄清模糊认识。

二、要善于与网络打交道

1979年是党的十一届三中全会召开后的第一年，全党按照“实事求是，有错必纠”的原则，开始平反历次政治运动中的冤假错案。但由于当时“两个凡是”还没有彻底冲破，很多政策还没有来得及具体落实，以致出现了一些矛盾，很多群众来京上访。为此，中央紧急抽调干部，协助当地有关部门解决上访者的问题。同时，中央还对信访部门的一些同志提出了严厉批评。在这种情况下，《人民日报》9月17日发表了一篇评论员文章《切实解决上访问题》，其中用了一些不很妥当的说法。比如：“他们被压在阴山之下，蒙冤受屈，无处申诉”，“省里有些机构的负责人，甚至包括省委的负责人，更不用说地区、县、公社，都有那么些负责人，办错了案，办错了事，硬是不认账，领导一再催促，群众一再找上门来，硬是不予理睬，不予平反”等等之类的句子。文章发表后，上访人员以此为据，大量拥进北京，甚至出现了在中南海、新华门等地静坐、请愿的情况，对社会的安定造成了影响。

针对这一情况，《人民日报》于10月22日又发表了评论员文章《正确对待上访问题》。文章首先肯定了做好群众来信来访工作的重要意义，然后提出对待上访人员要具体问题具体分析，“凡属冤假错案，要根据‘实事求是，有错必纠’的原则，给予平反”，“凡属违法乱纪、甚至制造新的冤假错案的，一定要认真查明、严肃处理”，“凡属合理的要求、按现行政策规定又是能够解决的问题，各地区、各部门就应当认真负责地、积极地加以解决”，“凡属无理取闹、蓄意捣乱的，要根据情节轻重，分别严肃处理”。这篇评论克服了前一篇评论的片面性，既为上访者说了话，也阐明了相关的政策，起到了很好的宣传效果和社会效果。

1979 年 11 月 2 日，邓小平在中央党政军机关副部长以上干部会上作报告，在谈到“切实关心群众生活”时，就讲到了上面这个事例。他说：“我们的宣传教育工作是很重要的，也有很大的成绩。但是，最近在有些问题的宣传上，确有考虑不周和片面的地方，使我们下面工作的同志遇到一些困难。举例来说，《人民日报》对上访问题发表过两篇文章，时间相隔不久。第一篇是 9 月 17 日，文章一出去，上访人员呼噜呼噜地都上来了；第二篇是 10 月 22 日，文章把道理讲清楚了，上访人员很快就减少了。这说明什么呢？说明单单是报纸的舆论就可以发生这样大的影响。”①

邓小平日理万机，还十分关注新闻宣传，甚至对具体的新闻报道也了如指掌，这种精神是十分值得当今的领导干部学习与借鉴的。当然，由于时代的发展与科技的进步，新的媒体不断涌现，领导干部不但要重视报刊的宣传作用，也要重视新媒体的宣传价值。

新媒体最主要的就是网络。据中国互联网信息中心（CNNIC）发布第 37 次《中国互联网络发展状况统计报告》显示：截至 2015 年 12 月，中国网民规模达 6.88 亿，互联网普及率为 50.3%；手机网民规模达 6.2 亿，占比提升至 90.1%，无线网络覆盖明显提升，网民 Wi－Fi使用率达到 91.8%。网络世界与现实相比，更直观，更坦率，在网络中，网名可以是真名也可以用化名，相对来说更为开放，网友说出的话不必过于掩饰，更易说真话、实话，当然也免不了有狠话，网民来自各个领域，对现实社会的体验最深，建议和意见最直接。再则，网络是把双刃剑，现实中出现的问题，网络中也不可避免。一些人利用网络制造谣言，一些人别有用心地进行误导。领导干部要参与其中，不仅要坐得住，听得进各种不同的意见，而且还得善于引导，化解矛盾。这对领导干部提出了新的要求，不仅要有宽阔的胸怀，而

---

① 《邓小平文选》第 2 卷，人民出版社 1994 年版，第 228、229 页。

且还要善于疏导，这就得常上网熟悉网，以网民能够接受的方式进行交流，辨别真伪，澄清事实，而更重要的是，对于民生的热点、难点要抓得住，化解得了，不拖拉不推诿，能办则办，尽快给予答复，如此才能掌握主动权，取信于民。

如今领导干部上网已不是新鲜事，但是有些人不愿意到网民中去，生怕招是非，与自己过不去；有的上网只是凭兴趣，走马观花，不太注重网络跟帖和评论，以至于本地发生的问题，网上已经传开多时，还一问三不知，由此错过最佳良机，造成解决问题不及时，甚至矛盾扩大；有的只是看看报，不上网，因而思想跟不上趟，观念陈旧，思想保守，跟不上发展的步子；甚至乎只要轻轻地点一下鼠标，立马就能上传下达的事项，也要左开会、右请示，浪费了不少的时间和精力。官员不愿上网或者不专心上网，了解信息渠道就狭窄，不易听到真话，掌握实情，由此势必对工作思路和重大决策带来影响。

领导干部与网络打交道，已经不是个人爱好和兴趣，而是一种新的工作方法、新的领导模式的运用。在跨越式发展与提高和改善民生的进程中，按部就班，以老的模式去获得信息已经远远不够，凭感觉，凭经验下定论、作决策已经落伍，而利用网络这一新兴的载体，有利于提升自己的领导水平，更新自己的知识，最大范围地了解民意，从而做出更准确的决策。

第二节　形象生动

——只要抓住老鼠就是好猫

1992 年春天，88 岁的邓小平视察武昌、深圳和珠海。也就在那一年，“不管黑猫白猫，捉到老鼠就是好猫”成为坊间最流行的话语。2001 年，APEC 首脑峰会上，这句话成为马来西亚总理马哈蒂尔的开场白，寓意亚洲现在最需要的是发展。

1962 年 7 月 7 日，邓小平接见出席共青团三届七中全会全体同志时，就曾借用这句谚语来表述他对恢复农业生产和包产到户的看法。该讲话后收入《邓小平文选》。原话是："黄猫、黑猫，只要捉住老鼠就是好猫"，后来流传为："不管黑猫白猫，捉到老鼠就是好猫。"

一、通俗易懂贴近群众

"不管黑猫白猫，捉到老鼠就是好猫"。一句民间谚语能够和一个时代联系起来，除了语言本身的直白和传诵感外，更重要的是它来源于群众的切身实践，能够直指群众的深刻需求。

邓小平认为，搞理论争论，就会贻误时机，错过发展机遇。空洞的争论无济于事，真理只有在实践中才能得到检验，应该大胆地实践，大胆地试，先不要下结论，干了再说。"不管黑猫白猫，捉到老鼠就是好猫"。

"猫论"贯穿于改革开放的各个阶段，在很多场合都可以看到它的影子：乡镇企业、特区、私营经济、证券、股票……与此同时，由"猫论"开启的思维之门已经洞开，个体、群体的创造趋于活跃，市场变得丰富起来。

"猫论"起源于刘伯承经常讲的一句四川话："黄猫、黑猫，只要捉住老鼠就是好猫。"后来这句话被邓小平发扬光大，成为中国家喻户晓的一句话。1961 年 6 月下旬，中共中央书记处听取了华东局农村办公室的汇报。华东局认为安徽搞责任田就是单干，是方向性错误。邓小平说：在农民生活困难的地区，可以采取多种办法，安徽省的同志说"黑猫、黄猫，只要捉住老鼠就是好猫"，这话有一定的道理。责任田是新生事物，可以试试看。

1962 年 7 月，邓小平在中央书记处会议上和接见青年团干部的时候，均讲到农村广大地区出现包产到户的新情况，他认为：“生产关系究竟以什么形式为最好，恐怕要采取这样一种态度，就是哪种形式在哪个地方能够比较容易比较快地恢复和发展农业生产，就采取哪种形式；群众愿意采取哪种形式，就应该采取哪种形式，不合法的使它合法起来。”并且，引用了刘伯承同志常说的那句著名的四川民间谚语：“黄猫、黑猫，只要捉住老鼠就是好猫。”

“文化大革命”期间，“猫论”被指责为“唯生产力论”而遭到批判。1976 年前后，毛泽东点名批评邓小平。毛泽东说：“他这个人是不抓阶级斗争的，历来不提这个纲。还是‘白猫、黑猫’啊，不管是帝国主义还是马克思主义。”“黑猫白猫论”，即“猫论”因此成名。

十一届三中全会后，“猫论”成了中国经济发展的重要理论，成为对“姓资”“姓社”的评判标准。1985 年，邓小平当选美国《时代》周刊年度风云人物，“不管黑猫白猫，捉到老鼠就是好猫”被摘登在《时代》周刊上。“猫论”的影响扩大到世界。

作为大国的领导人，借用猫作比喻来说明道理，不但让中国的老百姓听得明白，也流传到世界。这充分表明，宣传不是宣教，更不是说教，不是讲深奥的大道理，而是要通俗易懂贴近群众。领导干部胜任领导岗位，需要多方面的才能，其中会讲话是基本的要求之一。作为领导干部，党的政策需要去宣传，日常工作需要去布置，群众心里的困惑需要去消除，社会矛盾需要去化解，如果只会说官话、大话、假话、套话、空话，群众不爱听、不愿听、不想听，也听不懂，那么，干部群众的思想问题怎样解决？党的方针政策怎样宣传？长此以往党员干部在人民群众中的形象就会降低，党和人民的事业就会受到影响。

领导干部要做到会讲话，其实也不难。比如，加强学习、充实自己，广泛涉猎新知识，多方吸收新信息，努力使自己的知识水平与思想水平与时俱进、与日俱增；端正思想，克服浮躁，求真务实、真抓实干地做出政绩；怀一颗为民之心，深入群众、深入基层、深入实际，多了解些基层的真情实况，多体味百姓的真情实感，研究掌握事情的来龙去脉。

向群众进行宣传、发动、教育和引导，是领导干部贯彻落实党的路线、方针、政策的一项很重要的工作。这就需要领导干部善于运用群众听得懂的通俗语言，与群众进行有效的沟通和交流，让群众真正明白你说话的意思，真正了解党的主张和意图，化解心中疑虑，使群众知道自己应该做什么、怎么做，从而达到宣传和发动的目的。

善用“老百姓语言”，是本领，也是智慧。“群众语言”具有鲜明的平民化、生活化特点，它生动活泼、通俗易懂，是领导干部与群众沟通的“绿色通道”。会说“老百姓语言”，才能容易被老百姓理解和接受。领导干部讲话代表的是党和政府的立场，职位越高，影响力就越大。俗话讲：一言兴邦，一言丧邦。领导干部要讲得好、讲得巧、讲得得体，才能话出人服，言到事成。

习近平同志就特别擅长讲“老百姓的语言”。他上任后在人民大会堂第一次公开讲话的开场白是：“大家好！让大家久等了”，一句家常话让人耳目一新，备感亲切，一下子拉近了领导人与在场记者的距离。比如他在谈到干部形象的重要示范意义时，他十分形象地比喻说“打铁还需自身硬”；在谈到干部要注重个人修养与境界提升时，他幽默地用“天天念佛”与“面壁成佛”来诠释；在谈到作风建设时，他说“要以踏石留印、抓铁有痕的劲头抓下去”等。这些语言，朴实无华，生动形象，凝练扎实，朗朗上口，一无装腔作势、居高临下的官话；二无言之无物、大而无当的空话；三无言“必称希腊”照抄照搬的“洋话”；四无穿靴戴帽、陈陈相因的套话，都是“老百姓的话”。所以，让人一听就懂，一听就有兴趣，一听就能记得住，一听就能传得开，能迅速被老百姓接受并传播开来。

领导干部与群众进行沟通和交流，说的话必须要让人家听得清楚、听得明白。为此，领导干部要善于学习，在讲话中牢记通俗易懂，贴近群众，善于运用群众的语言，这样才能引起群众的共鸣，得到群众的理解与支持。

二、善用比喻形象生动

比喻是一种常见的修辞方式，用某些有类似点的事物来比方想要说的某一事物，以便表达得更加生动鲜明。这是《现代汉语词典》中“比喻”的释义。比喻，通俗地说就是打比方，即以彼物比此物。也就是在说明一个事物时，不是直接去说，而是通过描述或说明另一个事物来达到目的。这样，用人们比较熟悉的东西来描述、解释人们不熟悉的东西，减少理解的障碍。比如，有人曾问爱因斯坦，究竟什么是相对论。作为一个非常深奥的理论问题，如果用科学术语来解释，必定冗长晦涩，让人难以理解。爱因斯坦是如何解释的呢？“你同你最亲爱的人坐在炉子边，一个钟头过去了，你觉得好像只过了五分钟；而如果你一个人孤单地坐在热气逼人的火炉边，只过了五分钟，你却像坐了一个小时。这就是相对论。”高深的理论，只因为巧用人的感受作比喻，简单几句话就说明白了。

具体说，当人们在语言交际中要表达某一事物或道理时，运用联想或想象，引进另一种事物或道理，以便把要表达的事物或道理反映得更具体、更贴切、更生动、更富有感染力，使听者爱听，听得明白，从而留下深刻印象。

邓小平长期从事思想政治工作，而他的工作对象有相当大的比例是文化程度不高或不太高的工人、农民或工农子弟兵。因此，借用人人熟知的事物打比喻来说明深奥的道理，就成为邓小平语言的一大特点。如将游击队脱离群众的行为比喻为“裸体跳舞”，把触及大的领导的问题比喻为“摸老虎屁股”，把照抄照搬上级文件的做法比喻为“当收发室”，把改革开放初期中国与日本在一些技术领域的合作比做“学生与老师”的关系。再比如，谈到植树造林自己所起的作用时，说“我哪是带头，我是担心当了尾巴”；把法律文件的起草比喻为“成套设备”；谈改革开放要胆子大一些，比喻为“不能像小脚女人一样”；把精简机构比喻为“拆庙搬菩萨”“消肿”；在严厉打击犯罪时，将大的问题比喻为“就是老虎里头最大的东北虎也要管”；把价格改革比喻为“过关斩将”；谈到在台湾实施“一国两制”时，比喻为“不是我吃掉你，也不是你吃掉我”。

语言是一门艺术。在某些时候，用委婉的方式表达自己的情感，往往会收到特殊的效果。双关语就是其中之一。比如在一次登黄山时，邓小平说“黄山这一课，证明我完全合格”，指自己不仅政治合格，身体也合格，可以为国家工作。“已经是春天了，冷不到哪里去。”这是邓小平在1972年从江西回北京的路上，晚上散步后警卫让他回房间时的回答，不仅是指自然气候，也指政治气候。1992年南方谈话的时候，邓小平说“我从来不走回头路”，以此表明他对改革开放的坚定信心。

习近平担任总书记后，在中国政坛掀起一股“亲民”之风，最突出的是体现：在习近平的讲话风格上，他和邓小平一样，讲话善用比喻。有媒体统计，党的十八大以来，习近平总书记在不同场合发表了大大小小百余次重要讲话，包括大量的批示、演讲、访谈和信件等，形成了其独特的富有个性化的语言风格，充满了语言魅力。这些讲话让大家想听、爱听、愿听，往往觉得很过瘾、很解渴、很兴奋，常常有拨云见日、豁然开朗和醍醐灌顶之感。许多话题被热议，许多语录成热词。许多观点成了听得进、记得住、传得开、用得上的经典和名言警句，既有很强的亲和力和感染力，又有很强的穿透力和冲击力；既娓娓道来、和风细雨，又铿锵有力、掷地有声，真正能入耳入脑入心入神。[①]

作为领导干部，讲话是基本功，善于比喻则是提升“人气指数”的关键因素。提高领导说话水平关键在学习。首先要多读书，备好“垫底酒”，“腹有诗书气自华”。领导干部要减少应酬，多一些书卷气，勤读书、善读书、读好书，潜心阅读一些马列原著、中国特色社会主义理论、党的重要报告和文献以及现代科技业务书籍。其次要勤调研，躬身“接地气”，深入改革建设第一线，掌握基层的艰难困苦，了解群众的喜怒哀乐，增进与老百姓的感情，避免说出与人民对立的“雷人之语”，同时，注意从“无字书”中增见识学本领，熟悉和运用生动活泼的“大众话语”。再次要善思考，不当“传声筒”，“我思故我在”，不说未经自己深入思考的话，一般的讲话稿自己动手写，不要秘书代劳，即使是重要的工作报告也得自己提思想出观点，切不可让秘书“当政”，否则讲话不可能做到妙趣横生。

第三节　简明扼要

——挂牌子、搭架子、摆摊子

1949年12月初，重庆解放不久。有一天，邓小平召集西南局组织部长、副部长和干部处负责人及有关同志开会，讨论干部工作问题。邓小平分析了当时重庆的情况后，对于当前干部工作的急切任务只讲了九个字：“挂牌子、搭架子、摆摊子。”这九个字通俗易懂，含义明确，而且准确地把当时干部工作的任务提纲挈领地说了出来。

① 《习近平讲话的语言风格及特点》，新华网（2013年12月9日），http://www.js.xinhuanet.com/2013－12/09/c_118481815.htm。

人们常说，语言是思维的物质外壳。平实的语言风格，传达出邓小平的性格，也反映出实事求是的思想方法和历史唯物主义的鲜明立场。真理从来就是具体、简明和平实的。

一、领导干部要拒绝官腔

邓小平做“官”长达半个多世纪，但是他却没有染上官场司空见惯的打官腔的“通病”。邓小平讲话基本上没有形容词，简洁明了，但个中道理却耐人寻味。孩子们问他长征是怎么过来的，他只讲了三个字：“跟着走”。问他在太行山坚持抗战做了些什么，回答只两个字：“吃苦”。谈到刘邓大军在解放战争中的战绩，也是两个字：“合格”。语言简单、实在、干脆，仔细琢磨却非常到位，很有内涵。看三卷本《邓小平文选》，除个别正式会议的重要报告外，大多是实实在在的谈话。邓小平当二野政委时的老部下曾回忆说，邓政委说出的话就像打出的一颗子弹。

1949 年 12 月初，重庆解放不久。有一天，邓小平召集西南局组织部长、副部长和干部处负责人及有关同志开会，讨论干部工作问题。邓小平分析了当时重庆的情况后，对于当前的干部工作的急切任务只讲了九个字：“挂牌子、搭架子、摆摊子。”这九个字通俗易懂，含义明确，而且准确地把当时干部工作的任务提纲挈领地说了出来。

领导干部有无官腔，反映出是文风的问题，归根到底是工作作风的问题。领导干部有无好的文风，主要看他是否打官腔、念稿子。

《人民政协报》发表的吕启祥追忆卓琳的一席谈话中提到，老邓做事十分麻利，从不在办公桌前长时间坐着，有什么该批该办的迅速批完，然后站起来走走或看书。他讲话从不用稿子，从不要别人替他写稿，总是直接讲。他想好了就讲出来，别人记下来整理后，他再看、再改，经文字润色后，就发表出来，三卷《邓选》就是这样出来的。[①]

邓小平不太讲长篇大论，虽然话语不多，但是含义深远，耐人寻味，发人深省。邓小平讲话通常不爱用讲话稿，他愿意说自己想说的话，说经过自己思考、加工后的话。而相比之下，我们的少数干部，讲话做事，习惯于由别人安排、秘书代劳。大小会议、不同场合，只要讲话、发言，总得先由下属提前准备、百般润色，不到纵横千里不放手，不到滔滔不绝不放心，洋洋洒洒、吹吹打打，看似鸿篇巨制，但却空洞无物，大道理讲了一大堆，但是没有任何指导性、针对性，更不用说去具体落实、付诸行动了。

言为心声，文以载道。固然很多时候，尤其在一些比较正规的场合，领导人讲话需要讲话稿，但是绝不能依赖讲话稿，因为那是别人的东西，不是自己内心真实感受的表达，没有自己的思想，是在重复别人说过的话，甚至是在玩文字游戏。这样做，其实是一种务虚而不务实的作风表现，无论是对个人素质的提高、执政能力的提升，还是对党和人民事业的发展、经济社会的进步，都是有百害而无一益的。

习近平同志早在2010年中央党校的一次讲话中指出要改进文风，他说："文风不正，严重影响真抓实干、影响工作成效，耗费大量时间和精力，耽误实际矛盾和问题的研究解决。不良文风蔓延开来，损害党的威信，导致干部脱离群众，使党的理论和路线方针政策在群众中失去感召力、亲和力"，要求把改进文风作为加强党的作风建设的一项重要任务。

那么，领导干部如何才能脱离讲话稿、不再"拄拐棍"，而讲出言之有物、动之以情、晓之以理的话来？其中的秘诀在于做到"三要"。一要深入基层、熟悉基层情况。追忆卓琳的一席谈话中提到，"有人说老邓开放是因为他出过洋，我看不见得，那时他太小，才16

① 《追忆卓琳老人对红学的关怀》，《人民政协报》，2009年8月10日。

岁。只是老邓很重实际，总下去。第一个五年计划苏联援建141个项目，他一个厂一个厂地去看，到钢铁厂从翻砂、铸造，到无缝钢管出来，一道一道工序看，我也一同去看了。”领导干部要想讲出有针对性、有指导性的话，作出正确、科学的决策，首先要对基层情况非常熟悉，要经常性地深入基层，熟悉基层、了解基础、热爱基层，相反，如果成天高高在上、足不出户，对什么情况都不熟悉、不了解、不热爱，怎么能进行指导，只能下车伊始，“咿哩哇啦”胡说一气、乱讲一通，官话大话套话废话连篇。

二要对党和人民有深厚的感情。干一行，爱一行，才能成一行。党员干部既然已经选择了“全心全意为人民服务”这一追求，就必须始终做到对党忠心、对人民忠诚，热爱党和人民。邓小平人格伟大，他是第二代领导集体的核心，然而他并不要求人民对他三呼“万岁”，颂其“英明”“伟大”。他说，他是“中国人民的儿子”。他只要看到人民对他亲切地喊一声：“小平，您好!”——他就很满足了。是的，他是中国人民的儿子。但同时，他也是一位伟大的公民。正因为如此，他对人民讲话，总是讲心里话、讲大白话、讲群众爱听的话，他所做的一切，都是始终以群众满意不满意、支持不支持、答应不答应作为出发点和落脚点。

三要不断地学习、勤奋地思考。邓小平既是一位伟大的革命家和战略家，也是一位学识渊博的理论家和学问家。邓小平一生酷爱学习，喜欢读书。孜孜不倦的读书生活伴随着邓小平的一生，并和他的革命生涯、思想作风及理论创造紧密地联系在一起。回顾邓小平的读书生涯，有助于我们更好地把握邓小平理论的思想脉络和精神实质，并且可以从中获得深刻的启迪。

二、讲实话、短话和有用的话

邓小平历来主张开会、写文章要长话短说，话不离题，反对重复，东拉西扯。《邓小平文选》三卷全书不含目录、注释，共383页，但内容丰富，博大精深。全书共收录文章119篇，最短的不足百字，最长的南方谈话7500字，还是四个地区讲话的综合整理。他曾经毫不客气地在一个开得时间很长、重复发言太多的高级干部会议上说，这个会开得不好。他也曾说过，没有话就把那个嘴巴一闭。对他不得不做的长篇讲话，他也不主张各地报纸都转载，说："浪费多少纸张啊！"这些意见和做法，对改进会风，提高工作效率，以及起草文件、办报刊都是很有教益的。

邓小平之所以能够讲出具有真知灼见的短话，关键在于他能透过现象抓住本质，讲经过科学提炼的话。这或许就是毛泽东对他"政治思想强，人才难得"的评价的主要原因吧。邓小平善于根据马克思主义的基本原理，结合当今中国实际，汲取群众的智慧，把党的对内对外政策科学地、创造性地加以提炼概括，用简洁的语言表达出来，以通俗体现深刻，使群众一听就懂，易记易行。例如，"改革开放"，"科学技术是第一生产力"，选拔干部的"四化"方针，"联产承包"，"四项基本原则"，培养"四有"新人。邓小平把反对四项基本原则的言论、倾向概括为"资产阶级自由化"，把思想文化战线的不健康现象概括为"精神污染"等等。这些精辟的概括语言，在中国可以说是家喻户晓。"社会主义也有市场，资本主义也有计划"的简洁论述和"三个有利于"的判断标准，澄清了人们的模糊认识，终止了妨碍着人们手脚的关于"姓社姓资"的争论。为解决祖国统一问题，他提出"一国两制"的构想，解决了香港和澳门问题。在国际关系、对外政策方面，他高屋建瓴，把全球各国关系概括为"东西南北"关系、"和平与发展"两大主题，谁也难以提出异议。在与各国外交谈判中打什么"牌"，"结束过去，开辟未来"，"向前看"，这样诙谐、通俗的用语，已成为国家外交的常用语言。

1980年2月29日，在中共十一届五中全会第三次会议上，邓小平说了这样一段话："开会要开小会，开短会，不开无准备的会。会上讲短话，话不离题。议这个问题，你就对这个问题发表意见，赞成或反对，讲理由，扼要一点；没有话就把嘴巴一闭。不开空话连篇的会，不发离题万里的议论。即使开短会、集体办公，如果一件事情老是议过去议过来，那也不得了。总之，开会、讲话都要解决问题。”这段寓意深刻的话，在当时有着很强的现实针对性。

改革开放之初，百业待兴，但“文革”遗留下来的开长会，讲空话、套话、长话风气却严重影响工作效率，引起人们的反感。陈云曾经气愤地说“开会不要开死人”。1980 年 1 月，胡乔木也给邓小平写信，希望他能在中央全会上就集体办公和改变冗长会议问题讲一讲。

邓小平的这段话是针对当时的情况有感而发，也符合他的一贯作风。早在 1962 年扩大的中央工作会议上，他就说过：“如果每一件事情都开委员会讨论，开书记处会议讨论，这样开会要开死人的呀。”邓小平反对会多、会长，更反对讲长话，讲空话。他出席会议时尽量讲短话，没有话宁可不讲。

1981 年 11 月 5 日，中共全国政协机关党组向邓小平报送了《关于政协第五届全国委员会第四次会议会务工作几个问题的请示报告》，并请他致开幕词。邓小平批示：“不致开幕词，因为没有必要，无话可讲，但我可主持会议。”1982 年 10 月 30 日，中共全国政协机关党组再次请邓小平出席全国政协五届五次会议并讲话，邓小平仍然这样批示：“没有新的话要讲。闭幕时我出席，但不讲话。”

邓小平讲话，一般不用事先准备稿子，只有在一些重要场合，一些重大问题需要进行深入阐述时才由别人帮助起草稿子。即使这样，他也总是要求起草人要从政治角度看问题，要能抓住要害，文字不能太多，而且都是自己先写出简明的提纲。比如 1978 年 12 月 13 日，在中央工作会议闭幕会上的那篇著名的《解放思想，实事求是，团结一致向前看》讲话，他自己写的提纲只有四页纸，但要讲的问题、要突出的观点都有了。1979 年 3 月 27 日，为了准备在党的理论工作务虚会上的讲话，他专门把胡乔木等同志请到家里，谈稿子的起草问题。看了已经起草的稿子，他说：现在文字太多，枝叶太多，比较平淡，吸引力不够。现在要强调的只是几个问题，语言太多，把要突出的问题冲淡了。这篇讲话是政治性的讲话，不需要讲很多理论的话。邓小平的这段话比较典型地反映了他对讲话稿的要求。

邓小平不仅自己率先垂范，对党内的重要会议、汇报，重要领导人的讲话也提出了同样的要求。早在 1956 年，讨论中共八大报告和发言稿的起草时，他就说过："八大大会发言要精彩、生动、多样性，还要短。"1975 年邓小平复出，主持国务院工作。8 月 26 日，在与胡乔木等同志谈中国科学院起草的汇报提纲时，他说：稿子太长了，中央的同志没有可能看，要短一点。话要少说一些。1982 年 6 月 25 日，党的十二大报告框架出来以后送他审阅，他在同有关同志谈报告修改时说：报告架子可以，但要写得精彩些、短些。1983 年 12 月，他在审阅有关同志起草的邓颖超在全国政协新年茶话会上的讲话稿时，作出批示："一个问题几句话就够了，不宜解释太多。我看文字压缩一半，更为恰当。"

总之，在如何开会讲话这个问题上，邓小平的基本观点是："重复的话要讲，但要精简。形式主义也是官僚主义。要腾出时间来多办实事，多做少说。"他还说："毛主席不开长会，文章短而精，讲话也很精练。周总理四届人大的报告，毛主席指定我负责起草，要求不得超过五千字，我完成了任务。五千字，不是也很管用吗？我建议抓一下这个问题。"

有什么样的话风，就有什么样的文风。邓小平的文风也和他的话风一样，言简意赅。他曾经说过："学马列要精，要管用的。长篇的东西是少数搞专业的人读的，群众怎么读？"对于自己已经讲过的话，整理出版时，邓小平要求尽量简化。1987 年 10 月 5 日，中央文献研究室整理了他 1950 年《在西南区新闻工作会议上的报告》，准备作为《刘邓大军征战记新闻编》的代序言。他看过后批示："可以，就是啰嗦了些，最好删节一半。"

邓小平简约、高效的话风值得我们认真体会、品味。前一时期，网上评出“最令人反感的十句话”，其中一些领导干部在会场上的开场白“下面我简单讲两句”名列前茅。人们反感的不是真正的“简单讲两句”，而是这一开场白之后的长篇大论。开长会，讲长话，形式主义的话风已经成为人们痛恨的顽疾。因此，学习邓小平，学会开短会、讲短话，对领导干部十分重要。

讲短话，能提高效率，用省下的时间去想问题、干实事。鲁迅说过：“时间就是性命。无端地空耗别人的时间，其实是无异于谋财害命。”学会讲短话，节省了自己的时间，也节省了他人的时间，对自己有好处，也是对他人的尊重。这也是邓小平强调讲短话的道理之一。

讲短话，只是邓小平话风的一个重要方面。邓小平的话风还有许多特点，比如讲新话。短话如果空洞无物，无病呻吟，老生常谈，同样不招人喜欢；相反，长话如果有内容，有新意，同样能引起人们的兴趣。邓小平的讲话，不管长短，总是针对性强；针对性一强，就有新话，没有新话他宁可不讲。

邓小平晚年曾感慨：“我们讲了一辈子马克思主义，其实马克思主义并不玄奥。马克思主义是很朴实的东西，很朴实的道理。”邓小平讲话，思想新、内容新，却很少用新词、生词，都是实话，都是老百姓一听就懂的语言。比如，“打破思想僵化”，“解放思想”，“改革是中国的第二次革命”，“发展是硬道理”，“稳定压倒一切”，“走自己的道路，建设有中国特色社会主义”，等等，所有这些提法针对性都很强，讲得实实在在、简明有力，同时又都是思想深刻、识见高远、新意迭出。正因为如此，邓小平的这些重要思想、论断，已经渗透到人们的日常生活中，成为人们惯常的用语，以至成为引领时代风尚的箴言。

领导干部讲话不是小问题，它是领导干部思想、作风、经验、智慧和形象的具体体现，也是党风文风的重要体现。如果我们的领导干部都注意开短会和讲短话、讲新话、讲实话，那么党和人民群众的关系就会更加密切，工作就会更加实事求是，我们的党风文风也会展现出新的面貌。[①]

第四节　言传身教

——在自己家里开现场办公会

邓小平在治理国家、治理军队的实践中，很早就表现出了很高的政治思想工作能力。邓小平当年率领大军，是以政治委员和党的书记的双重身份同军事指挥员一起在建军和作战方面合作共事，共同负责的。思想政治工作是邓小平的老本行，他对此很熟悉、很精通。刘伯承元帅曾对身边的工作人员说过："我领兵打仗还行，政治宣传和党内组织工作得靠邓小平政委。"[②] 这句话是长期与邓小平搭档的刘伯承对邓小平杰出思想政治工作能力最中肯的评价。

邓小平做思想政治工作卓有成效，有着他显著的特点，最明显的是不说空话，不讲大道理，现身说法，言传身教。

一、身教重于言传

思想政治工作，是团结教育群众完成各项任务的保证。做好思想政治工作是一个十分重要的方面，在于从领导做起，言传身教先正

① 孙业礼：《邓小平倡导"开短会"、"讲短话"》，《党的文献》，2010年第3期，第122页。

② 《中外名人看邓小平》，湖南出版社1994年版，第374页。

己，因势利导后理人。一个称职的思想政治工作者，起码应具备两个条件：一是能讲清道理，以理服人；二是能以身作则，给人家作出好样子。这两条都很重要。但从实际效果来看，以身作则往往更为重要。荀子曰："必先修正其在我者，然后徐责其在人者，威乎刑罚。"在做思想政治工作中，邓小平很注重现身说法，用事实教育人，正因为如此，邓小平在二野中享有崇高的威望。

在解放初期，重庆一度是中央直辖市，除了重庆军事管制委员会、市政府，还有中共中央西南局、西南军政委员会、西南军区等好几个大机关。大家这么多年来都是农村来农村去的，好不容易进了大城市，有些人第一件事是闹房子，你占个宾馆，我占个别墅，最后房子还不够，争来吵去，陈锡联无计可施。邓小平很生气，召集几个机关的领导到他家里开会，陈锡联也去了。

邓小平绷着脸说：大家来了，今天我们不拉手。陈锡联一看，心想：坏了！小平要批评人！

邓小平叫大家先看看自己住的这座房子：房子原来是国民党的一个机关，很旧，上下两层。刘伯承住在楼下，邓小平住在楼上。几个孩子光着脚在屋里跑来跑去，房顶还在"滴滴答答"漏雨。然后，邓小平说：听说你们嫌房子不够，是不是这样子？我们来西南，是为西南人民做点事，不是来享受的，西南人民都希望我们做点事。土匪还在，你们就想舒服？你们刚到，什么事不做就闹房子，你们想想，住宾馆、住好房子的那些人现在都到哪里去了？

大家低着头，一句话不敢说。会开得很短，不到一个小时。一晚上，住宾馆、住好房子的人都摸黑跑了，第二天，什么问题都解决了。[①]

关于占房子的事情，邓小平也可下道命令或发一个红头文件，但这样的效果肯定没有在自己家开现场办公会解决得彻底。如果下命令

① 《解放初期邓小平批评干部进城只顾着抢好房子》，中国网（2012 年 5 月 8 日），http：//news. china. com/history/all/11025807/20120508/17185198. html。

或发文件，从下级来看，认为领导不尽人情，不了解情况的人还以为邓小平自己住好房子却严格要求别人。从上级来看，还要检查下级执行命令或红头文件的情况，影响其他工作。因此，邓小平采取别具一格的现场会，从思想上解决了干部战士存在的问题，执行效果自然不言而喻。因此，在思想政治工作中，现身说法，言传身教，有着巨大的力量，它所起的作用，正如古人所说："其身正，不令而行。"

在新的历史时期，尽管许多因素都发生了巨大的变化，但是有两点仍没有变，一是思想政治工作仍要加强；二是言传身教的思想政治工作方法仍然有效。领导干部在思想政治工作中的表率作用是做好新时期群众思想政治工作的前提。凡是要求群众做到的，领导干部首先要自己做到，而不是空喊口号、唱高调。言教不如身教，己正才能正人，"喊破嗓子不如做出样子"，"村看村，户看户，群众看干部"等这些说法，都十分生动地说明了干部对群众的重要示范作用。

因此，领导干部的先锋带头作用，是提高思想政治工作的感召力、凝聚力和渗透力的关键。思想政治工作要有成效，工作者的人格力量很重要。要做到"立行"和"立言"的统一，努力用最浅显的语言、最亲近的接触、最真诚的感情去做好群众工作，用人性化的态度对待人、用人格的力量打动人、用具体的政策说服人，在群众中树立起公仆的形象，成为群众的贴心人。

二、善于把道理说透

思想政治工作是我党我军的优良传统，但思想政治工作却并未受到普遍欢迎。南昌起义时，陈毅到第二十五师号称"铁团"的七十三团当政治指导员。陈毅后来谈起这段"走麦城"的经历，语气不无调侃："我那时在部队里是没有什么地位的。我来部队不久，大家喊我是卖狗皮膏药的。过去在汉口的时候，说政治工作人员是五皮主义：皮带、皮鞋、皮包、皮鞭、皮手套。当兵的对我们这些政治工作人员就这么说：‘在汉口、南昌是五皮主义，现在他又来卖狗皮膏药，不听他的。’失败后，到了大庾，那些有实权的带兵干部，要走的都走了，大家看到我还没有走，觉得我这个人还不错，知道我陈毅不是‘卖狗皮膏药的’，所以我讲话也有人听了。”[①]

思想政治工作不受欢迎，责任并不在思想政治工作本身，而在于从事思想政治工作的人的工作方式与工作风格。如果夸夸其谈，空讲大道理，这样的思想政治工作当然不受欢迎，但是如果不讲大道理，而是讲“小道理”，并且把这小道理说透，说到人的心坎里，这样的思想政治工作自然受欢迎。邓小平无疑就是后者。邓小平的孙子萌萌说，“爷爷不是一个给我们讲大道理的人，平时他是一个沉默寡言的人，教育我们的时候会给我们讲故事。”

1947 年，刘邓大军千里挺进大别山，这是解放战争从战略防御到战略进攻的一个伟大转折。出征时，刘邓大军兵强马壮，计 12 万余人，撤出大别山后，刘邓大军重武器全部丢失，各种减员达 5 万余人。更为严重的是，部队内部弥漫着失败的情绪，许多人认为挺进大别山得不偿失。面对这种情况，邓小平利用一切机会，向广大干部战士讲透千里跃进大别山的道理，即不能算自己的小账，而要算全国的大账。

1948 年 4 月 25 日，邓小平在河南鲁山作报告时指出：“现在我们出来九个月了，收获是很大的。有些同志往往不了解这一点。拿我们那边几个纵队来说，在第一年打了很多胜仗，去年 7 月份 23 天消灭敌人九个半旅，可是一到大别山，前后才歼敌四个旅，因此就有个别的人怀疑是否局面变坏了。其实只要好好地算算账，就会懂得的。首先，从战略上我们由防御转为进攻，前进了 1000 里，占领了 4500 万人口的区域，经过奋斗已能控制的有 2000 万人口的地区，其他 2500 万人口的地区散布着我们的游击战争。在这里，敌人搞不到兵，搞不

---

① 粟裕：《激流归大海》，中国共产党新闻网，http://cpc.people.com.cn/GB/69112/73585/74080/5051311.html。

到粮食。这就是说，在敌人控制的3亿人口里面，去掉了将近六分之一。其次，看看消灭敌人的数目。据最近宣布的战果，全国战场自1946年7月到1948年2月，共歼敌将近210万人，3月份至少歼敌十几万人。这就是说，反攻以后9个月的战绩就已经达到第一年的数目，我们吃了苦头，但是换得了更大的胜利，对敌人的打击更沉重了。从中原三支野战军来看，在鄂豫皖，大别山的几个纵队是有削弱，减员约百分之十五，但江汉发展了百分之百，桐柏发展了百分之五十；豫陕鄂这边发展了百分之百；豫皖苏也是发展的。所以，从总体上说，力量比过去大了。”①

经过这样的算账，干部战士就理解了进军大别山的意义，部队消极的情绪一扫而光。人民群众是最有觉悟的。当领导者把工作决策的所以然说清楚了，最艰难的决策也会变成群众的实际行动。邓小平是深刻认识到这一点的，在战争年代他是如此，在中国全面改革开放的现代化建设进程中，他也十分注意把各项工作决策解说得明明白白，让人民群众思想通达，干劲十足。

邓小平善于同群众讲道理，是因为他心中装着群众，遇事同群众“商量”。现实中，许多领导干部不把群众放在心上，遇事不与群众协商，不与群众讲道理，这样很容易造成群体性事件。发生在2012年的什邡群体事件就是一个典型教训。

2012年7月2日，四川省什邡市部分群众因担心宏达钼铜多金属资源深加工综合利用项目（以下简称钼铜项目）环境污染问题，到什邡市委、市政府聚集，发生群体性事件。什邡市委、市政府高度重视，迅速做出“坚决维护人民群众合法权益、坚决维护社会大局稳定”和“停止宏达钼铜项目建设，今后不再建设这一项目”的决定，并采取及时有效措施，使事件得到妥善处理。至7月4日，什邡市区社会治安良好，生产生活秩序恢复正常。

---

① 《邓小平文选》第1卷，人民出版社1994年版，第98—99页。

钼铜项目是列入国家汶川地震灾区产业发展振兴规划的重点项目，依据国家有关政策规定，取得相关审批手续，于2012年6月29日在什邡举行开工奠基典礼。由于部分群众对该项目不了解、不理解、不支持，担心污染环境，危及身体健康，于7月1日晚到什邡市委和附近广场聚集，经当地干部宣传疏导，聚集群众散去。

事实上，这个项目符合相关规定，也能为当地人民带来实惠，但为什么却遇到反对？关键原因在于当地政府没有及时与群众沟通，没有把道理讲透。据《中华工商时报》报道称，钼铜项目建成投产后，年销售收入将超过500亿元，利税超过40亿元，项目固定用工能解决当地约3000人就业，带动相关产业发展超过400亿元。由引可见，钼铜项目还是一项民生工程，不仅为国家创利，而且解决当地群众就业。此外，《中华工商时报》报道中说，钼铜项目已经通过国家环保部环境影响评估，按照环评要求，钼铜项目的治污设施建设占项目总投资的14%，全部采用国外先进技术，高端的治污设备对工业废弃物的处理将严格控制，最大限度地控制污染。同时，钼铜项目开工建设后，本地环保部门还将在施工现场安装监测设备并配备监测人员，对工程进行全方位观察测评。由此看出，群众担心的环境污染问题其实并不存在。在这个项目中，群众想知道、该知道的问题却不知道，有一种“被蒙着整”的感觉。如果把事情给群众讲清楚，相信群众的眼睛是雪亮的，也能得到群众的理解与支持。

领导干部要想把道理讲透，首先要从思想上尊重群众、感情上贴近群众、工作上依靠群众，拉近与群众的距离，消除与群众的隔阂感，构建和谐的党群、干群关系。群众最服的就是理，而不是权；群众最怕的是理，而不是官。我们办每一件事、做每一项工作，应首先把其中的道理对群众讲清楚、说明白，要善于摆事实、讲道理，把政策讲清，把道理讲明，把利弊讲透，让群众听得进、信得过，消除疑虑，心通气顺，我们的工作才能顺畅，群众才能满意。

第八章

邓小平危机处理智慧与领导艺术

第一节　敢字当头

——不惜一切代价，坚决打过去

1947年8月7日的黄昏，刘邓大军便在100多里宽的广阔地面上，悄悄开始了具有历史意义的千里跃进大别山的战略行动。

蒋介石急急调来整编八五师，经平汉南下，驻守在汝河南岸，全力收缴或砸烂汝河上的所有渡船。8月24日晚，刘邓率指挥部到达汝河北岸，此时前面的敌人火力阻击很猛，后面的追兵距离只有30里。面对这种情况，刘伯承说：狭路相逢勇者胜，杀开一条血路！邓小平要求部队：不惜一切代价，打过去！他们命令部队从即时起，不分白天黑夜，不管飞机大炮、枪林弹雨，片刻不停，强渡汝河。到第二天下午，刘邓大军终于渡过了汝河。

一、不拖延不回避

汝河之战，是挺进大别山途中最关键、最重要的一次战役。刘伯承、邓小平高度评价了汝河战斗，称赞："这一仗打得好！"这场"打得好"的战斗在当时却是危机四伏，稍有不慎，就有可能全军尽溃。

1947 年 8 月下旬，在千里跃进大别山的途中，刘邓率领中原局、野战军直属队在第六纵队的掩护下行进至汝河北岸时，前有阻敌，后有追兵，中间还横着一条正值汛期的汝河，情况万分紧急。23 日夜幕刚降临，邓小平和刘伯承率野战军指挥部赶到汝河边，此时河对面的敌人已加强了防守，后面的敌人同我掩护部队即将交火。敌人企图利用汝河水深、没有船只的情况，拖住刘邓主力，打乱我军进入大别山的战略计划。

能否在最短的时间内抢渡汝河，关系到整个计划的成败，关系到整个战局。在这紧急关头，刘邓马上召集前线指挥员开会，研究部署渡河作战计划。刘伯承在听完敌情介绍后，马上说："情况确实是严重的，如果让后面的敌人赶到，把我们夹在中间，不但影响战略跃进，而且还有全军覆灭的危险。狭路相逢勇者胜，同志们明白吧，从现在起，不管白天黑夜，不管敌人的飞机大炮，我们要以进攻的手段对付进攻的敌人，从敌人的阵地上打开一条血路，冲过去！"随后，刘伯承命令：十八旅从中间杀出一条路，顶住两边敌人，作为野司、纵直的前卫，奋力攻击前进；十六旅保护浮桥，保护大军安全渡河；十七旅继续在左翼迟滞敌军西援。此时，邓小平高声坚定地接着说："听到了吧，情况十分紧急，要不惜一切代价，坚决打过去！"邓小平知道，当天能不能过汝河，将影响到能不能完成党中央和毛主席交给的战略任务。在这种情况下，全军指战员必须团结一致，不惜一切代价，才能获得胜利。

在刘邓的正确指挥下，24 日下午四万余军队全部渡过汝河，沿着先头部队杀出的通道，迅速向南推进，闯过了跃进大别山的一道险关。

面对腹背受敌的危机局面，邓小平不拖延不回避，命令部队“要不惜一切代价，坚决打过去”！终于使全军渡过汝河，冲出包围，暂时转危为安。

战争年代有危机，现在和平年代同样有危机。对于企业，危机像纳税与死亡一样不可逃避；对于政府，危机像会议与换届一样不可避免。企业危机公关，关乎企业生死；政府危机公关，则关乎民生和国际关系。所以，政府要学会危机公关，领导干部要学会处理危机公关。但由于缺乏危机公关的意识与能力，许多领导干部在危机公关中采取了“鸵鸟政策”，一味地拖延与等待甚至躲避，殊不知，这样很容易丧失危机公关的最佳时机，造成危机的扩大，有的甚至上升为群体事件。在危机公关处理方面，韩国政府的做法值得学习与借鉴，他们遇到危机采用的策略就是邓小平的应对危机智慧——不拖延不回避。

2007 年 4 月 16 日（当地时间）7 时 15 分，美国弗吉尼亚理工大学发生了两起校园枪击案。一个名叫赵承熙的韩裔学生身穿童子军防弹衣，携带两把手枪，并身藏无数子弹，先后打死 32 人，最后举枪自杀。布什称枪案令人震惊，全国降半旗致哀。

面对此次事件，不少韩国人认为这将会让韩国在世界尤其是美国的信誉一落千丈，如前华盛顿韩人会会长金永根叹道：“韩国人长期积累的信任瞬间全部崩溃。真不知道今后如何面对向韩国人投来的尖锐目光。事实上，由于韩国政府及时而巧妙的危机公关，事态并没有进一步蔓延。韩国政府没有选择拖延回避，而韩国政府有理由这样做，因为这场连环杀人案的主角虽然是韩国人，但事实上这个韩国人是在美国长大，接受的是美国当地文化的熏陶，韩国政府似乎可以将责任推给美国政府。

但是，韩国政府却没有这样做，而是主动进行危机公关。事件发生后，韩国政府在第一时间发表道歉声明表明他们对这场枪击案的歉意。韩国总统卢武铉不但对受害者家属表示了慰问，还向美国总统布什直接表示了歉意，“对这一悲剧事件感到很震惊。希望能与布什总统和美国国民共同分担这份悲痛……谨向遇难者表示深切的哀悼，并慰问其家属和受伤者以及美国国民……真心希望这次事件能在布什总统的领导下，尽快得到解决，使美国国民早日从悲痛中走出来。”

另外，韩国民间也进行了各种形式的追悼会，以表示他们对无辜死难者的歉意，如韩国首尔广场 4 月 21 日晚举行了“追悼文化祭”，以慰藉受害者的灵魂。

由于韩国政府的积极危机公关，枪击事件后，美国对韩国的积极反应表示理解，并称此事件不会影响韩美关系的发展，也不会出现针对亚裔和社群的敌意行为。32 条无辜的生命因为一个韩国人的暴力行为含冤离世，震惊、愤怒是难免的，如果处理不当，会造成美国人对整个韩国、民族的仇视，甚至排斥、边缘化在美韩国人。韩国政府的高明之处在于他们并没有为政府、韩国辩解，拿出什么“这个凶手虽然是韩国人，但是在美国长大”此类借口为自己搪塞推托，而是坚持道歉先行原则。一再的道歉和哀悼，不能让逝去的生命复活，但可以表明韩国政府的态度，从而得到众人的谅解。如此一来，众人也就不会把这次枪击事件迁怒于韩国政府和韩国民族了。

从韩国处理危机公关的经验可以看出，不拖延与不回避是化解危机公关的两条重要原则。首先是不拖延。“好事不出门，坏事行千里。”在危机出现的最初 12—24 小时内，消息会像病毒一样，以裂变方式高速传播。而这时候，可靠的消息往往不多，充斥着谣言和猜测。政府的一举一动将是外界评判政府如何处理这次危机的主要根据。媒体、公众都密切注视政府发出的第一份声明。对于政府在处理危机方面的做法和立场，舆论赞成与否往往都会立刻见于传媒报道。因此政府必须当机立断、快速反应、果决行动，与媒体和公众进行沟通，从而迅速控制事态，否则会扩大突发危机的范围，甚至可能失去对全局的控制。危机发生后，能否首先控制住事态，使其不扩大、不升级、不蔓延，是处理危机的关键。

其次是不回避。不回避原则就是要求政府勇于承担责任。面对危机事件，政府不能回避责任，而是要敢于面对，组织人员严查事实真相，采取果断措施，控制事态发展，追究主管官员或企业的责任。现在有的官员在突发事件发生的时候想的仍然不是如何及时处置问题，而是如何在第一时间消除对自己个人政绩的不良影响，这必然会导致群众对政府的公信力下降，进而损害政府在人民群众心目中的形象。危机发生后，公众会关心两方面的问题：一方面是利益的问题，利益是公众关注的焦点；另一方面是感情问题，公众很在意政府是否在意自已的感受，因此政府应该站在受害者的立场上表示同情和安慰，并通过新闻媒介向公众致歉，解决深层次的心理、情感关系问题，从而赢得公众的理解和信任。实际上，公众和媒体往往在心目中已经有了一杆秤，对政府有了心理上的预期，即企业应该怎样处理才会让我感到满意。因此政府绝对不能选择“捂盖子”，态度至关重要。

二、敢于打破常规

1973 年，邓小平第三次复出时，毛泽东主持召开中央政治局会议，亲自宣布恢复邓小平的领导职务。毛泽东在会上说：“他呢，有些人怕他，但他做事比较果断”。毛泽东又对邓小平说：“你呢，人家有点怕你，我送你两句话：柔中有刚，绵里藏针。外面和气一点，内部是钢铁公司。”毛泽东对邓小平的评价可谓恰如其分。对于实际生活中出现的一些始料不及的紧急或危急情况，邓小平总能沉着冷静，临危不惧，审时度势，当机立断，不失时机地迅速采取行动，即使需要冒一定风险也决不迟疑。

1975 年，邓小平在主持整顿时，就多次号召领导干部要敢字当头，要不怕，横下一条心，拼老命把国民经济搞上去。所谓不怕，就是不怕再次被打倒。这就意味着要果敢。正如毛毛所说："父亲是一个实干的人，也是一个有魄力的人。凡是在他主持工作的地方，他都能够迅速地打开局面，创造局面。在广西左、右江，在江西的瑞金和会昌，他都是这样，果断、坚定、有组织、有计划地进行工作。这种魄力和能力，不断地因时日和经验而增加。在几十年后，当整个中国的命运掌握在他手中的时候，正是这种魄力和能力，加上那不同寻常的远见卓识，使得他能够为整个的中国，开创一个全新的局面。"①邓小平的南方谈话就是一个典型的例证。

1992 年，中国正处于严峻的国际环境之中。一方面，1989 年春夏之交的政治风波以后，美国等西方国家对我国实行经济制裁，企图达到"和平演变"的目的。中国处于比较孤立的国际政治环境之中。另一方面，东欧剧变、苏联解体，社会主义正处于低潮之中。世界注视着中国，有人希望中国能扛起社会主义的大旗，使北京成为"世界革命的中心"，使中国走上与西方国家对抗的道路。

同时，国内的形势更令人担忧。1989 年春夏之交的政治风波使有人对改革开放产生了怀疑，认为"和平演变"的主要危险来自于经济领域。刚从"阶级斗争"的束缚中解放出来的中国人，仍摆脱不了"阶级斗争"的思维方式，对改革的怀疑进一步发展到了对改革的否定。于是有的人打着坚持四项基本原则、坚持社会主义的招牌来反对改革开放。

面对改革开放陷入的危机，邓小平打破常规，没有留在北京，而是在 1992 年春毅然决定南下，并发表了著名的"南方谈话"。由于广东珠三角和深圳、珠海特区是当时中国对外开放最成功的地区，也是思想最解放、经济发展最活跃的地区，因此邓小平视察南方的根本意义，就是要打破当时笼罩全国的沉闷、困惑、僵化、压抑和"左"的

---

① 邓榕：《我的父亲邓小平》，中央文献出版社 1997 年版，第 50—53 页。

思潮，用这些地区通过对外开放取得巨大成就的事实，呼唤和推动中国改革开放的继续前行。从这个意义上来说，邓小平视察南方是把中国的改革开放由“以改革为主”转变为“以开放为主”的一个重要的历史转折点。自此以后，中国的改革开放就进入了第二个历史阶段——“以开放促改革”的历史阶段。

当前，我国正处于发展机遇期与矛盾凸现期并存的关键时期，各种危机事件无不考验着领导干部的应对处理能力。如何提升领导干部的危机管理能力，是我们党执政发展中必须解决的一个重要课题，也是提高党的执政能力与执政水平的必然要求。

应变能力是一种根据不断发展变化的主客观条件，随时调整领导行为的难能可贵的能力，是复杂的现代领导活动对一个人的素质提出的一条起码的要求，也是确保领导活动获得圆满成功的一个先决条件。面对当前日益频发的公共安全事件，由于事件发生过程的突变性、威胁的严重性、前景的不确定性、后果的连带性以及决策的紧迫性，在当今人们生活以及社会各领域关联度和依存度极高的情况下，如果处理不及时，一场单一因素的危机往往会演变为引发一系列矛盾连续爆发，甚至很有可能影响到和谐稳定发展的大局。因此，提高广大领导干部的应变能力和危机处理能力尤其重要。

领导干部处理危机的应变能力中最重要的能力就是敢于打破常规。一提到处理危机，一些领导干部的常规就是联系警力到现场，要求下级随时报告信息。这些常规方法有时有效，有时却容易激发矛盾。所以，当危机出现时，领导干部要敢于打破常规，如亲临现场，慎用警力，允许越级报告等。亲临现场可以掌握第一手情况，稳定局势。慎用警力可以避免激发矛盾，容易与群众进行沟通。允许越级报告可以做到信息沟通的快捷。由于突发事件的紧急性和危害性，如果再按常规做法，逐级上报信息，就有可能错失处理控制危机的最佳时机。因此，在突发事件的处理中应该允许越级报告。

总之，突发事件的处理，既要敢于打破常规，敢冒风险，又要循序渐进，力争可靠。由于突发事件前途扑朔迷离，加之信息匮乏，又还要求处理迅速快捷，所以对突发事件处理要灵活，有时需要改变一些常规状态下的行为模式，甚至采用一些冒险的做法。在这种情况下，也应该选择稳妥的阶段性控制的决策方案，以保证能控制突发事件的发展，尽可能减少突发事件造成的后遗症。

第二节　凝聚人心

——平冤案、摘帽子畅展民意

到“文化大革命”结束时，被立案审查的干部占干部总数的17%，有75%的中央副部级和地方副省级以上的高级干部被立案审查，受到各种形式伤害和株连的人数高达1亿人。邓小平第三次复出后，为推动冤假错案的平反工作，付出了艰辛的努力，从而为启动改革开放凝聚了人心，顺利实现了我国的改革开放战略。

一、救灾后的“心灵重建”

1976年12月5日，中共中央发出通知，指出：凡纯属反对“四人帮”的人和案件应给予彻底平反。凡不是纯属反对“四人帮”，而有反对毛主席、反对党中央、反对“文化大革命”罪行的人绝不允许翻案。这就延续了以抓阶级斗争搞安定的传统做法。在“纯属”的限定下，平反的主要是案情简单、牵扯面不广的一般性错案，这就使这项头等重要的拨乱反正任务搁在“落实政策”的层面上。由于政治上一系列重要原则不能澄清，对全国有影响的大案、要案的复查和平反工作提不上中央的议事日程，数千万人背着各种各样的政治包袱。民心不顺，党心不顺，严重影响了历史新局面的开拓。

为顺应民心，抚平人民心中的伤口，叶剑英、邓小平、陈云等竭力举荐胡耀邦出任组织部长，主持平冤案、摘帽子工作。

胡耀邦在邓小平、陈云等老同志和广大人民群众的支持下，冲破重重阻力，大刀阔斧地工作，在1977年6月底到1978年底一年半的时间内，平反了大量冤假错案，拨乱反正，取得了显著成效。举其要者如下。

1977年6月30日、7月7日和16日，《人民日报》接连发表文章先后为所谓“三株大毒草”《科学院工作汇报提纲》、《论全党全国各项工作的总纲》、《关于加快工业发展的若干问题》恢复名誉。

1977年12月1日至次年1月15日，全国公安会议揭批了“四人帮”破坏公检法的罪行，肯定“文化大革命”前17年公安工作取得的显著成绩。

中央国家机关平反冤假错案、落实干部政策的工作取得很大进展，到1978年7月，按政策分配和安置中央国家机关干部5344名，占中央和国家机关53个单位原有待分配干部的87.2%，在解放思想、拨乱反正中发挥了带头作用。

1978年10月10日至11月4日，胡耀邦在中组部召开落实知识分子政策座谈会上提出，对知识分子“团结、教育、改造”的方针已经过时，要做好复查和平反昭雪工作，对知识分子要充分信任，放手使用，做到有职有权有责，改善工作条件和生活条件。会后中组部发出《关于落实党的知识分子政策的几点意见》。

1978年11月20日，中组部向中央报送了《关于“六十一人案件”的调查报告》，12月16日，中共中央发布了同意中央组织部《关于“六十一人案件”的调查报告》的通知。在十一届三中全会上，薄一波等“六十一人案”得到平反昭雪。

1978年11月22日，清华大学党委维护党员民主权利，揭穿迟群等人封锁真相、歪曲事实、欺上瞒下的罪恶勾当，公开纠正刘冰等人写“诬告信”这一错案。11 月 23 日，《人民日报》发表《刘冰等给毛主席写信符合党章内容属实》的文章。

1978 年一年，中组部直接办理和复查平反了 130 多名副省长、中央副部长以上干部的大案要案。大批在“文化大革命”中被打倒的中央和地方的领导干部重新走上领导岗位。各条战线的专家、劳模、先进工作者恢复了名誉，逐渐走上了工作岗位。从抓军队整顿到落实干部政策，到 1978 年 11 月底，仅解放军总后勤部就撤销了 113 个假集团案，为 2754 名被迫害的干部群众平反昭雪。①

到 1982 年底，经过全党和全国 60 万从事落实政策的同志的共同努力，全国大规模的平反冤假错案工作基本结束。平反案件的范围涉及各个阶层、职业的人，上至国家元首、开国元勋，下至平民百姓，所平反案件的时间跨度长达半个世纪，前至土地革命时期肃反的历史陈案，后至“文化大革命”结束后“两个凡是”制造的新冤案。

“文革”从某种意义上说是一场“心灵地震”。“文革”结束后，邓小平亲自过问冤假错案的平反昭雪，对新中国成立以来，特别是“文化大革命”的“左”的后果进行了彻底的清理，告慰了无数屈死的冤魂，上千万遭受“左”的迫害的干部群众、1 亿以上的无辜受株连的亲属、子女和其他受牵连的人得到解脱。

二、在危机中凝聚人心

随着十一届三中全会解决了历史上遗留的一批重大问题和一些重要领导人的功过是非问题，党内外越来越多的同志向中央提出，要对刘少奇同志的案件重新进行审查。党中央于 1979 年 2 月作出决定，由中央纪律检查委员会和中央组织部对刘少奇同志一案进行复查。

---

① 程中原：《邓小平为胡耀邦平反冤假错案披荆斩棘》，搜狐网（2014 年 8 月 25 日），http：//history. sohu. com/20140825/n403762175. shtml。

刘少奇同志是我们党和国家的缔造人之一。几十年来，刘少奇同志忠于党、忠于人民，把毕生的精力贡献给了我国的无产阶级革命和建设事业，对我党的建设、对我国的民主革命、社会主义革命与社会主义建设，建立了不可磨灭的功绩。

“文化大革命”初期，刘少奇同志被当做“党内反革命修正主义集团的总头目”和“全国最大的走资本主义道路当权派”，受到错误的批判和斗争。八届十二中全会在党内生活极不正常、不能进行切实讨论的情况下，对刘少奇同志做了完全错误的处理。1969 年 11 月，刘少奇同志含冤病故。这是我党历史上最大的冤案。

邓小平说：“勇于纠正错误，这是有信心的表现。这样全国人民才能心情舒畅，大家向前看，一心搞四化。”在邓小平的推动下，1980 年 2 月，中国共产党第十一届中央委员会第五次全体会议上，经过严肃认真的讨论，一致通过了为刘少奇同志平反的决议，决定撤销党的八届十二中全会枉加给刘少奇同志的“叛徒、内奸、工贼”的罪名和把刘少奇同志“永远开除出党、撤销其党内外一切职务”的错误决议，恢复刘少奇同志作为伟大的马克思主义者和无产阶级革命家、党和国家的主要领导人之一的名誉。并给因刘少奇案件而受株连的数万人平反，彻底纠正了这起新中国成立以来最大的冤案。

据不完全统计，从 1979 年到 1982 年，经中共中央批准平反的影响较大的冤假错案有 30 多件，全国共平反纠正了约 300 万名干部的冤假错案，47 万多名共产党员恢复了党籍，数以千万计的因与这些干部有亲属关系或工作关系而受到株连的干部和群众得到解脱。如此大规模地平反冤假错案，最大的意义在于团结在“文革”中你争我斗的中国人，凝聚了中国人的心，使中国人能“团结一切向前看”，不翻历史旧账，齐心协力投入到现代化建设的伟大事业之中。

纵观中华民族的发展史，我们经历了太多的自然灾害，经受了太多的内忧外患，但是中华民族从未屈服、从未低头、从未被苦难和灾祸所压垮，始终生生不息，不断发展强盛，昂首屹立于世界民族之林。其根本原因在于团结，在于“人心齐，泰山移”。马克思曾说：“我们知道个人是微弱的，但是我们也知道整体就是力量。”中国力量是中华五千年文明发展成果积累叠加而形成的历史穿透力和社会整合力，是同心相向、同道相行而形成的中华民族整体力量，是13亿中国人民在神州大地上团结凝聚起来的伟大力量。这种力量在常态生活中表现为一种韧力、毅力，在灾难突袭时表现为一种拯救力、愈合力。每当国家遭遇区域性、局部性灾难的时候，可以迅速调集全国资源，聚合民众力量，构筑成强大的抵御灾难、抗击灾难、战胜灾难的铜墙铁壁。

“艰难困苦，玉汝于成。”灾难，能够凝聚人心，催生众志成城、自强不息的强大合力。“天灾人祸”，难免会影响我们的生活和发展，甚至给我们带来深重的苦难。然而，伟大的中华民族有着这样的传统，越是在困难的情况下，全党、全国各族人民同舟共济的凝聚力就越强，越是艰险越向前的精气神就越有凝聚力。这样的传统，正是我们实现“中国梦”不可或缺的宝贵精神力量。

各级领导干部是人民的公仆，直接与人民打交道，因此领导干部是凝聚人心的根本力量。那么领导如何才能做到凝聚人心？也许有人说，这个问题很简单，靠手中的权力，靠行政命令。这话没有全错，但显然没有全对。领导干部手中掌握一定的权力，也可发号施令，这是事实，但是要明白手中的权力是谁给的，发号施令是否有效。领导干部手中的权力是人民给的，如果领导干部心中没有人民，不为人民谋福祉，不要说在危机中，就是在平时，他的命令是否有效都是一个大大的问号。领导干部能够凝聚人心，关键不在于手中的权力，而在于领导本身的人格魅力。一个人格高尚的领导干部，必然受到广大干部群众的尊重和信赖。领导干部人品好，说话才有号召力，办事才有说服力。崇敬领导干部的人品，即使再苦再难的事，只要一声号令，群众也心甘情愿跟着干。如果领导干部只是依靠权力，而失去人格的力量，说话无分量，身边无群众，必然指挥失灵，领导不力，无法凝聚人心，必然贻误党和人民的事业。

第三节　安全着陆

——不做中国的赫鲁晓夫

1980年8月21日，邓小平在人民大会堂118厅会见了意大利记者法拉奇。当时在场的只有邓小平、外交部新闻司司长钱其琛、法拉奇、翻译施燕华，还有一名记录员。施燕华在其《我的外交翻译生涯》一书中回忆了这次重要的外事活动。

法拉奇认为赫鲁晓夫反斯大林，是英雄。在这个问题上她与邓小平争论起来。最后邓小平一针见血地回答："我要告诉你，我们决不会像赫鲁晓夫对待斯大林那样对待毛主席！"邓小平指了指法拉奇的笔说，请你一定要把这句话记下来。①

一、坚持四项基本原则

1978年12月，中共十一届三中全会召开。邓小平在此前召开的中央工作会议闭幕会上作了《解放思想，实事求是，团结一致向前看》的讲话，它实际上成为十一届三中全会的主题报告。十一届三中全会不仅重新确立了实事求是的思想路线，确定了以经济为中心的政治路线，重新恢复了正确的组织路线，而且作出了改革开放的伟大决策，从而实现了伟大的历史转折。

1979年初，广大干部和群众从过去盛行的个人崇拜和教条主义

① 施燕华：《翻译回忆法拉奇采访邓小平》，《中外文摘》，2013年第20期。

的精神枷锁中解脱出来，党内党外思想活跃，出现了努力研究新情况、解决新问题的新气象。这是当时国内政治形势的主要方面。但是另一方面，在拨乱反正、解放思想的过程中，特别是在十一届三中全会前后，各种舆论对“文化大革命”和毛泽东、毛泽东思想的议论也出现了错误倾向，一是有人对中共十一届三中全会路线表示怀疑，有抵触情绪，有极少数人甚至散布流言蜚语，攻击十一届三中全会路线；二是极少数人利用党进行拨乱反正的时机，曲解“解放思想”的口号，极端夸大党的错误，否定党的领导，否定社会主义制度，否定毛泽东和毛泽东思想。这股思潮混杂在群众要求平反冤、假、错案的呼声中，随着上访的人流和街头大字报而弥漫。社会上，甚至出现了无政府主义和极端民主化倾向，譬如，提出了“废弃毛泽东思想”、“取消阶级斗争、暴力革命和一切形式的专政”、“中国应该实行资本主义”等口号。还有人成立非法组织，出版非法刊物，还发生冲击党政机关等行为。这些问题在理论工作务虚会上也有反映，这表明有些人在这些重大政治和战略问题上存在糊涂认识。

显然，这些思想认识和理论问题不解决，不可能排除错误倾向的干扰，顺利实现中共中央刚刚确定的全党工作重点转移。针对当时社会上一股怀疑和反对“四个坚持”的思潮，邓小平首先是在1979年3月16日党中央召开的高级干部的大会上，非常明确地指出必须维护毛主席这面伟大旗帜。他说，否定毛主席就是否定中华人民共和国，否定党的整个历史。3月27日，他同胡耀邦、胡乔木等的谈话中说，四个坚持现在该讲了。3月30日，邓小平受中共中央委托在党的理论工作务虚会上作了题为《坚持四项基本原则》的长篇讲话。他在批评怀疑党的十一届三中全会路线的“左”的倾向的同时，着重揭露和批判了某些人以“社会改革”的名义鼓吹资本主义的实质，系统地阐述了实现四个现代化必须坚持四项基本原则的道理。

关于坚持社会主义道路。邓小平说，“只有社会主义才能救中国”，是中国革命历史发展的必然结论。中国的经济、文化等目前比较落后，从根本上说，是帝国主义和封建主义造成的。社会主义革命已经使我国大大缩短了同发达资本主义国家在经济发展方面的差距。社会主义生产的目的是为了最大限度地满足人民的物质、文化需要，由于社会主义的特点，我国人民有共同的政治经济社会理想和道德标准，这是资本主义国家所不可能有的。

关于坚持无产阶级专政。他说，无产阶级专政对于人民来说就是共同享受的社会主义民主。没有民主，就没有社会主义，就没有社会主义现代化。社会主义愈发展，民主也愈发展，这是确定无疑的。但是，对一切反社会主义的分子仍然必须实行专政。没有无产阶级专政，就不可能保卫从而也不可能建设社会主义。

关于坚持共产党领导。他说，没有中国共产党，就没有社会主义新中国。离开中国共产党的领导，谁来组织社会主义的经济、政治、军事和文化建设？谁来组织实现中国的四个现代化？取消党的领导，只能导致无政府主义，导致社会主义事业的瓦解和覆灭。

关于坚持马列主义、毛泽东思想。他说，我们坚持马列主义、毛泽东思想的基本原理和这些基本原理构成的科学体系。毛泽东思想过去是中国革命的旗帜，今后永远是中国社会主义事业和反霸主义事业的旗帜。[①]

在中国启动改革开放的关键时刻，有人提出“中国应实行资本主义”，这不能不让人联想到我们的改革开放性质，如果不解决好人们思想上的疑虑，很有可能会使中国的改革开放夭折。面对这一危机，邓小平果断地提出了坚持四项基本原则的口号，向世人表明：中国的改革开放与现代化建设是社会主义性质的，中国没有丢掉社会主义，中国没有“变色”。

邓小平在接受美国哥伦比亚广播公司（CBS）著名新闻访谈节目《60 分钟》主持人华莱士采访时清楚表明了这一态度。他说：我是个

---

① 《邓小平文选》第 2 卷，人民出版社 1994 年版，第 172 页。

马克思主义者。我一直遵循马克思主义的基本原则。马克思主义，另一个词叫共产主义。我们过去干革命、打天下，建立中华人民共和国，就因为有这个信念、有这个理想。我们有理想，把马克思主义基本原则同中国实际相结合，所以我们才能取得胜利。革命胜利以后搞建设，我们也是把马克思主义的基本原则同中国实际相结合。我们搞四个现代化建设，人们常常忘记是什么样的四个现代化，是社会主义的四个现代化。这就是我们今天做的事。

改革开放以来，我们党在坚持以改革开放来解放和促进生产力发展、提高人民生活水平和综合国力上，取得了世人瞩目的成就和丰富的经验；在对于发展的内涵理解上，也从原来强调生产力发展，逐步深化与丰富为包括经济、政治、文化、社会、生态文明、党的建设的科学发展，对实现以社会主义现代化为目标的中心工作起了重要的指导作用。在坚持四项基本原则方面，既有顶住了资产阶级自由化进攻的宝贵经验，也存在“一手硬、一手软”问题，还有在不断改革开放发展过程中和复杂多变的国际环境中，随着经济基础的深刻变化而导致的意识形态领域的变化、社会矛盾的复杂化，以及在准确地判断形势，理清矛盾与问题，贯彻落实好坚持四项基本原则方面能力不足的问题。

习近平同志敏锐地发现这一问题，重新强调广大党员特别是领导干部要始终坚持四项基本原则。2012 年 3 月 16 日，习近平同志在《求是》发表文章指出：“领导干部要带头保持党的纯洁性。”习近平认为，领导干部带头保持党的纯洁性，体现在政治上，就是要求各级党组织和广大党员、党的领导干部必须坚决执行党的纲领、章程和路线方针政策，在社会主义初级阶段必须坚持以经济建设为中心、坚持四项基本原则、坚持改革开放的基本路线，坚决抵制和反对一切违背党的基本路线的错误政治倾向。

因此，作为领导干部一定要保持清醒的头脑，不要认为经济工作就是工作的全部，在发展经济的过程中，渐渐地遗忘了发展经济的真正目的，把四项基本原则抛在脑后。对此，邓小平早有提醒：“我们采取的所有开放、搞活、改革等方面的政策，目的都是为了发展社会主义经济。我们允许个体经济发展，还允许中外合资经营和外资独营的企业发展，但是始终以社会主义公有制为主体。社会主义的目的就是要全国人民共同富裕，不是两极分化。如果我们的政策导致两极分化，我们就失败了；如果产生了什么新的资产阶级，那我们就真是走了邪路了。”①

二、让突发危机安全着陆

毛泽东是中国共产党的创立者之一，是中国解放军的缔造者，是中华人民共和国的创建者，是工农劳苦大众的大救星。毛泽东思想是我党、我军、我国建设的指导思想，是马克思主义与中国革命实践的产物。在中国共产党的第七次全国代表大会上就确立了毛泽东思想的指导地位，党的十一届六中全会《关于建国以来党的若干历史问题的决议》对毛泽东的功过早有定论。

“文革”结束后，邓小平提出实事求是、解放思想，但有人却思想解放得没有边际，他们认为毛泽东晚年犯过错误，主张丢掉毛泽东思想，甚至还有人主张像苏联否定斯大林那样全盘否定毛泽东思想。

在十一届三中全会前后，社会上极少数人，利用解放思想、拨乱反正的机会，借解决由于“文化大革命”中形成的知青回城问题、冤案错案平反问题和一些经济要求问题为由头，煽动闹事。一些人鼓吹资产阶级的自由化，散布怀疑以至否定社会主义道路、无产阶级专政、共产党的领导和马列主义毛泽东思想的思潮，严重影响安定团结的局面和工作重心的转移。面对这样的形势，邓小平于 1979 年 3 月 30 日在党的理论工作务虚会上发表了《坚持四项基本原则》的讲话，着重对怀疑或反对四项基本原则的思潮进行了旗帜鲜明的、历史具体

① 《邓小平文选》第 3 卷，人民出版社 1993 年版，第 110—111 页。

的、充分说理的批驳。

邓小平却不能容忍毛泽东落得斯大林的相似结局。他坚决反对全盘否定毛泽东，他不是赫鲁晓夫，不会为一己之私否定历史、否定毛泽东的个人能力及其卓越功绩，于是他决心寻找一条中间道路，找一个各方均可接受的路线。他在会议上不止一次强调，毛泽东的思想和毛泽东的个人是两回事，就如同作为神坛上的毛泽东和作为政治家的毛泽东是两回事一样。他可以避免犯晚年毛泽东的错误，但是他需要学习“文革”前的毛泽东，毛泽东思想更是一面旗帜，没有毛泽东思想，新时代又将以何种理论去继承和发展?

再者，邓小平用心良苦地提出的“实事求是”这一理论，原本也是由毛泽东早年阐述过的。20 世纪 30 年代，毛泽东曾经以此作为对抗共产党内部教条主义统治的武器，击败了王明、博古。当然，开创邓小平的时代与打破对于毛泽东的个人崇拜是不能分离的，怎么办?仍需要实事求是。他对其他重要领导人解释说，“毛主席的思想是集体的智慧。这一点是不可否认的。”

邓小平反复告诫党内同志：“毛泽东思想这个旗帜丢不得，丢掉了这个旗帜，实际上就否定了我们党的光辉历史。”他对毛泽东思想作出极高的评价，他说：“毛泽东思想过去是中国革命的旗帜，今后将永远是中国社会主义事业和反霸权主义事业的旗帜，我们将永远高举毛泽东思想的旗帜前进。”①

邓小平的讲话有力地遏制了反对毛泽东思想的右的思潮，形成了比较完整的评价毛泽东和毛泽东思想的基本原则。邓小平区别不同对象，就中国共产党正确评价毛泽东和毛泽东思想的问题作了介绍、说明和解释，以消除外界对中国的不利猜测。

邓小平对澳大利亚外长说：世界上有人议论，说我们搞“非毛化”。我们没有搞“非毛化”。我们坚持毛泽东思想，但毛主席在晚

① 《邓小平文选》第 2 卷，人民出版社 1994 年版，第 172 页。

年确实有很大的错误，也要讲清楚。讲清楚的好处是可以教育我们的人民和后代，也教育我们自己。但毛主席的历史功绩不能抹煞。既然我们坚持毛泽东思想，怎么能说是“非毛化”？

邓小平坚持毛泽东思想、高举毛泽东思想旗帜的理论与实践化解了中国在改革开发初期的“非毛化”危机，为改革开放赢得了合法性与人民群众的支持。对此，习近平给予了高度评价。习近平曾指出，“如果当时全盘否定了毛泽东同志，那我们党还能站得住吗？我们国家的社会主义制度还能站得住吗？那就站不住了，站不住就会天下大乱。所以，正确处理改革开放前后的社会主义实践探索的关系，不只是一个历史问题，更主要的是一个政治问题。建议大家把《关于建国以来党的若干历史问题的决议》找出来再看看。”①

“文革”结束后的“非毛化”思潮如果不加以化解，必然会引起人们思想的混乱，对改革开放产生巨大的反作用力。从现代公共管理学观点看，当时的“非毛化”思潮就是一起典型的舆情危机，邓小平凭借政治家的敏锐，成功地化解了这一危机。

当前，我国正处在经济社会转型期，各种思想激烈交锋，利益博弈复杂敏感，各种矛盾问题集中凸显。另一方面，互联网、手机媒体的快速发展和普及，人人都是“麦克风”，信息传播及舆论生成表现出前所未有的便捷性。基于自媒体的这一特点，公众表达自我利益诉求和参与社会管理的热情之高、力度之大前所未有，这也推动了突发事件的爆发概率和频率，政府舆情应对任务日益艰巨繁重。

突发事件后往往很容易受到媒体聚焦和网民关注，特别是与民利益相关的重大突发事件，舆论关注度会在短时间内出现暴增，此时政府的一举一动都处在舆论聚光灯下，迅速成为公共热点。此时，如果政府事件处置不当，就会再生舆情，推波助澜，让自己陷入舆论漩涡。而舆情应对失误，则会平添质疑，助长谣言，干扰事件处置，损

① 习近平讲话稿：《全盘否定毛泽东会天下大乱》，陕西传媒网（2014年9月29日），http：//www.sxdaily.com.cn/n/2014/0929/c142－5523646.html。

害政府形象和公信力。那么，当遭遇突发事件，政府该如何应对化解舆情危机呢？总结邓小平化解危机的经验，我们不难发现，要做好突发事件舆情应对工作，需要遵循“及时准确、公开透明、规范有序、科学适度”四个方面的原则。

有研究表明，突发事件舆情处置讲求黄金4小时原则，事件发生4小时内可能被大量转发，24小时内就能成为舆论焦点。如果此时政府部门不及时发布权威信息，争夺舆情引导先机，正确有效引导舆情，那各种谣言、虚假信息就会在公众质疑声中不断被放大传播，误导社会公众，导致事态扩大，把舆情危机推向高潮。

因此，当突发事件发生后，政府部门必须第一时间赶到事发现场，了解事件情况，第一时间跟踪研判舆情，设置传播议程，组织权威评论，坦诚对待公众，回应社会关切和质疑，与公众展开平等对话互动，及时展开调查，进行问责处理。只有在事件处理整个过程中，政府部门都做到了快速反应、及时行动、坦诚处置，才能稳定公众的不满情绪，避免谣言和虚假信息流传，控制事件处置的话语权，赢得舆情引导主动权。

突发事件发生后，公众往往非常关心事件发生的原因、造成的损失、涉及哪些责任等等消息，并基于社会监督的热情容易对事件进展发出质疑，这时如果政府部门不及时公开相关情况，一些捕风捉影的小道消息就有了生存的土壤，谣言和虚假信息就会充斥网络，给突发事件处置和政府声誉、公信力带来负面影响。

事实上，一些害怕“家丑外扬”的地方官员，却总是喜欢千方百计压制媒体报道突发事件，删除网友言论，甚至采取威胁、恐吓、殴打拘捕等暴力手段阻止公众和媒体显示监督职能。而其结果则往往是越打压，就会吸引越多的媒体和公众参与监督曝光，事件关注度越高，而暴力应对手段则招来更多的批评，舆情危机出现二次爆发。因此，遭遇突发事件，政府要做的不是打压，而是主动、全面、高频次、多渠道把事件信息发布出去，才能满足媒体报道需求和公众知情欲望，赢得舆情引导主动权。

在突发事件中，政府一方面要严格按照法律法规和政策行事，树立自身良好的公信力；另一方面，还要坚持有序引导的原则，以客观理性的处置方式，回应社会上特别是网络上出现的虚假、不实信息和传闻，引导舆情朝着正面、理性、平和的方向发展，实现法律效果和社会效果的统一。

因此，在政府处置突发事件时，必须考虑普通民众的心理认知，依据社会常识常理对事件进行妥善处置。一旦合法性和合理性有冲突，应当充分考虑公众的情绪和心理承受能力，在不损害法律权威的情况下，灵活安抚舆论情绪，避免随意定性引发舆情危机再生。

在突发事件舆情引导过程中，政府部门要注意遵循新闻传播规律，坚持科学适度的引导原则。首先，回应舆论话不要说得太绝对。突发事件后，在面对媒体表态时说话要留余地，以免授人以柄，陷入舆论被动。其次，面对民意要求，不应过度承诺。有些情况下，为了安抚公众情绪，一些官员在与公众互动中容易对媒体做出过度承诺，而一旦承诺无法兑现，结果就会使自己陷入被动，承受更大的舆论压力，付出更大代价。

第四节　力挽狂澜

——邓小平“文革”复出后的大整顿

1975年，邓小平领导了对各方面工作的整顿，使全国形势明显好转。当年国民经济由停滞下降迅速转向回升，工农业总产值比上年增长11.9%，与1974年仅增长1.4%的状况形成鲜明对照。其中，1974年生产严重下降的钢、原

煤、棉纱及铁路货运量等都有大幅度的增长。与此同时，科学、教育、文艺等领域开始打破严重沉寂混乱的局面，出现了新气象。

在这次大整顿中，各级党的领导，尤其党对军队的领导得到加强，各条战线的生产、工作秩序逐渐好转，许多地区的严重派性和武斗受到抑制，落实干部政策及其他方面政策的工作取得较大进展，全国的社会秩序逐渐趋向安定团结。①

一、找准危机的“病灶”

1975 年初，“文化大革命”进入了第 9 个年头。当时，“批林批孔”运动的开展再次造成了全国形势的严重混乱。“四人帮”加紧进行篡党夺权活动，国家的政治局势十分严峻。然而，由于党和人民的抗争，也由于毛泽东态度的某种变化，在 1 月召开的四届人大上，“四人帮”“反周组阁”的阴谋遭到了失败。这次大会不仅选出了以周恩来、邓小平为核心的国务院人选，而且在时隔 10 年之后重新提出了实现四化的宏伟目标，受到全国人民的热烈欢迎。四届人大后周恩来病重，邓小平在毛泽东支持下主持中央日常工作。正是在这样的情况下，邓小平等同志挺身而出，开始对全国各方面的工作进行整顿，消除“文革”所造成的混乱局面，一度使全国形势明显好转。

由于“文革”的影响，当时全国各方面都已陷入混乱的局面。正如邓小平在“全国农业学大寨”会议讲话中指出的那样：“军队要整顿，地方要整顿，工业要整顿，农业要整顿，商业也要整顿，我们的文化教育也要整顿，科学技术队伍也要整顿。文艺，毛主席叫调整，

---

① 《邓小平与一九七五年的全面整顿》，中国网（2009 年 9 月 9 日），http：//www. china. com. cn/aboutchina/txt/2009 –09/09/content_ 18495514_ 3. htm。

实际上调整也就是整顿。”

面对全国性的危机，邓小平没有“胡子眉毛一把抓”，而是先找准“病灶”，再对症下药。邓小平领导的全面整顿是从当时严重混乱的工业交通的整顿开始的，铁路运输的整顿正是工业交通整顿的突破口，而徐州铁路的整顿在整个铁路系统整顿中时间最早、影响最大，并在全国各行各业的整顿中起了积极的带头作用。

当时，全国正在搞“批林批孔”运动，大多铁路部门都在进行政治运动，运动中又引发了派性，出现了极大混乱，派性斗争十分激烈。徐州、南京、南昌等铁路局发生了运输堵塞现象，严重阻碍了津浦、京广、陇海、浙赣四条大干线的运行，积压的货物堆积如山，旅客列车经常晚点。铁路的混乱直接危及工业生产和城市人民生活，也使许多城市发生了混乱。邓小平决心抓住铁路这个影响大局的全国经济薄弱环节进行整顿。为此，邓小平经请示毛泽东同意，于 1975 年 2 月 25 日至 3 月 8 日在北京召开了全国工业书记会议，专门研究解决整顿铁路问题。

在全国工业书记会议基础上，中央于 3 月 5 日做出《关于加强铁路工作的决定》，经毛泽东同意后，作为中央“9 号文件”下发。这个决定的主要内容是：改进铁路管理体制；建立健全必要的规章制度；加强组织纪律性，确保运输安全正点，同各种破坏行为作斗争。会后，铁道部部长万里率领工作组，先后去徐州、太原、郑州、长沙等地，贯彻中央“9 号文件”，对问题严重的路局进行了重点整顿。经过两个多月的整顿，打乱了派系组织，撤职、调动了各路局中的派系“头头”，恢复了必要的规章制度，建立了生产秩序。到 4 月份，过去严重堵塞的铁路全部疏通，全国 20 个路局有 19 个超额完成了国家的计划，全国铁路平均日装车数创造了历史最高水平，列车正点率大为提高。铁路的整顿带动了全国工业生产的好转。1 至 4 月份，全国工业总产值比 1974 年同期增长 19.4%。

面对危机时，许多人总是惊慌失措。而邓小平总是冷静面对，先进行周密思考，找到危机的根源，然后制定策略进行应对。

社会转型是整个社会系统的一种结构性变迁，是旧平衡的打破和新秩序的建立。在转型的过程中，突发事件、公共危机可能成为一种常态。因此，在社会转型期，怎样以更宽广的视野来认识和解决公共危机问题，需要作更深入广泛的思考，其中构建公共危机应急预防体系，切实提高公共危机管理能力是一个非常重要的方面。

我们知道，自人类社会诞生以来，就面临着各种各样的危机，可以说，人类社会的发展历程就是不断回应各种危机挑战的过程。目前各种公共危机事件严重威胁着人类的生命安全和社会稳定。为此应当加强应急救援工作，切实保护人身财产安全。

全球化加速了风险社会的蔓延。1986 年，德国著名社会学家乌尔里希·贝克在《风险社会》一书中第一次提出“风险社会”一词，并认为：“风险可以被界定为系统地处理现代化自身引致的危险和不安全感的范式，风险，与早期的危险相对，是与现代化的威胁力量以及现代化引致的全球化相关的一些后果。”吉登斯在《现代性的后果》一书中这样描述：“核战争的可能性，生态灾害，不可遏制的人口爆炸，全球经济交流的崩溃以及其他潜在的全球性灾难，为我们每个人都勾画出了风险社会的一幅令人不安的危险前景。”进入 21 世纪以来，经济发展步伐日益加快，全球化浪潮席卷全世界，我国也不可避免地卷入其中。全球化时代的风险是不可预测的，并且任何一国范围内的政治、经济与社会性危机都可能波及其他国家。比如，暴发于墨西哥的甲型 H1N1 流感就向全世界蔓延。而且，风险不仅限于现在，尚未出生的人或未来数代的人都可能受到当前事件的危害。风险社会的到来，使得危机发生的数量增加，危机发生的领域扩大，危机防控的难度加大。如何应对风险社会中的危机是政府公共服务的紧迫任务之一，提高公共危机处置能力是领导干部急需提高的能力之一。

面对突发性、紧迫性的公共危机，领导干部必须迅速决策，但却不能盲目决策，否则有可能使事态扩大。因此，在公共危机发生后，领导干部必须根据自己所掌握的有限信息，依赖专家的意见和自己的经验，迅速找到危机的根源，运用智慧进行迅速决策。

对领导干部来说，能否在公共危机管理中迅速决断，首先，要广泛涉猎政治、经济、文化、军事、科技等各方面的知识，不断提高对事件的认知水平。当一个事件发生时，能在最短的时间内准确甄别其究竟是普通事件还是危机事件，或者普通事件有没有转化为危机事件的可能。其次，要实事求是地对公共危机的各个方面、各个层次、各个过程的基本矛盾进行多角度的理性思考，找准事件发生的根源，预测事件的发展变化，抓住主要矛盾和矛盾的主要方面，按照轻重缓急的原则进行科学处理，以免因找不到关键点和突破点而造成局面失控。再次，在处理公共危机过程中提出的目标要求、采取的方法步骤、出台的措施规定，必须与相关的法律法规相适应，与党和国家的大政方针相符合。这样，既能准确运用政策法规的约束性来规范自己和下属的言行举止，又能利用法律政策的强制性去说服教育、化解矛盾、平息事态，否则就会事与愿违，越搞越糟。需要强调的是，在面对危机时必须遵循内在规律，根据危机的不同类型、不同特征、不同表现方式，充分借鉴外地成功经验，运用现代化的管理理论和管理手段，创造性地开展各项工作，将公共危机引入“预定轨道”，达到实施有效控制的目的。

二、面对危机敢于硬碰硬

1975 年 1 月，邓小平担任中共中央副主席、国务院副总理、中央军委副主席兼总参谋长等四个领导职务，在毛泽东和周恩来、叶剑英支持下，大刀阔斧地领导各方面的整顿，只短短八九个月，就取得了显著的成效，使中国从“文化大革命”持续动乱中解脱出来，逐渐恢复正常的生产秩序、工作秩序、社会秩序。邓小平 1975 年领导的整顿，为什么能够在短短八九个月内取得如此辉煌的成就呢？在诸多因素中，邓小平卓越的领导智慧与领导艺术是重要因素，其中一点就是敢于碰硬。

在整顿过程中，邓小平提倡敢字当头，横下一条心，不怕再次被打倒；提倡老虎屁股偏要摸。这种义无反顾、敢于碰硬的大无畏精神，是制胜的法宝。

邓小平在听取张爱萍、钱学森等汇报国防科委工作和七机部整顿情况时说：你们要勇敢地干工作，不要怕说错话。只要你们大胆工作，错了我们负责！对那些继续搞派性的人不能等了。我们决不能拿党和国家的利益去等那么几个人。不管你是“915”“916”，不管你是四五十年的老资格，还是年轻的新干部，凡是继续搞派性的，老虎屁股都得摸！

在1975年5月21日国务院会议上，邓小平讲到反对派性时提出：如果闹派性严重而又不改正的就坚决调开。张春桥当场非难：不行，再出来怎么办？邓小平立即反驳：凡是严重闹派性的，有一个调开一个，再出一个再调一个，一天调一个，一年调365个。

1975年10月4日，邓小平在农村工作座谈会上，运用国务院政治研究室提供的、“四人帮”掌握的报刊上砍掉“百花齐放”的材料，揭露“四人帮”割裂毛泽东思想的严重问题。他指出：“割裂毛泽东思想这个问题，现在实际上并没有解决。比如文艺方针，毛泽东同志说，要古为今用，洋为中用，百花齐放，推陈出新。这是很完整的。可是现在百花齐放不提了，没有了，这就是割裂。”没有邓小平这种与“四人帮”无私无畏地针锋相对作斗争的精神，1975年整顿的顺利开展是不可能的。

习近平总书记履新后，举起反腐败的大旗，是因为腐败是一场严重的危机，而且是关系到国家政权与政党安危的大危机。习近平曾说过，“‘物必先腐，而后虫生。’近年来，一些国家因长期积累的矛盾导致民怨载道、社会动荡、政权垮台，其中贪污腐败就是一个很重要的原因。大量事实告诉我们，腐败问题越演越烈，最终必然会亡党亡国！”①

自从有了吏治，就有了腐败。它如同跗骨之蛆，啃食掉了多少盛世王朝的天朝上国之梦；它如同百足之虫，总是能够死而不僵。近年来，我们党内发生的严重违纪违法的案件，其性质恶劣程度惊人，政治影响极坏，实在令人愤懑不已。当前，弥漫于市井之间的“仇富”“仇官”心理也不是没有源头，其实，人们仇恨的不是富人，而是不公，仇恨的不是官员，而是贪腐。

作为反腐战线上的“铁面包公”，纪检干部可谓任重而道远。纪检干部对待腐败要敢于动真碰硬，树立鲜明的反腐旗帜，不给任何违纪违法行为斡旋的余地，要更加科学有效地防止腐败，保证党员干部队伍的清正廉洁，实现干部清正、政府清廉、政治清明的奋斗目标。

孔繁森同志曾经说过，“对待腐败现象和不正之风，不能像泥瓦匠一样和稀泥，也不能像木匠一样睁一只眼闭一只眼，而要向铁匠那样敢于硬碰硬。”对于腐败的官员，不论职务大小、来头大小、靠山大小，都要动真碰硬，打铁要用力、用心。

“正人先正己”，纪检干部还要以身作则，才能腰板硬。既要严于律下，又要严于律己，不允许自己搞特权，才能够有底气挑战特权。对于一切敢于挑战党纪国法尊严的行为，都要严惩不贷，绝不手软，成为腐败分子的克星。

---

① 徐元宫：《腐败越演越烈致亡党亡国》，中国共产党新闻网（2012 年 12 月 27 日），http：//theory. people. com. cn/n/2012/1227/c49150－20030406. html。

第九章

邓小平谈判交往智慧与领导艺术

第一节　针锋相对

——主权问题是不可以讨论的

1982年9月，撒切尔夫人正式访华，开始与中国政府就香港问题展开正式谈判。撒切尔夫人按照事先设计好的方案，摆出强硬姿态，打出“三个条约有效”和“维护香港繁荣稳定离不开英国”这两张牌，坚持三个条约必须遵守。邓小平寸步不让，针锋相对。他毫不含糊地指出：“中国在这个问题上没有回旋余地。坦率地讲，主权不是一个可以讨论的问题。现在时机已经成熟，应该明确肯定：1997年中国将收回香港。就是说，中国要收回的不仅是新界，而且包括香港岛、九龙。”

一、原则性问题绝不让步

1982年9月24日，在北京人民大会堂，邓小平会见了素有“铁娘子”之称的英国首相撒切尔夫人。双方就香港问题进行了会谈。

“钢”与“铁”相遇，难免发生铿锵碰撞。会谈一开始，“铁娘子”就先发制人，打出了她早已准备好的第一张牌——“主权牌”。她胸有成竹地说：“有关香港的3个条约，白纸黑字写在那里，任何人都不能抹煞这一事实。既然这些条约仍然存在，那么就必须得到遵守。如果中国收回香港，就会对香港带来灾难性影响，破坏香港的繁荣。”

邓小平斩钉截铁地说：“香港是中国的领土，我们一定要收回来的!”

邓小平向撒切尔夫人表示：“我们对香港问题的基本立场是明确的，这里主要有三个问题。一个是主权问题；再一个问题，是1997年后中国采取什么方式来管理香港，继续保持香港繁荣；第三个问题，是中国和英国两国政府要妥善商谈如何使香港从现在到1997年的15年中不出现大的波动。”说到香港的主权归属，邓小平毫不含糊地指出：“中国在这个问题上没有回旋余地。坦率地讲，主权不是一个可以讨论的问题。现在时机已经成熟，应该明确肯定：1997年中国将收回香港。就是说，中国要收回的不仅是新界，而且包括香港岛、九龙。”中国和英国就是在这个前提下进行谈判的，商讨解决香港问题的方式和方法。在此，邓小平重申了新中国成立以来始终不承认19世纪三个不平等条约的一贯立场。

邓小平告诉撒切尔夫人，收回香港，是全中国人民乃至全世界人民的意愿。“如果不收回，就意味着中国政府是晚清政府，中国领导人是李鸿章!”

这是中英双方在香港问题上进行的最关键的一次会谈和较量，后来邓小平称之为“定调子”的会谈。第一，中国决心按照“一国两制”的设想，于1997年收回整个香港地区，主权问题不容谈判；第二，希望中英合作实现平稳过渡；第三，如谈不成，中方将单独采取行动；第四，如出现动乱，就将采取非和平方式提前收回香港。

会谈结束后，撒切尔夫人“落寞地从门口走出，脸色凝重”。她步下大会堂北门石阶，抬眼望见右下方的记者，突然绽开笑脸，转过头来向记者示意，努力地使自己表现出镇定。当她继续往下走时，高跟鞋与石阶相绊，使身体顿失平衡，栽倒在石阶下，皮鞋、手袋也被摔到了一边。幸好她已将至平地，摔得不重。在一旁的随员及工作人员立即上前将她扶起。撒切尔这一跤，可以看得出锋芒毕露的她与绵里藏针的邓小平第一次交手的失败。这次会谈虽然在结束后发表的联合公报中，双方没有做出任何实质性承诺，但是为中英日后旷日持久的关于香港前途问题的谈判定了基调，这就是：中国无论如何将在1997年收回整个香港地区。

尽管撒切尔夫人受丘吉尔影响极深，坚持“鲜明的传统保守主义哲学和强硬的经济政策”，这位在政坛上的“铁娘子”，在一生叱咤风云的邓小平面前，却显得柔弱无力。她没想到邓小平在香港主权问题上的立场会那么坚定，毫无通融余地。她心中不由得充满失望和痛苦，回去后对驻华大使柯利达说：“他（邓小平）这个人好冷酷无情呀！”①

邓小平的“冷酷无情”是对国家与人民的热爱，在有关国家利益方面绝不含糊，这是邓小平的又一政治智慧。作为领导干部，不可避免地要出面与各方面进行谈判交往，在谈判交往过程中，要时刻考虑国家与人民的利益大局利益与长远利益，切不可因短期利益甚至个人私利轻易作出原则性让步。

招商引资是拉动一个区域经济快速发展的强大引擎，坚定不移地

---

① 新华社香港分社原社长周南口述：《香港回归谈判揭秘》，《沈阳晚报》，2007年6月1日。

走科学型、增量型、吸纳式发展道路是优化区域产业结构的有效途径，这是被成功实践所证明的一条真理。然而，在招商引资的过程中，有少数地方领导干部只注重眼前利益而忽视长远利益，把追求短期利益最大化作为目标，在涉及环境保护等原则性问题上作无原则的让步，导致一些对环境破坏严重的企业落户，给当地的环境与人民群众生活带来极大的负面影响。

环境保护是招商引资谈判过程应坚持的原则与底线，是衡量招商引资质量和水平的重要指标。良好的生态环境不仅是支撑一个地方经济社会发展必不可少的条件，也是吸引外资的重要平台和资源。无视环保的招商，从表面上看，虽然也能拉动 GDP 的短暂增长，给地方经济带来一时繁荣，但从长远看是得不偿失的。大量事实证明，“先污染后治理”、“边污染边治理”的老路根本行不通。污染一个地方往往仅需几年或数月，但治理起来所需的时间要长得多，所需的成本也要比污染企业带来的收益高得多。不仅如此，环境污染还直接危害群众健康，影响生活质量和幸福指数，影响干群关系和社会安定，影响地方形象和发展后劲。因此，在招商引资的谈判过程中，切不可因小失大，轻易作出无原则的让步，那种“捡到篮子里都是菜”的做法是非常有害的。

守住环境保护这条底线，必须牢固树立科学发展观和正确的政绩观，决不能片面追求 GDP，而把经济发展与环境保护对立起来；决不能为了追求所谓招商引资的“政绩”，而不惜冲破政策“红线”；决不能为了短期利益，轻易放弃环境保护要求。各地领导干部要把环境保护作为建设招商大平台的原则性要求，提高项目准入门槛，严把环保审批关，决不把降低环保门槛作为招商引资的优惠条件，尤其对那些不符合国家产业政策、环保法律法规和产业转移项目审批要求的项目，即使投资金额再大、税收贡献再多，也要敢于说“不”，坚决拒之门外。在这方面，各地领导干部要有邓小平的大气魄，敢于说：“环保问题不是一个可以讨论的问题。”

二、坚持原则同时照顾灵活

香港是中国的领土，旧中国一切卖国条约已被废除，新中国随时有权收回香港。可邓小平没有这样做，而是决定通过谈判方式解决。这主要是基于香港自身的繁荣稳定及其对国内四化建设的影响考虑的。

邓小平是“钢铁公司”，撒切尔夫人是“铁娘子”，钢对铁的谈判自然没有结果。这次谈判过后，邓小平在坚持中国主权的原则下，提出一条灵活性的解决方案，那就是“一国两制”。邓小平在与撒切尔夫人会谈中还进一步表示，中国收回香港后，对香港实行“一国两制”，让香港继续保持现行制度至少50年不变。

1983年7月12日，撒切尔夫人再次访华，两国代表团开始第二阶段的会谈。此后，中英双方共进行了22轮会谈。1984年9月，中英双方终于就香港问题达成一致，确认中国于1997年7月1日起对香港恢复行使主权。

1984年12月19日，邓小平在会见撒切尔夫人时指出：谋求解决香港问题只能是中、英、港三方都接受的方式，只能是“一国两制”。此后，这一提议逐步地为英方所接受，逐步地变为现实。同日，中英两国政府签署了《关于香港问题的联合声明》。邓小平在坚持恢复对香港主权的前提下，提出一些作出灵活让步的政策，即香港可以继续实行资本主义制度及原来的生活方式，既考虑到英国的态度，又照顾到了香港人的感受，从而达到谈判协议，通过谈判方式收回了香港。对此，撒切尔夫人说：“一国两制”是最富有天才的创造，是充满想象力的构想，是解决香港问题的关键。

邓小平如果不作出灵活性让步，中英谈判肯定会陷入僵局，这样对中国并没有好处，所以邓小平提出“一国两制”的主张，实行一个国家两种制度，即香港回归中国后，“马照跑、股照炒、舞照跳。”

原则性和灵活性是谈判中不可或缺的两个方面。没有原则，在谈判中就很容易迷失自己，很容易在一些关键性的问题上放松警惕，自己的底线被突破，从而使自身的利益受到损害。同时，没有灵活也是不可以的。缺少灵活，就会让谈判对手感觉到生硬和不近人情，缺少灵活就会在遇到一些突发问题和突发情况时感觉手足无措，使谈判僵局而无法自拔。可以说灵活性和原则性是谈判成功的保证，这两个方面侧重角度不同，但是缺少任何一个方面，谈判最终都是难以成功的。

原则性和灵活性是辩证统一的，只有很好地将这两个方面巧妙结合起来，在原则性的指导下解决具体实际问题，在坚持根本利益的原则基础上，精确地把握主次矛盾，在谈判中灵活地运用一切谈判手段，在次要矛盾上要懂得变通和适度让步，才能获得最终的谈判胜利。

《孙子兵法·军争篇》曰：善用兵者，避其锐气，击其惰归，此治气者也。以治待乱，以静待哗，此治心者也。以近待远，以逸待劳，以饱待饥，此治力者也。无邀正正之旗，勿击堂堂之阵，此治变者也。懂得权变，懂得以柔克刚，刚柔相济，坚持原则性与灵活性的协调统一，对谈判具有极其重要的指导作用。

谈判中不可避免因为立场和利益的缘故而产生分歧，使谈判陷入僵局，因此，谈判中让步是必要的。当然，让步在谈判中不是目的，而是一种手段，让步的目的是要灵活地实现自己的利益，使谈判朝着有利于自己的方向发展。让步是一种策略和艺术，在让步中不能损害根本利益，要有一定的原则。

坚持原则，这是谈判的出发点，但原则性必须与灵活性统一起来。原则是前提，不能让步，因为放弃原则就意味着丧失立场。但原则性要通过灵活性才能保证落实，没有灵活性也就没有原则性，两者是一个辩证的统一体。中国收回香港，正是邓小平谈判的原则性和灵活性合璧的光辉结晶。

但是，在谈判过程中，灵活不等于不坚持底线，灵活是在具体的细节问题上采取的随机应变的态度和方法；原则也不等于死板，原则是一场谈判得以很好进行的保证。灵活应该在原则的指导下发挥优势，同样在讲究原则的时候也不能忘记具体问题应该具体分析。

第二节 独立自主

——中国的事情要按照中国的情况来办

无论革命、建设还是改革，道路问题都是最根本的问题。邓小平参与和领导了党在不同时期探索道路的艰辛实践，积累了丰富经验和深刻认识。因此，他提出中国特色社会主义这条道路，一开始就是同“走自己的道路”这个历史经验及其带来的高度自信紧密联系在一起的。他的原话是：“走自己的道路，建设有中国特色的社会主义，这就是我们总结长期历史经验得出的基本结论。”

邓小平的这段话，言简意赅，既表明了中国共产党坚持独立自主、走自己的路的严正立场，也表明了一位为中国革命和国际共产主义运动奋斗半个多世纪的老战士对独立自主问题的深沉思索和明智决断。“独立自主才真正体现了马克思主义”。①

① 《邓小平文选》第3卷，人民出版社1993年版，第191页。

一、独立自主与对外开放

自1978年底党的十一届三中全会作出对外实行开放的战略决策以来，对外关系在我们国家整个事业中所占的地位越来越高。处理好对外关系对于我们的现代化建设影响越来越大。改革开放以来，世界风云变幻，东欧剧变、苏联解体、国际共产主义运动处于低潮，旧的格局瓦解，新的格局尚未形成，世界正朝着多极化方向发展。在这样纷繁复杂的国际大背景下，怎样把握住对外关系的正确方向，如何制定正确的对外政策，成为建设中国特色社会主义的重大课题。邓小平在主张实行对外开放的同时，一如既往地坚持毛泽东、周恩来等制定的独立自主的和平外交政策，重申中国的对外政策是独立自主的，并在新的条件下丰富、发展了这一思想，使独立自主、自力更生与坚持对外开放并行不悖，取得了举世公认的巨大成功。

众所周知，对外开放是我国的基本国策之一，但是在对外开放的过程中，不能忘记独立自主。邓小平在谈到实行对外开放政策的时候，总是强调要坚持独立自主的方针。这是因为坚持独立自主与实行对外开放是相辅相成、相互促进、辩证统一的。只有坚持独立自主，才能更好地实行对外开放；实行对外开放是为了更好地坚持独立自主。

1982年9月1日，在中国共产党第十二次全国代表大会开幕式上，邓小平在致开幕词时讲了这样一段话：“中国的事情要按照中国的情况来办，要依靠中国人自己的力量来办。独立自主，自力更生，无论过去、现在和将来，都是我们的立足点。中国人民珍惜同其他国家和人民的友谊和合作，更加珍惜自己经过长期奋斗而得来的独立自主权利。任何外国不要指望中国做他们的附庸，不要指望中国会吞下损害我国利益的苦果。我们坚定不移地实行对外开放政策，在平等互利的基础上积极扩大对外交流。同时，我们要保持清醒的头脑，坚决抵制外来腐朽思想的侵蚀，决不允许资产阶级生活方式在我国泛滥。中国人民有自己的民族自尊心和自豪感，以热爱祖国、贡献全部力量建设社会主义祖国为最大光荣，以损害社会主义祖国利益、尊严和荣誉为最大耻辱。”①

邓小平为何强调独立自主，因为这是历史经验教训的总结。邓小平在1980年12月说：“要继续在独立自主、自力更生的前提下，执行一系列已定的对外开放的经济政策，并总结经验加以改进。”尔后，他又强调：“独立自主、自力更生，无论过去、现在和将来，都是我们的立足点。”由此可见，实行对外开放必须以坚持独立自主和自力更生为前提和基础。

中国屈辱的近代史告诉我们，一个国家没有自身的强大，势必遭受外敌入侵的践踏。“落后就要挨打”，一系列触目惊心的丧权辱国的条约警醒和昭示着中国人民，要拥有国家的独立和自身的尊严，归根结蒂要用自己的力量，建立起自己兴旺发达的家园。在艰苦的革命战争年代，中国共产党领导着中国人民经历了“工农武装割据”、八年抗战、三年解放战争，就是循“星星之火”达“燎原”之势、靠自己的力量建立起了一个新中国。尽管当时世界上国际共产主义运动风起云涌、蓬勃发展，共产国际先后向中国派出了马林、鲍罗廷、米夫等代表，尽管列宁领导苏联人民取得了“十月革命”的伟大胜利，向中国伸出热情援助的手，影响了无数的中国青年走上追求马克思主义真理的路，但中国有自己的国情，广大的乡村，占人口绝大多数的农民，人民生活极端贫困，反动势力割据集居城镇。这决定了中国的无产阶级革命不可能照搬苏联首先解放城市的策略，而只能是结合中国的具体实际，走农村包围城市、用“小米加步枪”夺取全国胜利的解放道路。毛泽东同志无疑是把马克思主义的基本原理同中国革命的具体实践相结合的典范，从而赋予中国革命以特殊性，使中国的无产阶

① 《邓小平文选》第2卷，人民出版社1994年版，第371—372页。

级革命成为国际共产主义运动史光辉灿烂、不可磨灭的组成部分。

中国近代的历史给我们留下了惨痛的教训，自1840年鸦片战争后，中国在西方列强船坚炮制的压力下被迫打开国门，清政府及中华民国历届政府为了维持自己的权力，基本上是乞怜和讨好外国帝国主义，使外国人在中国领土上拥有种种特权、为所欲为。这种开放带给中国的是灾难、贫穷和落后。历史表明：牺牲国家独立和主权完整而实行的对外开放，只能使中国处于被侮辱、被损害、被侵略的地位。这决不是我们需要的开放。

1949年新中国成立后，才具备了对外开放的条件，中国作为独立的国家和世界各国交往。经历一百多年半殖民地半封建奴役的中国人民深知独立自主的权利来之不易，因而，“中国人民珍惜同其他国家和人民的友谊合作，更加珍惜自己经过长期奋斗而得来的独立自主权利。”我们的开放只能是在独立自主的基础上开放，对外国的经验要在自主的基础上加以鉴别和对待。我们学习的只是外国的先进技术、先进管理经验以及其他对我们有益的东西，不能生吞活剥地照搬照抄，“中国只能搞中国的社会主义。”如果在开放中全盘西化，丧失独立自主权，势必参加资本主义国家控制下的国际分工，导致中国经济畸形发展，使经济处处依赖发达资本主义国家，中国也必然论为西方资本主义国家的附庸。

坚持独立自主与实行对外开放是辩证统一的，谁都不能离开对方而单独存在，不能将二者割裂开来、对立起来。一方面，离开对外开放讲独立自主，最终只能导致闭关锁国，导致贫穷和孤立；另一方面是离开独立自主讲对外开放，对外国的东西全盘吸收，依赖外国或受制于外国，那样不仅达不到预期目的，还会造成丧失主权的严重后果。

从国家层面上说，坚持独立自主就是坚持不结盟的外交政策，保持国家主权不受他国干涉；从地方层面说，坚持独立自主就是实行对外开放过程中，在引进国外先进技术的同时，坚持自主研发与自主创新，在技术创新方面坚持走自己的路，不能长期受制于人。邓小平早在 1992 年就曾讲过：“我们应该有自己的拳头产品，创造出自己的世界品牌，否则就要受人欺负。”

实现“中国梦”必须建设一个具有强大创新能力的国家。因此，我国在对外开放过程中必须要提高自主创新能力，只有自主创新才能掌握核心技术，才能掌握发展的主动权和主导权，才能拓展未来发展的空间。但是，强调自主创新，不是只依靠本土资源、闭关锁国式的自我发展，而是要进一步坚持对外开放，利用对外开放的有利条件，进而有效利用全球资源，尤其是全球科技资源，加强国际科技合作，增强国家自主创新能力。

我国在对外开放过程中，随着全球化的深入发展，大量的资源在全球范围内进行流动和重组，发达国家的先进制造能力和研发能力向国外转移的步伐开始加快，这些都为我国利用全球资源提供了有利的条件。而且，经过多年的发展，我国的产业结构水平、技术集成能力以及企业的创新能力都有很大的提升，加强了我国有效利用全球资源，促进自主创新的能力。

应当看到，在经济全球化深入发展和我国加入世贸组织的新形势下，“引进来”和“走出去”的障碍越来越少。一方面，发达国家为了扩大高新技术产品的国际市场，往往将高新技术中的一些非关键性部分向发展中国家转让。我们应充分利用这一机会，把国外先进适用的技术“引进来”，增强我国自主创新能力。另一方面，我们应加快实施“走出去”战略，充分利用自身优势，鼓励企业走出去，加强同国外的技术合作，增强企业的技术开发能力。坚持“引进来”和“走出去”相结合，在更大范围、更广领域和更高层次上参与国际经济技术合作与竞争，成为发挥我国优势、加快国内技术进步的一个重大举措。

还应当看到，吸引外资是对外开放基本国策的重要组成部分。我国经济持续健康发展，为外商在华投资带来了许多新机遇，中国已成为吸引外资的大国。当前和今后一个时期，我们应当把吸引外资的工作重点放在提高利用外资的质量上，坚持以我为主、为我所用，以提升自主创新能力为出发点，不断优化利用外资结构，吸引外资的同时引进和利用其先进技术、管理经验和高素质人才，促进国内产业升级和技术创新。

充分利用对外开放条件增强自主创新能力，关键是正确处理好引进与创新的关系，加大创新力度。引进技术，一是为了形成生产能力，一是通过引进技术的消化吸收促进自主创新。我们不能只重视前者而忽视后者。从根本上说，引进是手段，不是终点，是学习过程，目的在于创新，在于形成自有知识产权的新技术。我们应坚持先进技术引进和消化、吸收、创新相结合，建立有利于加强消化吸收和创新的体制和机制，克服重引进、轻消化吸收的现象，充分利用国外先进技术资源，依托重大工程项目，培育自主创新能力，开发具有自主知识产权的核心技术。

自主创新能力是衡量一个国家经济实力和国际竞争力的最重要指标。实践证明，只有在自主创新方面持续占有突出地位，才能在世界经济中占有一席之地。我们要进一步统筹国内发展和对外开放，充分利用国内国外两个市场、两种资源，把推动自主创新摆在全部科技工作的突出位置，把增强自主创新能力作为不断提高对外开放水平的一个重要着力点，不断增强自主创新能力，不断增强核心竞争力。这样，我们就能走出一条具有中国特色的科技创新的路子，更好地推进我国社会主义现代化建设。

二、掌握对外开放的主动权

十一届三中全会后，我们党根据对国内外形式的新判断而做出对外开放的决策，其目的是吸引外国投资，学习外国的先进技术和管理经验，以便使我国的经济发展壮大。

经济全球化虽然为我们提供了学习和超越的可能性，但外资绝不是免费的午餐。国内很多人一厢情愿地期待以合资换技术，以出让市场换技术，或者在国际合作过程中捡得一点“技术溢出”。但二十多年的实践证明，引资、合资、市场都换不来技术，所谓“技术溢出”也少得可怜。事实上，二十多年来，跨国公司和发达国家一面从我国市场大获其利，一面严厉地对我国实行技术封锁，并极力打压我国民族品牌，这是资本的逐利本性和垄断欲望所决定的。对此我们必须有清醒的认识。

在国际产业分工中，只有紧紧把握上游产业的制高点，才能掌握产业分工的主动权。一味承接发达国家产业转移的后果，必然是把我们的经济体系定格于国际产业分工的下游，被动地接受上游产业的高额盘剥。这里不妨借用海信老板周厚健的几句话：“胸怀技术大志，追求一流技术。”“没有知识产权这个 DNA，‘百年海信’就只能是个短梦。”“视知识产权为最高财产，把技术创新坚定地作为我们的核心竞争力，全面突破核心技术。”

最为关键的是，我们领导干部要树立科学的发展观。一方面各级政府和官员要树立与科学发展观相适应的科学政绩观，一方面中央要确立科学的政绩评价标准和评价机制。今后，应当用科学发展观而不是以 GDP 多少、引进外资多少来衡量各级干部的政绩。新的政绩观，应当着重考察各级干部以人为本、促进社会公平、建设和谐社会、弘扬社会主义荣辱观的政绩；自主创新、扶持民族产业、推动经济发展方式转变的政绩；建设环境友好型社会、建设资源节约型社会、促进可持续发展的政绩；以及建设社会主义新农村的政绩等等。鉴于各级地方党委和政府在经济发展中所处的重要地位，是否树立科学政绩观事关重大，没有科学政绩观的支撑，科学发展观就可能流于空谈。

第三节 绵里藏针

——“中苏大辩论”的主将兼总指挥

邓小平在1956年9月召开的中共八届一中全会上当选为中共中央总书记，担任此职一直到1966年“文化大革命”中被打倒。这期间，正是中苏关系复杂多变的一个时期，其中最大的事件便是中苏两党之间发生的大论战。由于处在总书记的位子上，邓小平不仅亲历了中苏两党之间的分歧与论战，而且在其中发挥了重要作用，正如他自己所说：“我算是那场争论的当事人之一，扮演了不是无足轻重的角色。”[①]

总体上看，邓小平在“中苏大辩论”中是中方的主角之一，如果说毛泽东是这场论战的中方主帅的话，邓小平就是中方的主将兼总指挥。邓小平在论战中的表现深得毛泽东赏识，也成了他在“文化大革命”后期得以东山再起的原因之一。因为在毛泽东看来，邓小平与刘少奇是有本质区别的，而促使毛泽东作出这一判断的一个重要因素，就是“率领代表团到莫斯科谈判，他没有屈服于苏修”[②]。

一、绵里藏针是谈判智慧

1974年，邓小平复出，毛泽东还对邓小平说：“你呢，人家有点怕你，我送你两句话，柔中寓刚，绵里藏针。外面和气一点，内部是

① 《邓小平文选》第3卷，人民出版社1993年版，第291页。

② 《建国以来毛泽东文稿》第13册，中央文献出版社1998年版，第308页。

钢铁公司。过去的缺点，慢慢地改一改吧。”[①]

最能体现邓小平绵里藏针这一智慧就是在中苏大论战中。邓小平在中苏大论战中是中方的主角之一，如果说毛泽东是这场论战的中方主帅的话，邓小平就是中方的主将兼总指挥。

对于邓小平在与苏方谈判和争论中的表现，中苏双方有着大体一致的看法。毛泽东曾不止一次谈到邓小平在中苏论战中的作用：“我们党有九十几个中央委员，只有四个人出面和苏方对骂，这就是彭真、康生、胡乔木，加一个邓小平”；“我们常委里面，主要是小平同志出面跟赫鲁晓夫吵”；“赫鲁晓夫很怕你这根棍子……你这根棍子是出名了”；“赫鲁晓夫都搬不动你、斗不过你，苏斯洛夫更不在话下”[②]。赫鲁晓夫也承认邓小平“很厉害”，“是一个重量级拳师”[③]。

1960 年布加勒斯特会议前夕，为了缓和与苏共中央的矛盾，中共中央决定派遣一位智勇双全的人去莫斯科与苏共举行两党会谈，然后和各国共产党、工人党一起召开第二次莫斯科会议。

在当时复杂的国际形势下，毛泽东经过深思熟虑，选择了邓小平担任中共代表团团长。赫鲁晓夫得知这一消息，非常震惊，接连在克里姆林宫与苏共领导成员开会，研究如何对付邓小平。不知是过于紧张还是为了给自己壮壮胆，赫鲁晓夫不止一次地在会场上站起来对他的部下说：“邓小平人那么矮，却是一个重量级拳师。我要与邓小平亲自谈，他是一个很厉害的人，不过我不会怕他的。他是总书记，我还是第一书记嘛。”

9 月 15 日，邓小平率中共代表团飞抵莫斯科。当晚，苏共中央在克里姆林宫叶卡捷琳娜大厅为中共代表团举行了盛大的欢迎宴会。在悦耳的音乐和热烈的掌声中，邓小平神采奕奕地率领中共代表团成员步人大厅，双方一一握手之后，宾主分别落座。

---

① 《复出的步伐——邓小平在一九七三年》，《党的文献》2010 年第 1 期，第 19 页。
② 吴冷西：《十年论战》，中央文献出版社 2000 年版，第 440、624、717、738 页。
③ 李越然：《中苏外交亲历记》，世界知识出版社 2001 年版，第 169 页。

宴会上，邓小平同赫鲁晓夫之间的交锋由赫鲁晓夫的挑衅而拉开了帷幕。

赫鲁晓夫说："邓小平同志，阿尔巴尼亚劳动党那个霍查老爱自搞一套，弄得国际共产主义运动总是不团结，中国应该有个态度才对。"

赫鲁晓夫显然是用阿尔巴尼亚影射中国共产党不听苏共指挥。对此，邓小平心若明镜，他不慌不忙地说："阿尔巴尼亚劳动党是个小党，但他们能够坚持独立自主的方针，你们应该好好尊重人家才对，不应该随便向他们施加压力。"

赫鲁晓夫没有料到邓小平会如此巧妙地回答他的问题，但他不会轻易服输，继续嚷道："这不仅仅是苏共和阿共之间的分歧问题。对其他党来说，也是值得考虑的问题。他们拿了我们的金子和粮食，可反过来又骂我们，说我们想控制他们，也太不像话了！"

邓小平严肃地回答说："我们一向认为援助是为了实行无产阶级的国际主义义务，而不是为了干涉和控制别人。再说你援助了人家，人家也援助过你嘛。"

邓小平的话一针见血，切中要害，赫鲁晓夫张口结舌，一时语塞。

过了一会，赫鲁晓夫又把话题转移到斯大林问题上。他责问邓小平："你们中国共产党为什么在斯大林问题上态度前后不一致呢？"

邓小平回答得很干脆："我们的态度是一贯的。拥护什么，反对什么，这总要讲清楚。反对个人迷信，我们过去拥护，现在仍然坚持。在我们党的八大上，对这个问题就已经明确表示了态度。我们赞成反对个人迷信，斯大林的功绩和错误不仅关系苏联国内，也关系到整个国际共运。对斯大林的错误当然要批，但对他的功绩一定要肯定。我们反对的是对斯大林的全盘否定，尤其不能采取秘密报告的办法，恶毒攻击。"

赫鲁晓夫显得很被动，低着头，再没有吭声。邓小平与赫鲁晓夫的谈判反映了邓小平的斗争智慧与斗争勇气，同样也反映了邓小平柔中寓刚、绵里藏针的谈判智慧。

不管人们是否愿意，每个人都是一名谈判者。谈判是生活中永远无法避免的事实。比如说，你要求加薪，就要和老板谈判；你买菜也要和小贩讨价还价……事实上，谈判贯穿了我们每个人全部的生活细节，我们所面对的现实世界就是一个巨大的谈判桌。谈判始终伴随着人类社会的发展，存在于人类活动的各个方面。无论是政治、文化、教育、经济活动中，还是在战争、领土、民族等重大问题的矛盾与冲突中，时时处处都有谈判发生。

谈判就是人们为了改变彼此的关系，满足各自的需求，进行相互协商并争取达成一致意见的行为。谈判的目的就是从那些你需求的人中得到帮助，竭尽所能地获得他人的好感，并从他人手中得到我们想要的东西。如此一来便可以发现，谈判充斥在我们日常生活的每一个角落，而且无时不有，无处不在。

对于谈判者来说，耐心是在心理上战胜谈判对手的一种战术与谋略，也是成功谈判的心理基础。在谈判中，有耐心的谈判者表现得不急不躁，能够很好地控制自己的情绪，掌握谈判的主动权。耐心还可以帮助谈判者更多地倾听对方的声音，了解掌握更多的信息。也可以使谈判者更好地克服自身的弱点，增强自控能力，有效地加强、控制谈判局面。邓小平的绵里藏针就是这样一种极富耐心的谈判智慧。

耐心使谈判者正确区分人与问题，学会采取对人软、对事硬的态度；耐心也是对付脾气急躁、性格鲁莽、咄咄逼人的谈判对手的有效方法，是实施以软制硬、以柔克刚的最为理想的策略方法。所以一定要相信，忍耐之后必有回报。等一等、忍一忍之后你能够发现原本扑朔迷离的事情顿时柳暗花明。耐心就是力量，耐心就是实力。如果不具有其他方面的优势，那么，一定要有耐心或寻找没有耐心的对手。这样，也有了防卫的筹码，在必要时，打乱对方的部署，争取胜利。在实际谈判中，无数事例证明，如果感到优势都不明显或都不存在的话，千万别忘记了要运用耐心。

二、绵里藏针是谈判策略

绵里藏针不仅是一种谈判智慧，还是一种谈判策略。在谈判中可用到的策略有多种，绵里藏针即是其一，且绵里藏针还是谈判高手常用的谈判策略之一。在通常的谈判场合中，绵里藏针是如何发挥效用的呢？在通常的谈判场合，双方摆出的阵营中往往有首席代表与次要代表、前台代表与后台代表之分。一方代表在回答问题时，通常要看一看副代表的态度或某种暗示。即使他们非常想迅速把交易谈成，也总是表现出一种从容不迫的神态，努力放慢对话的节奏。在激烈的交锋中要努力寻找缓冲的时间来思考，避免仓促作出不当的决定。

在1956年的美苏两国最高领导人的谈判中，原苏共领导人赫鲁晓夫自恃比美国总统艾森豪威尔聪明，结果闹出了大笑话。在谈判过程中，不论赫鲁晓夫提出什么问题，美国国务卿杜勒斯递过条子来后，艾森豪威尔才开始慢条斯理地回答问题。当时赫鲁晓夫很看不起艾森豪威尔，认为他智力低下，而他自己作为苏联领袖，当然知道任何问题的答案，而无须他人告诉你要说些什么。赫鲁晓夫当场讥讽地说道："究竟谁是美国的最高领袖？是杜勒斯还是艾森豪威尔？"其实，是赫鲁晓夫错了，他不了解艾森豪威尔在谈判桌上所表现的特点，正是一种绵里藏针的隐藏力量，他这样做至少已经充分做到了两件事情：既争取到了思考问题的时间，又获得了别人的提示启迪。

在谈判桌上，须记住不要为了赶时间而自乱阵脚，应该仔细慎重对待，务必使自己的回复扎扎实实，不现纰漏。同时，不要轻易承诺，一旦承诺下来，无论如何一定要实现。不要出尔反尔，否则会有损自己的信誉和形象。

人类都趋向于帮助看起来不聪明或者没知识的人。所以适当的绵里藏针就能分散对方的竞争精神。人们往往都是同情弱者的，面对这种情况，大多数人会怜悯对方，会为对方感到难过，他们会主动让开道路去帮助他。有智慧的沟通高手都是大智若愚型的人，在谈判、说服、沟通的过程中，都会表现得好像所知道的事比任何人都少，不会露出一点精明干练的样子，这样对谈判成功的把握才会更有利。谈判是一种谋略的运用，高明的谈判者会大处着眼、小处着手，既高瞻远瞩又实事求是，按照一定的程序谈判。谈判本身不是你死我活的过程，双方本着开放的心态，就一定可以谈拢。如果实在谈不拢，还有一种方法可以让谈判谈拢，就是谈判升级，请上级领导出面在更高级别层面继续谈判。

绵里藏针除了作为自己的谈判策略，还是对付锋芒毕露的谈判对手的一种有效的武器。那就是柔中有刚，以柔克刚。老子说过：柔能克刚。柔弱作为一种谈判策略，有时确能产生一种意想不到的神奇效果。当谈判中，处于不利局面或弱势时，最好的策略是避开对方的锋芒，以柔克刚。

在谈判中有时会遇到盛气凌人、锋芒毕露的对手，他们的共同特点是刚愎自用、趾高气扬、居高临下，总想指挥或控制对方。

这样的谈判者，以硬碰硬固然可以，但往往容易形成双方情绪的对立，危及谈判终极目标的实现。多数情况下，谈判者对咄咄逼人的对手所提出的要求，可暂不表示反应，而是以我之静待敌之动，以我之逸待敌之劳，以平和柔缓的持久战磨其棱角，挫其锐气，挑起他的厌烦情绪，伺机反守为攻，夺取谈判的最后胜利。

在谈判中使用“以柔克刚”的策略，需要注意如下几点：即要有持久作战的精神准备，采用迂回战术，通过若干回合的“拉锯”，按我方事先筹划好的步骤把谈判对手一步一步地拖下去；坚持以理服人，言谈举止做到有理、有利、有节，使对手心急而无处发，恼怒而无处泄。

第四节　以诚待人

——邓小平与罗荣桓元帅的交往

邓小平作为中共第二代领导核心，不但与国外政要进行国事谈判，也要与同志战友进行日常交往。在日常交往中，邓小平却是一个十分热心肠的人。他与刘伯承元帅的交往堪称世间楷模，与罗荣桓元帅的交往更能体现邓小平的做人本色。

邓小平和罗荣桓有着深厚的友谊，亲密交往数十年，两人相知甚深。邓小平这样评价罗荣桓："为人朴实、诚恳和厚道，在干部中很有威信。"在罗荣桓去世后的多年里，邓小平始终怀念着这位老战友，关怀着他的家属和后人。邓小平曾三次为有关罗荣桓的图书题词，这在邓小平的一生中是非常少见的。

一、对待同志像春天般温暖

邓小平虽然历经了"三落三起"的政治磨难，但他对中国人民的巨大贡献以及对世界各国产生的较大反响，是人们永远难以忘怀的。邓小平同志尽管人生道路坎坷，但人们为什么对他还如此由衷地敬佩呢？这是因为邓小平同志有着独特的魅力。探究邓小平同志的魅力，就不能不提及他特别注重友谊这一方面。

邓小平对自己的领导者既忠诚又坦诚，尤其在政治原则问题上，他从不让步，敢于表明自己的态度和立场。突出表现在他对毛泽东的尊重和理解上，为全党高级领导干部做出了表率。他对毛泽东从不说假话，从不违心地进行吹捧，能够讲政治、顾大局、向前看，从不计较个人恩怨。宁可被打倒，他也要阐明和坚持自己的政治观点。所以，他虽然经历了几下几上的政治波折，但仍赢得了毛泽东的无比信赖，被毛泽东称赞为“柔中有刚”“人才难得”的卓越的政治领袖人物。由此看出，毛泽东和邓小平这两位伟人在政治上的合作是非常默契和友好的。这为他晚年力挽狂澜，大力推进市场经济体制改革、对内对外实行改革开放奠定了坚实的政治基础。

对战友和同事真诚相待，待战友和同事胜过自己。这是邓小平一贯的为人本色。邓小平和罗荣桓亲密交往数十年，两人相处甚深。每当邓小平回忆起两人在战争年代一起行军、一起工作、一起下棋、一起摆“龙门阵”的往事时，就会不无深情地对人说：“我们是无话不谈”。所以，才有了发生在解放初期邓小平主动与罗荣桓家换房的动人故事。新中国成立初期，罗荣桓担任了最高人民检察署检察长、军委总政治部主任。一家住在北京南池子 18 号，这所房子原为一个不大的官僚所有。这里要住上罗荣桓一家，加上秘书、司机、警卫员，显得太小了，但罗荣桓没有丝毫怨言。1952 年邓小平调北京担任政务院副总理后，组织上在北京东交民巷盖了 4 栋房子，分给邓小平一栋。1953 年底邓小平去看罗荣桓，看到他一大家人，又收养了一些无依无靠的孩子，人口日益增多，住房实在太拥挤，便向罗荣桓建议：“中央给我分了一处住房，我让给你去住。”罗荣桓不同意，邓小平就“下令”，让他限期搬进去。1954 年，罗荣桓举家搬到了东交民巷邓小平的住处，一直到他逝世。[①] 都是国家级领导人的身份，邓小平能急他人所急，把方便让给别人，主动换房，这在近现代历史上恐怕是罕见的。

1963 年 12 月 16 日罗荣桓因病去世，终年 61 岁。罗荣桓的逝世，

---

① 《邓小平与罗荣桓的友谊》，光明网（2005 年 4 月 14 日），http://www.gmw.cn/01wzb/2005-04/14/content_215706.htm。

让邓小平全家都感到悲恸异常。邓小平和卓琳特意让女儿毛毛搬到罗家去住了一个星期，陪罗荣桓的两个和她年龄差不多的女儿，给罗荣桓的家属以很大的安慰，也让他们很感动。到了90年代以后，年事已高的卓琳和林月琴两位老人还经常互相走动，彼此探望问候。罗家和邓家的子女们，受父母亲的影响，关系也都很好。

1983年8月，《在战斗中成长的罗荣桓》由战士出版社（即后来的解放军出版社）出版，邓小平为该书题写了书名。1986年9月，邓小平又为人民出版社出版的《罗荣桓在山东》一书题写书名。1991年12月，《罗荣桓传》由当代中国出版社出版，邓小平再次题写了书名。邓小平一连为一个将帅三次题写书名，这在邓小平的一生中是非常罕见的。这反映了邓小平对已故的罗荣桓元帅的深切缅怀之情。

毛泽东曾经指出："一切革命队伍的人，都要互相关心，互相爱护，互相帮助。"曾几何时，不论是在革命战争年代，还是解放初期，领导之间、领导与下级之间、同事与同事之间，阶级感情深厚，亲如兄弟，情同手足，经常开展批评和自我批评，同心协力，团结一致，一心一意投入到工作中去。可是，遗憾的是，现在许多领导干部不但不关心同事，还时常以"老板"自谓，把同事关系变成了"雇佣"关系。所谓"老板"，一般用于商界，多指商店、工厂等的权力所有者。历史上，党内个别领导同志被称为"老板"是在特定的历史条件下的特殊称谓。今天，把这个词用到领导干部身上，就让人觉得变了味儿。领导干部被称为"老板"，并不仅仅是称谓上的不适当、不严肃，而且反映了有的地方、部门、单位政治生活中存在着两个突出问题：一是"一言堂"色彩浓厚，主要领导干部尤其是"一把手"可以像某些私营企业的"老板"那样独揽大权、一个人说了算；二是"家长制"作风严重，下属与领导干部之间存在类似于雇工对雇主的人身依附关系，后者直接决定前者的升迁提拔和前途命运。无疑，这是对党内正常政治生活的一种扭曲。

我国正处于社会转型期，价值观念多元、多样、多变。很多领导干部感觉到“角色冲突”带来的冲击与压力：既是“公家人”，又是社会人；既代表公共利益，也有个人利益。这就需要领导干部时时刻刻都保持一颗平常心，一颗权为民所用、利为民所谋之心。

官越大越要如此。有的人“官升脾气大”，自以为高人一等，被人称呼一声“老大”或“老板”，就感觉如腾云驾雾，结果是连邻里乡亲、昔日同僚、今日下属都认不出，或能赢得暂时敬畏式的尊重，却得不到发自内心的敬佩。作为领导干部，不论权有多大级别多高，都来自百姓，终其一生，最后还是要回归百姓。不耻下问、当小学生，方能汲取智慧，博采众长。处事公道、秉公用权，才有去后的政声民意。

二、领导干部不能搞“小圈子”

邓小平与许多战友保持着良好的友谊，但是从来不搞“小圈子”。邓小平曾在1989年的“政治交代”中告诫领导集体不要搞“小圈子”。邓小平说，“我不是完人，也犯过很多错误，不是不犯错误的人，但是我问心无愧，其中一点就是从来不搞小圈子。过去我调任这样那样的工作，就是一个人，连勤务员都不带。小圈子那个东西害死人呐！很多失误就从这里出来，错误就从这里犯起。”①

近年来，在一些地方和单位存在这样一种很不正常的现象，就是围绕某个手握实权的核心人物，由老乡、同学、战友、同行、同事等或明或暗地结成“小圈子”，彼此以权力为纽带抱成一团，称兄道弟，互相利用、互相提携，甚至形成利益联盟，把同志关系搞得很庸俗。搞“小圈子”的虽然只是极少数人，但绝不能掉以轻心。这种“小圈子”败坏党风政风，危害甚烈。各级领导干部要保持高度警惕，谨防“小圈子”，远离“小圈子”，旗帜鲜明地反对“小圈子”。

---

①《邓小平文选》第3卷，人民出版社1993年版，第301页。

我们党的领导干部是为共同的理想，为实现共同的目标走到一起的，不应有小团体乃至个人的特殊利益。一些人搞“小圈子”或者拼命挤进“小圈子”，往往带有个人目的，如想从“圈”中捞取好处，或图办事方便，或图财运亨通，或谋提拔升迁。“小圈子”一旦形成，领导干部行使公共权力就必然出现偏差。一事当前，首先想到“圈”内人的利益，尤其是选人用人就谈不上公平公正，党的干部政策、用人标准就失去了约束力，而往往以“圈”画线，推荐干部相互关照，使用干部“戴有色眼镜”看人，只要是“圈”内人，鼎力相助，大开方便之门，精心“运作”，竭力为“圈”内人“造势”和“谋官”。甚至“圈”内人有违法违纪行为，也帮着“遮风挡雨”、化险为夷，不少“带病提拔”的干部就是这样上来的。而对那些不搞或不钻“小圈子”的人，哪怕德才条件再好也不用，使一些公道正派、坚持原则、优秀能干的干部受到冷落和排挤，挫伤了广大干部的积极性。于是，在一些“小圈子”问题严重的地方，一些干部不是以真才实学、真抓实干、创造实绩为目标，而是以能否进入某个“小圈子”为荣，削尖脑袋挤进“小圈子”，严重败坏了干部队伍的风气。官场“小圈子”使公权力产生异化，危害党的肌体健康，影响党的先进性和纯洁性，并使我们党选拔干部的“任人唯贤”原则成为空谈。个别领导干部为了照顾亲朋好友，搞任人唯亲；有许多“问题官员”边腐边升，甚至出了问题被罢免后旋即又能复出，这与官场“小圈子”中哥们的关照不无关系。再从近些年处理的腐败大案、“窝案”中，人们都可以发现“小圈子”的影子。

搞“小圈子”害人、害己，也损害党的事业，与“立党为公、执政为民”的理念水火不容，是党的纪律所不允许的。《中国共产党章程》明确规定，党员“坚决反对一切派别组织和小集团活动”。因此，各级党组织和领导干部对“小圈子”绝不能熟视无睹。

物必自腐而后虫生。防止和破除“小圈子”，首先各级领导干部自身要过得硬，要讲党性、守纪律，反对“小圈子”、不搞“小圈子”、脱离“小圈子”，这样“小圈子”就搞不起来。尤其是处于重要位置和关键岗位的领导干部，更要带头公道正派，心胸坦荡，不搞亲亲疏疏，一切从党的根本利益出发，增强自控能力，有效抵制种种诱惑，把智慧和精力都集中到干事创业上来。

破除“小圈子”，最根本的是要深化干部人事制度改革，从制度上打破人身依附关系，铲除滋长“小圈子”的土壤，尤其要健全科学的选人用人机制，做到公开公平公正选人，规范用人程序，完善干部品德和政绩考核办法，坚持贯彻执行民主集中制，相信群众、依靠群众、顺应民意，防止少数人说了算。同时，要通过加大干部交流力度，摆脱一些地方和单位长期积累下来的人情网、关系网的干扰和影响，使“小圈子”失去市场。

对此，习近平深刻指出：“党内决不能搞封建依附那一套，决不能搞小山头、小圈子、小团伙那一套，决不能搞门客、门宦、门附那一套，搞这种东西总有一天会出事！有的案件一查处就是一串人，拔出萝卜带出泥，其中一个重要原因就是形成了事实上的人身依附关系。在党内，所有党员都应该平等相待，都应该平等享有一切应该享有的权利、履行一切应该履行的义务。”①

① 习近平在十八届中央纪委三次全会上讲话，2014 年 1 月 14 日。

第十章

邓小平沟通协调智慧与领导艺术

第一节　建言建策

——淮海战役中建议先打黄维

淮海战役开始后不久，国民党的黄百韬兵团就陷入重围。为了解救黄百韬，国民党军黄维兵团向北疾进，形成孤军突出之势。对此，邓小平向中央军委建议：先打黄维，再打邱李。中央军委批准这一重要建议。中原野战军实施了大手笔的围歼行动。与黄百韬兵团一样，黄维兵团战斗到了最后时刻，但仍然难逃全军覆没的命运。兵团司令黄维是有名的“书呆子”，他一味机械执行蒋介石与国防部的命令，加速了兵团的灭亡速度。

一、善于提出建设性意见

1948 年 11 月 6 日，淮海战役开始了。总前委确定第一阶段的作战部署：华野主力和中野第十一纵在徐州以东割裂、围歼黄百韬兵团，阻击李弥兵团东援；中野主力分为两部，一部由邓小平、陈毅指挥，切断津浦路徐州到蚌埠的联系，另一部由刘伯承指挥，迟滞可能由西南方向而来的黄维兵团。

邓小平率部日夜兼程，占领津浦路徐蚌线要冲的安徽宿县，北拒徐州、南阻蚌埠，形成对徐州的战略包围。在中原野战军配合下，华东野战军激战 11 日，全歼黄百韬兵团，消灭国民党 18 个师，将刘峙集团分为南北两块，淮海战役第一阶段宣告结束。

第一阶段胜利以后，第二个阶段歼敌目标如何确定，成为战局发展的一个关键问题。

毛泽东和中央军委提出北打邱清泉、李弥、孙元良，南战刘汝明、李延年、黄维，中原野战军和华东野战军在南北两线同时作战。

邓小平历来坚定不移地执行中共中央、中央军委的命令，但决不盲从，正是这一点，铸就了其与众不同的鲜明性格。邓小平认为：中原和华东野战军同时进行两个大的歼灭战，力量远远不够。最稳妥的办法是歼灭黄百韬兵团后，华东野战军主力集结徐州以东地区休整；同时以尚未使用的 3 个至 5 个纵队用于南线，协同中原野战军歼灭黄维兵团。

黄维兵团原本驻扎在桐柏山一带，因黄百韬兵团被围困，蒋介石命令黄维向徐州紧急驰援。尽管他们风雨兼程，匆匆忙忙走了 300 里山路，一路吃尽了苦头，可刚到安徽蒙城时，黄百韬兵团已被歼灭。黄维的第十二兵团是蒋介石的嫡系精锐部队，有 12 万人，其第十八军系国民党军五大主力之一，全副美式装备。如果让这支战斗力较强的力量加入徐州，将为人民解放军下一步全歼徐州之敌增加很大困难。

然而，中原野战军只有15万人，能投入的兵力只有12万，而且武器装备很差。要打黄维，必须要下大的决心、狠的决心，是一场恶仗。

有人提出先挡住黄维，然后找机会一口一口地吃掉。可黄维兵团是机械化部队，一看局势不好，就会撒“腿”狂奔。还有人提出“三面包围”，留出一面，在运动中将其歼灭。邓小平慢慢地吸着烟，静静地听着，一直没有说话。不管别人怎样争论，刘伯承也认真地听着，一言不发。

邓小平终于说话了，声音不大，非常有力：下决心，就是要做个口袋，把黄维装进去。把口袋扎死，一口一口地吃。

有人担心，一个对一个，万一扎不住，敌人冲破口袋，会被反咬一口，不如留出一个口子，让敌人跑一股吃一股。

大家看着刘伯承，等着他拍板。“按邓政委说的意见办，就是要死扎口袋。如果留出一个口子，黄维就会王八逃命，翻着跟斗逃出去。扎死了再一困，敌人的重武器就没用了。”刘伯承一锤定音。邓小平与刘伯承、陈毅取得一致意见后，两次亲拟电文，向毛泽东和中央军委陈述了先打黄维的理由。

当时担任华野副参谋长的张震在回忆文章中写道：“在淮海战役中，小平同志卓越的军事领导艺术，特别是他的慎思决断，更给我留下了极为深刻的印象。当淮海战役第一阶段胜利以后，第二阶段的歼击目标如何确定，是战局发展的一个关键问题。一开始中央军委命令华野吸引邱清泉、李弥兵团东进，寻机歼其四五个师，尔后视情况围歼邱、李，或攻取徐州，或打黄维。但因邱清泉兵团不敢贸然东进，始终背靠徐州，我军无法将其退路切断。就在这时，小平等同志经过缜密考虑，及时给毛泽东主席发电，同时抄送华野，建议先打黄维，再打邱、李。中央军委很快就复电，表示‘完全同意先打黄维兵团’，并指出‘情况紧急时，一切由刘陈邓临机处置，不要请示’。歼灭黄维兵团的胜利，说明了小平等总前委首长的决心完全正确。淮海战役结束后，毛泽东主席高度评价说‘淮海战役打得好，好比一锅夹生饭，还没有完全煮熟，硬是被你们一口一口吃下去了。’”①

在中原野战军转战大别山，受到很大消耗尚未得到补充的困难情况下，刘陈邓首长能毅然提出以中野为主迎歼蒋军精锐主力黄维兵团，高度显示了无产阶级军事家从全局出发勇担重任的雄伟气魄，以及他们在指挥上的英明果断。在此前后，中央军委特别是毛泽东的一系列电报，对这个方针的确立同样起了极为重要的作用。他们之间不但毫无严重分歧意见，而且“英雄所见略同”。正是由于将帅协谋，相互启发、相互补充，才使这个方针达到了更加完善的程度。

在现实生活当中，我们每一个人都渴望交往、渴望沟通，渴望拥有真诚的朋友，领导干部也不例外。领导干部在领导工作当中，沟通与协调几乎占了领导工作的绝大部分内容。我们发现，许许多多的干部在管理工作当中、在领导活动当中，几乎从白天到晚上很多的时间都在与外界打交道当中，领导的沟通协调能力是领导力的一个最重要的组成部分。

沟通协调是一个领导方法问题，也是一个决策程序问题，更是一个职责意识问题。就是说，任何领导活动的组织实施，都需要沟通协调，都离不开沟通协调。尤其作为我们基层这个结合部，工作任务繁重，诸多矛盾突出，无论靠实力和责任推动工作，还是化解矛盾、解决问题，沟通协调都至关重要，甚至决定着事业的成败。

国家行政学院曾对领导干部做过问卷调查，列了十种能力，其中包括：决策、用人、沟通协调等等，请他们回答：在这十种能力当中，最需要培训的是哪种能力？最后，排序第一的是沟通协调能力。

据有关资料调查分析，在行政管理中，70% 的工作都是沟通协调；与此相反，凡在管理中出现的障碍，70% 都是由于沟通不畅引

---

① 张震：《在邓小平同志领导下作战与治军》，新华网（2003 年 8 月 19 日），http：//news. xinhuanet. com/newscenter/2003 –08/19/content_ 1034078. htm。

起的。

在我们的实际工作中，往往会出现这样一些现象：有时“好心好意办了错事”；有时办了好事，惹了烦恼；有时虽然满怀热情、踏实工作，但却难以得到领导的信任和同事的支持，甚至受委屈、遭冷落。认真反思一下，之所以出现这种现象，多数是由于没有及时进行沟通，或者缺少必要的协调程序，或者沟通协调不够及时到位。同时，多年的实践也使我们认识到，一个领导班子如果出现不够团结、不够和谐的问题，大多都是由于沟通不够引起的；一位领导干部如果工作被动、没有起色，往往也是由于沟通不够导致的。

在领导干部沟通协调工作中，经常会遇到向上级沟通协调的问题。在这方面，邓小平为我们树立了标杆，那就是不一味地盲从，而是向上级提出建设性意见与建议，供上级机关或上级领导决策时参考。

领导干部要立足于现实，运用辩证分析的方法，判断事物发展的趋向，分析问题的利弊得失。反过来，准确的判断需要充分的沟通。这方面的工作做好了，既能敏锐地把握新趋势和新特点，又能因时、因地、因事制宜地创造性地制定相应的工作策略，探索出不同领域、不同行业工作的新思路和新方法。我们一直强调：发展的速度，在一定程度上，在于思想解放的程度。解放思想，实际上是寻求主观和客观的最佳结合。从某种意义上说，解放思想不是单纯的认识问题，而是鲜活生动的实践问题。实践需要引导，引导需要判断，判断需要沟通。这是检验领导水平的重要标尺，也是提高领导能力的重要途径。

古人说：治国无万古不变之法。领导干部要善于与时俱进，紧跟时代前进步伐。向上级提出建议，本身就是一个双向互动的反馈和理解过程，有效的沟通协调，目的在于各方达成共识，途径则在于准确地理解信息。领导者与下级能力上距离要大，但不是越大越好；心理距离要小，但不是越小越好。因此，沟通的要诀就是：传递信息，交流情感，影响态度，引起行为。好像与人同行，不要走得太快，也不要离得太近，要给别人留一些进退的空间，从而达到坚持目标、解决问题的初衷。

二、不做机械的执行者

在“金字塔型”领导体制下，我国绝大多数领导干部是下级。作为下级，不能把主要精力都放在“讨好”上级方面，在接受任务时不要盲目服从，而是要先思考后行动，不做机械的执行者。因为在正派的上级领导眼中，最欣赏的下属往往是能够敢于直言的人。比如说中国古代皇帝下面都有谏官，刘邦的那些谋士，他们都是很正直、很善于给他的领导提供各种有效建议和对策的人，这些人往往在服从当中有风险，会质疑领导意见的合理性和现实性。如果只服从，不考虑现实处境，可能会影响大局，影响战略目标的落实。轻则产生领导的决策失误；重则可能会断送已经取得的成果。因此服从而不盲从，就是要求我们在执行领导意见时，如果是正确的就坚决服从，如果这个东西还在研究探索当中，还把握不了，有些东西可能还说不清楚，就要分析领导是在什么背景下做出的决策，这个决策意味着什么，这个决策的合理性、可操作性在哪里。如果这个事情还需要再研究，就要对领导提出合理化的建议，这个也是向上协调的重要原则。

淮海战役中有两个“黄”兵团，除了最先被消灭的黄百韬兵团外，还有一个就是邓小平要先打的黄维兵团，黄维兵团是蒋介石见淮海战场形势危急，急忙从华中调过来支援淮海战场的。

黄维率领的十二兵团号称“国军精锐”，辖 4 个军和 1 个快速纵队，其中就有“五大主力”之一的第十八军。总共 12 万人马，全部美式装备。不要说在当时的中国，就是在整个亚洲也是数一数二的。作为兵团司令官，黄维相信，有这么一支生力军加入徐蚌战场，胜利的天平一定能够很快向己方倾斜。但是，若展开地图仔细琢磨一番，就会发现按照十二兵团的行进路线，摆在面前的是纵横交错的河田水网地带，自西向东依次有：颍河、西淝河、涡河、北淝河、浍河等大小河流，南面是淮河。整个地区也就是人们所熟知的黄泛区，地理条件非常不利。一年前的中原野战军逆着几乎相同的路线千里跃进大别山，虽然达成了战略目标，可是重装备却也损失殆尽。更何况当下的黄维兵团全部重车重炮，必定深陷其中，无法快速机动，如果沿途遭遇阻击，进展就更是可想而知。然而，不知是对敌情、地形的无视，还是对执行命令，尽快加入战场的渴望，黄维毅然率领十二万重装备的部队踏入了泥泞的黄泛区。

果不其然，从 11 月 8 日出发，到 11 月 25 日攻占双堆集，整整 17 天，他总共前进了不到 200 公里。这里我们不禁要问，作为一个集团军的最高首长，在枪林弹雨中摸爬滚打了数十年的中将司令官，难道连地图都不会看，难道就不会选择一条更合适的进军路线吗？不能否认的是：黄维毕竟是有经验、有资历的指挥官。11 月 12 日，他略施小计，率部向南，经新蔡直奔阜阳，顿时打乱了中野第一、二、六纵的颍河阻击计划，可谓机动灵活的神来之笔。可惜，从此以后，我们就再也没能看到黄维还有什么精彩表现。3 天之后，刘伯承占领宿县，切断了津浦线，也割断了徐州集团与蚌埠集团的联系。19 日，十二兵团赶到蒙城，连日阴雨，加上被中野利用河流节节阻击，已经显现疲惫之态。此时，无论从地形上还是从敌我态势上，都已经可以判断出如果再按照原计划东援，势必背水一战。黄维面临两种选择，一是按照命令，继续向宿县攻击前进，打通徐蚌线，进而北援碾庄；二是立即改变方向向西南转进，到达固镇和蚌埠一线，与南线李延年、刘汝明兵团会合，然后伺机北进。显然，对于当时的整个战局以及该兵团的处境来讲，后者更加合理，起码可以暂时稳住阵脚，冲出黄泛区，摆脱孤军侧敌而动的局面。当然，无论采取哪个方案，都要立即行动，一点都不能耽搁。

但是黄维只知道机械执行命令，不知灵活变通，使十二兵团失去了转危为安的机会。当时，黄维意识到情况严重，召集各军军长开会。介绍情况后，黄维说：“兵团的任务是打到宿县，与徐州杜聿明会合。现在的情况，我们应该怎样打法，才能完成任务?”十八军军长杨伯涛说：“兵团所处境地，形势非常严重！共军大军云集，布置了天罗地网，有意识地放弃涡河、浍河。现在我们已经陷入圈套，但还没有到四面被围的绝境，还有相当的主动权。如果按照国防部和刘峙的瞎指挥，不加灵活变通地闯下去，那就是死路一条。”他建议趁东南方还没有发现情况，兵团立即向固镇西南靠拢。南坪集到固镇只有80里，急行军一夜就可赶到。到固镇与李延年兵团会合，就可以立于不败之地。黄维初任兵团司令，不请示国防部就擅自改变行军方向，是要负重大责任的。他迟迟下不了决心。到后半夜，才下达向固镇转移的命令。杨伯涛接到黄维的命令一看，上面说要十四军由南坪集东南到浍河南岸，八十五军到南坪集，掩护十军和十八军转移。十军和十八军与共军脱离接触，十军沿浍河南岸向固镇前进，十八军由双堆集向固镇西北的湖沟集前进，兵团部随十八军行动。他感到这个命令真是莫名其妙。两个战斗力差的军上去掩护两个战斗力强的军撤退，完全是浪费时间。十军和十八军完全有能力自己撤下来，十四军和八十五军原地不动，同样可以稳妥地掩护兵团转移。杨伯涛虽然不满，还是按照命令将浍河北岸的部队迅速撤回南坪集，集合好队伍准备向双堆集进发。25日早晨他到兵团部请黄维下命令开始行动，黄维神色焦急地说：“兵团转移的命令让一个参谋给吴绍周送去，结果连人带吉普车都失踪了。正派人寻找，等一等再说。”杨伯涛认为这不是什么了不得的事情，重要的是部队赶快行动，不要等着挨打。但是黄维在这紧要关头，既不进也不退，就在南坪集干等。整个兵团部队荷枪列队等待，心急如焚。

就在黄维召集会议的当晚，中原野战军从各个方向开始了包围十二兵团的行动。在黄维兵团西边，中野一纵、二纵、三纵、六纵迂回至黄维兵团背后的双堆集。浍河北岸的中野四纵、九纵和豫皖苏独立旅进攻南坪集。位于蕲县集的中野十一纵由东向西攻击。华野南下参战的各纵队则兼程前进，集结于蕲县集、桃园集地区，切断国民党军向固镇的去路。25 日凌晨，中野二纵在向双堆集行军中俘获一名国民党军官，缴获吉普车一辆，就是黄维派往八十五军传达命令的参谋。缴获了黄维的命令，刘邓了解了国民党军动向，各纵队加快行动步伐，向黄维兵团扑过去。黄维在南坪集干等了一个白天，不见参谋的音信。到25 日 16 时才命令各部开始行动。到了双堆集，已是日暮黄昏。本来可以夜间继续行军，甩掉解放军。但是兵团的战车和上百辆卡车行动不便。这一带没有像样的公路，战车和卡车都是在田野中行驶。白天还可以横冲直撞，到夜间水沟洼地都成了障碍，动弹不得。于是黄维决定在双堆集宿营。没想到这一住下来，就再也跑不掉了。

陈赓在黄埔时期就是黄维的同学，他早已摸透了黄维的性格，知道黄维是教书出身，迷信书本，墨守陈规，打仗老爱在书本上找依据，动不动就是“兵法云”如何如何。所以，陈赓就采用放弃已占阵地，诱敌深入的方法。黄维果然上当，使自己的部队进入陈赓的伏击区，当黄维醒悟的时候，已为时晚矣。后来，黄维被解放军俘虏，当他知道与自己对阵的是他的老同学陈赓时，他竟说：“败在陈赓手下不算冤枉，陈赓是我的同班同学，在学校里我就比不过他!”黄维的“书呆子”气可见一斑。黄维的性格导致他只会机械执行上级的命令，不知道根据实际情况灵活变通，从而加速了十二兵团的灭亡。

政策制定之后，执行就是关键的因素。在现实生活中，有不少黄维式的领导干部，他们在执行政策时经常忽视甚至漠视本地实际情况，生搬硬套上级政策或者外地经验，既对政策的精神实质和他人的经验缺乏深入理解和认识，又不考虑当地的客观环境条件，囫囵吞枣，因而不能因时、因事、因地作出具体分析，缺乏实事求是、求真务实的精神，不追求执行成效，从而降低上级政策的有效性。

机械执行政策与指示，其实就是懒政的表现。因此，领导干部在执行政策时不能机械照搬，而是要创造性的执行，并将执行过程出现的问题及时向上级反馈，甚至要根据实际情况提出建设性意见与建议。在执行目标的过程中，领导干部应该根据本地区的实际情况，采取不同的方法和措施，贯彻执行党的各项方针政策，创造性地开展工作。为此，领导干部在制度执行的过程中，应始终坚持贯彻落实科学发展观，敢于打破那些陈旧的、妨碍发展的思维观念和行为习惯的束缚，勇于革除那些影响发展的体制弊端，充分发挥主观能动性，进一步解放思想、开拓创新，用新的视角观察问题，用新的思维分析问题，用新的举措、新的方法解决问题。

第二节　分工协作

——刘邓之间难以放进一个顿号

邓小平不但善于与上级沟通，更善于与同级沟通。他与刘伯承的合作称为全军经典。刘邓合作，始于 1938 年。其时，刘伯承任八路军 129 师师长，邓小平任政委。至 1947 年千里跃进大别山时，刘邓携手已近 10 年。在大别山敌重情险的戎马岁月里，刘邓友谊历经血与火的洗礼更趋深厚。刘伯承逝世后，邓小平在悼念刘伯承的文章中说："我比他小十多岁，性格爱好也不尽相同，但合作得很好。人们习惯地把'刘邓'连在一起，在我们两人心里，也觉得彼此难以分开。同伯承一起共事、一起打仗，我的心情是非常愉快的。伯承善于与同志团结共事的高尚风格，在今天仍是我们领导干部的表率。"

一、尊重同级，维护同级权威

刘伯承和邓小平同是四川人，又都属龙。1938年，在抗日战场上两人走到一起，一个主军、一个主政，共同领军13年，锻造了一支战功卓著的刘邓大军。战争年代，刘邓总共分开过两次，大别山是一次，另一次是在太行山。邓小平一生为刘伯承写过两篇纪念文章。一篇是祝贺刘师长50岁生日，另一篇是《悼伯承》："伯承久病，终于不治。我和他长期共事，相知甚深。他的辞世，使我至为悲痛……"

从抗日战争到解放战争的13年间，邓小平和刘伯承是名副其实的黄金搭档：一个是政委，一个是师长；一个是政治委员，一个是司令员。两人所统领的军队被称为刘邓大军，两人的密切关系在人们的心目中享有盛誉。在邓小平看来，刘伯承是一位大军事家，指挥有方；在刘伯承眼里，邓小平文武双全，从善如流。他们俩相互支持，相得益彰，共同的理想追求使他们结下了牢不可破的革命友谊。

邓小平长期与刘伯承共同领导和指挥八路军一二九师、晋冀鲁豫野战军、中原野战军和第二野战军，共同负责晋冀鲁豫、中原和西南三大战略区。尽管邓小平是以政治领导者的身份主管政治工作，可他特别尊重刘伯承在重大军事决策方面的意见，大力支持刘伯承对战役的指挥，还主动参与军事决策，与刘伯承共同实施战役指导。在此期间，他们共同指挥了40余次重大的战役，导演了一幕幕威武雄壮的战争活剧。

翻开刘伯承、邓小平共同实施战役指挥的画卷可以看出，凡是刘伯承作出的战略决策，邓小平都坚决维护和紧密配合，从来没有出现过推诿、埋怨与扯皮的现象，特别是在战役指导的一些重大问题上，更没有拆台的现象。在革命战争年代，刘邓大军之所以能够在艰难复杂的环境中，取得一次又一次的胜利，其中一条重要的原因就是邓小平和刘伯承相互信任、相互支持。正是由于邓小平坚决维护刘伯承对战役作出的决策，使刘伯承不管在战役指挥中遇到多大的困难，都能始终坚定地指挥部队作战。在战役指导中，每当有些指挥员对刘伯承作出的战役决定有看法、思想上难以转弯时，邓小平总是给大家摆事实、讲道理，帮助大家提高认识，直到最终将大家的思想统一起来。就这样，刘邓两人一个定下决心，一个政治动员；一个进行战役行动部署，一个坚决同意与支持。部队战役作战的有关事项，通过两人的默契配合，融成了一个有机的整体，形成一股巨大的动力流，传递给广大指战员，催人奋进，使部队夺取了一个又一个胜利。

邓小平常说："刘司令员年老体弱，司令部要特别注意哩！有事多找我和李达参谋长，他是我们的军事家，大事才找他决策。"刘伯承则经常把一句话挂在口边："邓政委是我们的好政委，文武双全，我们大家都要尊重他，都要听政委的。"刘伯承还有句口头禅："政委的话，就是命令。"

我们党与政府都实行集体领导，领导干部所担负的工作在客观上虽然都具有差异性和特殊性，以及与此相关的独立性和自主性，但是它们之间更多的是统一性和共同性。领导班子是一个组织系统，即所有成员都是整体中的一个有机组成部分，相互之间有一种唇亡齿寒的互动关系，其中的某一个部分出了问题都会直接影响到全局。

因此，领导干部要树立起全局意识、整体意识，既要把分管工作切实抓好，又要发挥团结协作精神，当其中某一位同级管理者在工作中遇到了困难或挫折时，要热情主动地给予帮助。切不可有"各人自扫门前雪，莫管他人瓦上霜"的态度。

领导班子成员的能力、知识、经验、个性必然存在差别，大家各有所长，各有所短，只有密切合作、和衷共济，才能取长补短，在提高了自己能力的同时也增强了整个领导班子的战斗力。

当然，领导干部同级之间的竞争是不可避免的，但在竞争中也要注意分寸、讲究方法。当对方在工作中遇到困难时，要及时伸出援助之手，不让其落后，以求共同进步。适度竞争能分出学识的高低、比出能力的强弱、赛出成绩的大小，并能培养友谊，增进团结，使同级领导干部之间的关系更加协调，步调更加一致。这样就能大大提高领导班子的整体功能。相反，在对方处境不顺时，袖手旁观甚至冷言冷语，想用对方的挫折和失败来衬托自己的能力和成绩，只会导致双方关系恶化。

二、同级之间分工不分家

在战争年代，政委与军事首长虽然有分工，但遇到紧急情况政委与军事首长都要独挡一面，政委要管理军事，军事首长也要管政治工作。还以邓小平与刘伯承为例，刘邓大军跃进到大别山后，国民党大军云集，为了打破围攻，建立大别山根据地。刘、邓决定分兵。邓小平率野战军前方指挥所，指挥3个纵队并结合军区武装，在大别山区内线进行小规模战斗和游击战争，继续有力地牵制敌军；刘伯承率中原局、野战军后方机关并指挥第一、第十、第十二纵队，分别向淮西、桐柏、江汉地区展开，扩建根据地，并配合陈、粟野战军和陈、谢兵团在外线歼敌。刘伯承在淮西指挥全局。在他们分兵的过程中，刘伯承与邓小平各自既要管军事也要管政治，属于典型的分工不分家。

领导干部在职责上各有分工，固然应当各司其职。但既然同在一个组织中，也应做到分工不分家，做到相互支持、竞争而不拆台，创造一种同舟共济的积极关系。以分工为理由相互疏远甚至相互拆台，就得不到对方的尊重和信任。长此以往，隔阂不断加大，误解不断加深，矛盾不断激化，摩擦不断出现，冲突必会发生。其实，分工的前提首先是真诚合作。如果囿于分工而不善合作、不愿合作，就必然会使自己逐步从组织群体中孤立出来，最终成为孤家寡人，一事无成。

在实际工作中，领导干部之间往往是很难分开的。没有分工，就谈不上协作；反之，没有协作，分工也很难落到实处。因此，当其他领导干部在工作中遇到困难或是遭受挫折时，决不能认为与己无关，进而袖手旁观，看别人的笑话。其实，支持别人的工作，也就等于帮助了自己；不愿帮助别人的人，也就不会得到别人的支持。

在一个领导班子中，一把手与副职在工作上的合理分工是提高工作效率的重要保证。作为正职，既然是抓全面工作的，就会在承认分工的基础上，充分授权于副职；对于副职职权范围内的事情，只要不违背组织原则，应允许副职独立解决。在立足全局、兼顾局部的前提下，正职对副职的要求或希望就是顾全大局，维护自己在领导班子中的主导地位。对于这一点，副职应该有清醒和正确的认识。

一要在自己分管的工作中当好主角。相对于正职，副职是配角；相对于自己分管的工作，副职是主角。因此，只要是职权范围内的工作，不推诿、不扯皮，果断决策，敢于实施，才能使自己的工作对全局工作起到推动作用。二要处理好分管工作与全局工作的关系。在安排、部署分管的工作时，要自觉地从全局出发，心里想着全局。当分管工作与全局工作有矛盾时，特别是谋取部分利益可能要损害全局利益时，副职就不能从分管利益出发，而必须考虑维护全局的利益。只有这样，才能形成“一盘棋”的局面。三要积极参与集体决策，给正职当好参谋。正职对全局工作进行决策时，需要综合一班人的经验和智慧。作为副职要责无旁贷地把自己的意见、建议、办法和设想奉献出来，让正职通盘考虑，权衡利弊，求得决策的科学性，以避免和减少工作的失误。四要甘当配角，把正职放在主角位置上。副职就是要配合正职做好工作，不配合就是失职。即使正职在某个方面的能力不如自己（这是很正常的），也不能恃才傲物，看不起正职。在这种情况下，如果副职自觉维护正职权威，密切配合工作，更会赢得正职的信赖。

当然，顾全大局，维护正职的主导地位，并不意味着副职对正职的盲目服从。由于正职所处位置的局限性和知识、能力、经验的有限性，在工作上难免有考虑不周、安排不当的时候。作为副职应通过正当手段或途径，积极为一把手出谋划策、拾遗补缺。

第三节　宽严相济

——中秋节召开“不握手会议”

作为领导干部如何与下级沟通？邓小平的策略就是宽严相济。最能体现邓小平这一领导智慧的就是他曾召开的两次“不握手会议”：其一，1946年中秋节，当参加会议的纵队首长满面春风地向邓小平伸出手来时，邓小平却没有伸手：“这次开的是不握手会议！”“不要刚打两个胜仗就沾沾自喜，握手言欢，心满意足，你好我好，什么都好。要更多地想想自己的不足……群众纪律怎么样？内部的团结搞得好不好？部队的指挥、战斗作风都还存在哪些问题？”直到杨勇、陈锡联作了检查，会议才算结束。其二，1975年3月全国工业会议，几个省的书记想和邓小平握手叙旧，邓小平却摆了摆手说：“今天就不拉手了，因为工业形势不好。”回顾这两次会议，对于当今领导干部与下级沟通有十分有益的借鉴意义。

一、不做护犊子式领导干部

1946年9月10日这天是中秋节，三纵队司令员陈锡联、六纵队司令员王近山和七纵队司令员杨勇几乎同时接到去“野司”开会的通知。陈锡联心里想：从邯郸出发几个月来，我军所向披靡，连战皆捷，如今适逢中秋节，“野司”请各纵队司令去开会，必是要犒劳大家一番了。

当参加安陵集会议的纵队首长满面春风地向邓小平伸出手来时，邓小平却摆摆手说：“这次开的是不握手会议！”“不要刚打两个胜仗就沾沾自喜，握手言欢，心满意足，你好我好，什么都好。要更多地想想自己的不足，邯郸出发以来做得怎么样？群众纪律怎么样？内部的团结搞得好不好？部队的指挥、战斗作风都还存在哪些问题？”

邓小平为何强调“这次开的是不握手会议！”并拒绝与满面春风地向自己伸出手来的各纵队首长握手？原来，由于我军接连奏捷，士气高昂，信心充沛，但少数领导干部在胜利形势下，开始滋长起一种骄傲的情绪，部队群众纪律不太好，军民、官兵团结也发生了一些问题。邓小平提议召开安陵集会议，目的是纠正和克服邯郸胜利后有的部队骄傲自满，忽视军民关系、群众纪律的倾向。直到杨勇、陈锡联作了检查，会议才算结束。

按理说，部队接连奏捷，作为部队首长，本应该高高兴兴地为自己的爱将们庆贺，为他们打打气、鼓鼓劲，对他们进行表扬。然而邓小平却对自己的爱将们伸出来的手摇手拒绝，还说“这次开的是不握手会议”。刚见面就给几位爱将当头泼了一盆冷水，这是对自己爱将最严厉的批评，让他们骄傲自满的心一下子冷静了下来。

其实邓小平对自己手下的战将是很爱护的，之所以在打胜仗之后不与他们握手，召开“不握手会议”，是因为有些人只顾打仗，不顾群众纪律。我军向来是以铁的纪律著称于世的，“三大纪律八项注意”深入军民的心，这也是我党我军歼敌制胜的法宝。在邓小平的心里，纪律是铁，不能动摇，打胜仗应该值得表扬，但违反群众纪律就必须要受到批评。打胜仗不能以牺牲部队作风纪律为代价，更不能以牺牲人民群众利益作为代价，如果那样我军和国民党的部队就没有了区别，人民军队也将会失去民心。在他的心里功是功、过是过，不能将功补过，也不能因功盖过。而且有问题就要对其提出批评，促使其改正，没有丝毫商量的余地。

邓小平拒绝和自己的爱将握手，并召开“不握手会议”，表明了邓小平不是一个“护犊子”式的领导。如果邓小平见到几位爱将就主动伸手出去和大家握手，在友好的气氛中只谈他们的成绩而不讲缺点、不挑毛病，只对他们进行表扬，却不对他们的错误进行批评，这样可能一时能得到他们的拥护和支持，却不是长久之策。这样会助长他们骄傲的作风，更加助长部队为打胜仗而不遵守纪律的歪风，而且也是对党的事业的极其不负责任。

当前，有一些党的干部不坚持原则，他们只开“握手会”，只当“老好人”，下属出了问题还千方百计掩盖，这表面是爱护下级，其实是害了下级，许多领导干部由此走上了贪腐的不归之路。如果一开始，上级领导就能及时批评与提醒，也来至于在腐败的路上越走越远。因此，作为新时期的党政干部，应该永远像邓小平那样，胸怀宽广，坚持原则，永远不当“老好人”，永远不怕得罪人，永远光明磊落，宽严相济。

领导干部要保护好下属的积极性，但对下属也绝不能纵容。俗话说：真理往前迈一步就是谬误。与下属一起工作时间长了，日久情深，心有默契，成了朋友，但朋友相处，也必须把握“度”，要有所为有所不为。

首先，要做到爱护而不庇护。爱护下属是应该的，可以使下属在轻松快乐的氛围中工作，但爱护绝不是庇护，对下属在工作中的失误或缺点，绝不能视而不见，充耳不闻，一味袒护，任其发展。有的领导喜欢“护犊子”，下属犯错只能自己批评，别的领导批评不得，时间一久，下属就只知主管领导，即使犯错，只要主管领导装作不知就万事大吉，这样做的后果只能是自欺欺人。

其次，要做到关心而不偏心。关心就是要从工作、生活、政治进步、个人成长等方面对下属提出建议或忠告，避免其走弯路，但绝不能偏心，谁听话、谁跟得紧，就喜欢谁，而对那些不随波逐流、踏实工作的下属冷漠相待，挫伤他们的积极性。在处理与下属的关系时，既要近距离，更要等距离。

再次，要宽容而不纵容。宽容就要求领导干部严于律己、宽以待人，能够容忍下属的过失，指出缺点不足，帮助其加以改正，提高其工作能力。但绝不能纵容，对下属的违法违纪行为，坚决不能袖手旁观，充当看客，而应当及时批评制止，甚至不徇私情，秉公处理。一言以蔽之，“严是爱，松是害”既是朋友相处之道. 也是上下级和谐相处、干事成事的基础。

二、正确掌控宽严适度

邓小平历来坚持优良传统，反对政治斗争扩大化，反对“残酷斗争、无情打击”，强调要允许犯错误、改正错误。但这决不意味着可以对错误姑息迁就。邓小平在论述“从严治党”问题时，明确地反对对错误思潮软弱涣散的状态，强调全党必须同党中央在政治上保持一致；明确地反对党内各种不正之风，强调对于违反党纪的，不管是什么人，都要执行纪律，做到功过分明、赏罚分明，伸张正气，打击邪气。这正是邓小平宽严相济的治党风格与管理下属的风格。

在成都武侯祠的诸葛亮殿，悬着一副治世名联：“能攻心则反侧自消，从古知兵非好战；不审势即宽严皆误，后来治蜀要深思。”该联为清代盐茶道使赵藩所撰，其意在总结诸葛亮治蜀经验，以史为鉴、开示后人。对联虽然讲的是治国理政的大道理，但对于现代管理同样具有普遍而重要的指导意义。

上联的“攻心为上”、“不战而屈人之兵”的思想与孙子的“上兵伐谋，其次伐交，其次伐兵，其下攻城”的意旨相近；下联则蕴含了儒家“宽猛相济”的治世思想，并特别强调了要“审势”：即调查研究、审时度势的重要性。把这些原理放到今天领导干部与下级的沟通与管理中仍然具有现实意义，即领导干部要正确掌控宽与严的度，既能关心下级，又能严格要求，从而调动下级的工作积极性。

管理即是计划、组织、控制和协调好一定范围内的资源，以实现预定目标，并取得更大效益。因此，领导干部在管理措施、手段上的“宽”和“严”都必须为这个目标服务。“宽”通常是强调用情感交流、道德培养、精神感化、物质慰藉等柔性措施和手段，形成富有人性化色彩的弹性管理机制，使下级生活在一个相对自由和谐的环境中；然而，不依规矩，不成方圆，“宽”不等于“松”，宽也必须以一定的法纪约束为前提，对下级干部管理中的“严是爱、松是害”的原则没有错。“严”就是强调规章制度对下级干部行为约束的刚性，体现管理的权威性和强制性。但“严”不等于“苛”，不等于打骂体罚，不等于滥施惩罚，不等于粗暴干涉下级工作。尤其是处在当今人的民主自由意识、参政维权意识不断增强的时代，我们要正确理解管理中的“宽”和“严”，确立人在管理中的主体地位，针对客观实际选择“宽”或“严”的管理措施。

在日常工作中，如果作为一个单位的领导干部对待自己的下属不一视同仁，搞地缘之分、亲疏远近，甚至拉帮结派，处理问题对自己人宽，对其他人严，就必然会“亲了个别人，凉了众人心”，把单位搞得人心离散；又比如在发现使用人才上，“金无足赤、人无完人”，越是有才干，可能个性越强，所以应宽容人的差异性和个性的存在，用其长而避其短，不能求全责备，否则就会把人才管死、管废、管跑，陷入无才可用的困境。

“宽”和“严”实际上是一个管理上的“度”的问题，然而对这个“度”的把握是极困难的。现实中的社会、企业和部队的管理，单纯的“宽”和单纯的“严”都难以单独存在，而是相互矛盾、相反相成的，往往通过宽严相济来实现管理目的。管理中过宽则易出现被管理者的懈怠、散漫情形。

第四节　平易近人

——始终在人民中间，始终在人民心间

作为领导，除了与上级、同级、下级沟通外，还需要与人民群众沟通。邓小平与人民群众沟通的最大特点就像他的名字，在于一个“平”字，即平易近人。据刘备耕回忆：邓小平与刘伯承战斗在太行山期间，经常教育部队要全心全意为人民服务，一切为人民利益着想，努力生产，减轻人民的负担。邓小平说：“人民是一切的母亲，是对敌斗争一切力量的源泉。”① 纪念邓小平同志诞辰110周年大会上，习近平同志发表讲话说：“邓小平同志始终在人民中间，也始终在人民心间。”

一、甘当人民的老黄牛

领导干部的权力不是上级恩赐的，而是人民赋予的，没有人民群众的拥护与支持，领导干部就不能成为领导，成为领导也迟早会下台。因此，作为一位领导干部必须心中有人民群众，勤政为民，甘为人民的“老黄牛”。

1931年8月，邓小平担任了瑞金县委书记。瑞金县城并不缺房，但刚上任的邓小平却不愿扰民，他宁愿将县委机关设在县城东郊绵江河边的古庙——东方庙里。县委机关干部和警卫人员几十个人挤在一

① 陈冠任：《跟邓小平学领导方法》，红旗出版社2009年版，第254页。

起办公和居住，而邓小平自己也与新婚不久的妻子金维映一同住在东方庙里一间狭小而光线阴暗、长年散发着霉味的小厢房里。

东方庙，又称东岳庙，建于清康熙年间，是当地祭祀传说中的东岳大帝的庙宇，大门朝东，旁边临河，由于年久失修已经很破败了，红军来了以后也没有了香火，只有几尊被工农群众砸掉头颅、缺胳膊少腿的菩萨仍然屹立在神龛上。

“搬过来好！原来县委住在群德小学里，占用了学校的校舍，现在要兴办红色列宁小学，不腾出来怎么办呀，孩子们读书的事大呀！”邓小平知道有些干部心里想不通，便特意站在天井边大声说给他们听。见邓书记如此关心教育事业，干部们和当地的群众都很感动。纷纷翘起大拇指夸赞说：“邓书记放着大房子不住，和大伙一块挤破庙，真是平易近人，一点没有架子的好书记呀！”

当地有的群众不相信，专门悄悄地走到庙门口东张西望地往里观看，果然看见邓书记是在庙里办公和居住，房间里也非常简单：一张门板搭成的简易床，一个古老的木脸盆架，一张旧两斗桌，几张长条凳，墙上挂着毛巾、草鞋、公文包和马灯，真是再简单不过了。就是在这座古庙里，为了迅速恢复瑞金县的各项工作，邓小平领导县委和苏维埃政府首先抓了县、区、乡三级党政组织的建设，努力恢复和整顿区、乡两级的中共区委、乡支部、区政府、乡政府等。从 1931 年 9 月间起，在邓小平的领导下，瑞金县 13 个区和 70 多个乡都先后召开了工农兵代表大会，选举产生了新的苏维埃政权领导机构。杨世沂、朱开铨、钟汉杰、赖昌作、谢雁书等一批群众威信高的老共产党被推选担任区委、区政府的领导工作。这样一来，瑞金县的苏维埃政权建设就大大加强，迅速恢复了工作。各级赤卫军、少先队、儿童团等组织也普遍建立并开展了活动……

根据中央的指示精神，瑞金县委、县苏维埃政府组织全县群众，民主选举了出席第一次全国工农兵代表大会的代表。邓小平、黄正等十几位同志当选为代表。

邓小平在东方庙居住、工作期间，当地的许多群众、党员干部，特别是贫苦市民和农民，都三个一伙、五个一群地来到他居住的楼房会见他，向县委书记反映瑞金的土地问题、政权建设问题，群众生活疾苦问题等等。人们信赖邓小平，尊重邓小平，大家都愿把心里话掏出来向他说。邓小平见着他们来，总是满面笑容地端凳倒茶，请他们坐到自己的身边，和蔼可亲地问他们各自的工作和职业、家庭身世和本人经历，进而向他们了解土地革命斗争开展的有关情况，有什么困难和问题，就像拉家常一般；而对于能够及时解决的问题，邓小平总是立即予以答复和指示办理，深得广大党员干部和人民群众的信赖和爱戴。①

县委书记古称“县太爷”，也是一个不小的“官”，但邓小平却没有把自己当“官”看，而是住在破庙，与人民群众打成一片，人民群众打内心喜欢这位“县太爷”，不但与邓小平拉家常，而且十分支持邓小平的工作。当然，现在的条件与革命年代相比，有了极大的改善，不需要领导干部去住破庙，但邓小平平易近人的工作作风与甘为人民“老黄牛”的奉献精神却永不过时，需要广大领导干部继承发扬。

纪念邓小平同志诞辰110周年大会上，习近平总书记指出，热爱人民，是邓小平同志一生最深厚的情感寄托，也永远是中国共产党人应该坚守的力量源泉。爱祖国、爱人民，是最深沉、最有力量的情感，是博大之爱。我们要始终为人民利益而奋斗，任何时候任何条件下都忠于祖国、忠于人民，脚踏实地践行党的宗旨，把自己的一生交给党和人民，为党和人民的事业鞠躬尽瘁、死而后已。

战争年代，我们党靠人民群众的支持取得了革命的胜利。淮海战役数十万群众推小车送补给的支援、苏区群众“十送红军”的深情、沂蒙山红嫂救活解放军战士的乳汁……这些都是党与人民群众血肉联

---

① 《邓小平在瑞金的故事》，赣州市中级人民法院网（2011年2月23日），http：//gzzy.chinacourt.org/public/detail.php？id=24849。

系的生动写照。现如今，一些党员干部对群众的事漠不关心，不顾群众意愿强占“口粮田”，不管群众健康任由企业排污等现象时时出现。有的党群、干群关系如“油水”般分离，有的甚至如“水火”般不容。90年来党的发展历程告诉我们，来自人民、植根人民、服务人民，是我们党永远立于不败之地的根本。全党同志必须牢记，密切联系群众是我们党的最大政治优势，脱离群众是我们党执政后的最大危险。

党的十八大报告指出，“精神懈怠危险、能力不足危险、脱离群众危险、消极腐败危险更加尖锐地摆在全党面前”，其中，脱离群众是最大的危险。习近平在2013年6月18日召开的党的群众路线教育实践活动工作会议上强调，群众路线教育实践活动要以县处级以上领导机关、领导班子、领导干部为重点。就是针对当前少数领导干部脱离群众的现象作出的一个重要判断，领导干部脱离群众在很大程度上损害了党的形象，伤害了人民的感情。因此，领导干部违背群众意愿和损害群众利益的行为需要切实纠正和防范。

2013年7月23日，习近平在武汉主持召开湖北省领导干部座谈会时说，这两天看了不少东西，接了地气，颇有收获。转变作风就是要打破“围城”“玻璃门”和无形的墙，深入基层、深入群众，多接接地气很好。“一枝一叶总关情”。什么是作秀，什么是真正联系群众，老百姓一眼就看出来了。

高高在上，必然脱离群众；“衙门作风”，必然脱离实际。领导干部只有高度重视群众工作，才能了解民情民意，善解民难民困，才能把人民群众的根本利益实现好、维护好、发展好。“知屋漏者在宇下，知政失者在草野。”领导干部一定要具备“耳听八方”的能力，经常深入基层，拉长耳朵，多了解不同层次、不同类型群众的意见和愿望，虚心倾听来自各方面的批评和建议，把群众的呼声作为第一信号。只有这样，才能在想问题、做决策、办事情的时候，自觉把广大人民群众的利益放在第一位。一定要耐心细致地与群众沟通交流，了解群众的诉求，讲明政策的要求，晓之以理，动之以情，变“教导”为“引导”，才能让人民群众愿意听、听得懂、听得进。一定要双手动起来，真正做一些让群众得实惠的实事、好事、贴心事，才能赢得群众信任，获得群众的支持。

不善于做群众工作、做不好群众工作已经成为一些领导干部能力素质的硬伤和瓶颈。因此，领导干部一定要不断提高做好群众工作的能力。一要提高深入群众的能力。领导干部只有深入到群众当中，才能了解人民群众的真实想法，与人民群众的呼声“共振”，与人民群众的需求“同频”。二要提高组织群众的能力。必须善于组织群众，要引导群众参与到决策中，倾听各个领域和各种群体的意见，充分考虑各方面的诉求，以获得最广大群众的拥护和支持；要引导群众参与到行动中，喊破嗓子不如做出样子，领导干部只有以身作则、率先垂范，让群众看到实实在在的成效，才能调动广大群众的积极性；要引导群众参与到监督中，什么事情一公开就透明，一透明就容易得到理解和支持，让群众参与到监督中，可以消除群众的疑虑，获得群众的支持。三要提高服务群众的能力。要找准群众关心的热点和难点问题，集中力量加以解决；要树立群众利益无小事的观念，对涉及群众切身利益的事情，即使再小也要竭尽全力去办。四要提高引导群众的能力。让群众深刻理解党的路线方针政策和各种决策，引导群众心服气顺地跟党走。在一些重大、敏感事件和重要政策方面，领导干部一定要善于用通俗的语言、用群众身边的事例，从群众的利益出发，做好宣传引导工作，特别是党政主要领导必要时必须走到群众中间、走到最前面，牢牢把握话语权，让群众获得及时、准确的信息。

二、领导就是为人民服务

1985 年 5 月 19 日，邓小平在全国教育工作会议上明确指出：“什么叫领导？领导就是服务。”一语道出了领导干部的职责所在：就是要甘做孺子牛、愿当勤务员，老老实实为社会主义打工，心甘情愿为人民群众劳作；就是要切实履行职责，凝聚起最大力量，为人民服务、为大局服务、为发展服务。没有服务意识，就不是称职的领导干部。

“领导就是服务”，是对马克思主义领导理论的高度概括。在阶级社会里，不同阶级的领导是为不同阶级的利益服务的。马克思主义第一次科学地说明了这一点，同时说明了“历史活动是群众的事业”，人民群众是社会的真正主人。因此，立志领导人民前进的共产党和党的干部，必须做“社会的负责的公仆”，彻底地为人民大众服务。

“领导就是服务”，是对我们党全部领导经验的科学总结。从一个被压迫、被围剿小党，变为世界最大的执政党，并且成功地领导着全国政权，根本原因就在于党始终如一地坚持了为人民服务的宗旨，从而获得了最广大人民群众最真诚、最有效的支持和拥护。

“领导就是服务”，揭示了执政党领导成败的关键。列宁曾尖锐地指出，执政党最大、最严重的危险是脱离群众。因此，要保持执政党的领导地位，唯一的出路就是密切联系群众，坚持为人民服务。

邓小平始终将关心群众利益看成是实现党的革命目标的阶梯和基石。全国解放后，他在一次会见国际青年代表团时明确指出：“中国共产党的含义或任务，如果用概括的语言来说，只有两句话：全心全意为人民服务，一切以人民的利益作为每一个党员的最高准绳。”一切从群众利益出发，全心全意为人民服务，这正是邓小平群众观的精髓和核心。

新中国成立之初，他在西南局工作时要求“用高度的热忱去关怀工人阶级的各方面”，特别指出：“不要忽视有利于工人阶级的‘小事’。”党的十一届三中全会以后，邓小平更是从关心群众的整体利益出发，提出以经济建设为中心，把国民经济搞上去，使人民生活得到改善和提高；提出允许一部分人先富起来，以先富带后富，实现共同富裕，他甚至把提高人民生活水平看成是我们党和国家的“最大的事情”。邓小平曾说：“我们每做一件事，都要看人民‘拥护不拥护，赞成不赞成，高兴不高兴，满意不满意’。”

我们的党是个执政党，我们不少干部是身居要职手握重权的。那么，我们应该怎么看待和使用手中的权力呢？邓小平在1962年扩大的中央工作会议上，针对当时存在的问题就再次提醒全党同志：“不要以为自己有了权就好办事，有了权就可以为所欲为，那样就非弄坏事不可。”他说：“我们进了城，执了政，是做官呢？还是当人民的勤务员呢？这个问题是毛泽东过去多次讲过的。可以有两种态度：一种是做官，一种是当人民的勤务员。如果不是做官，而是当人民的勤务员，那就要以普通劳动者的面貌出现，要平等待人，要全心全意地为人民服务。

在当前关注民生问题、破解民生难题中，不仅应将“领导就是服务”说得更响亮，而且各级领导更要身体力行、率先垂范，下真功夫、花大气力提高服务的效率与质量。各级领导干部要找准服务大局、服务发展、服务基层、服务群众的着力点，努力破解民生难题、激活发展要素，深入推进政务公开，简化办事程序，提高办事效率，实行阳光行政。“领导就是服务”关键是看实效。对基层和群众反映突出的问题应认真查处，规范工作程序，量化服务标准，完善首问责任、服务承诺、一次性告知、限时办结、责任追究等制度，确保规范运转、高效运转。要下决心改进会风文风，减少应酬接待，引导机关干部扑下身子干实事。而服务的目的就是要让基层和群众满意。要把发展为了人民、发展依靠人民、发展成果由人民共享的思想，贯穿在领导作风建设的各个方面，在制定政策、部署工作时，充分尊重和吸纳基层和群众的意见。要深入基层、深入群众，把他们急需的政策、技术、信息、发展思路送上门，把党和政府的温暖送上门，把讲在会上、贴在墙上的口号和要求化为主动为基层和群众服务的具体行动。

第十一章

邓小平开拓创新智慧与领导艺术

第一节　辩证思维

——一切都是辩证的，一切都在发展变化中

早在1938年，邓小平在太行山工作时讲过一句话："一切都是辩证的，一切都是发展变化的。"毛泽东对此十分赏识，说邓小平的这句话很厉害，抓住了马克思主义的实质。此后的四五年间，毛泽东经常将邓小平的这句话挂在嘴边上。1957年在省、市、自治区党委书记会议上，毛泽东又指出，"要照辩证法办事，是邓小平讲的，我看全党都要学习辩证法，照辩证法办事。"

辩证思维，是以普遍联系、变化发展和对立统一的视角认识事物的思维方式，避免对立地看问题，防止孤立地看问题，克服表面上看问题，善于从劣势中看到优势，从危机中看到机遇，从落后中看到希望，从差距中看到潜力。

一、用发展的眼光看问题

早在1938年，邓小平在太行山工作时讲过一句话："一切都是辩证的，一切都是发展变化的。"毛泽东对此十分赏识，说邓小平的这句话很厉害，抓住了马克思主义的实质。此后的四五年间，毛泽东经常将邓小平的这句话挂在嘴边上。1957年在省、市、自治区党委书记会议上，毛泽东又指出，"要照辩证法办事，是邓小平讲的，我看全党都要学习辩证法，照辩证法办事。"

邓小平对辩证法的理解不但赢得毛泽东的欣赏，更是为中国的改革开放奠定了基础。作为改革开放的总设计师，邓小平特别强调按辩证法办事。可以说，注重辩证法，用辩证法解决问题，是邓小平一贯坚持的思维方式。正是由于坚持辩证思维，他才能在改革开放中不断解放思想，提出许多有重要影响的创新论断。

例如，邓小平提出社会主义初级阶段理论，这是个实事求是的结论。因为我们中国也是在资本主义时代进行的革命。在资本主义时代，世界分成两部分：资本主义宗主国家和殖民地半殖民地国家。我们虽处于资本主义时代，但我们曾经属于殖民地半殖民地的落后国家。所以我们的任务是，既要取得资本主义的成果，又要超越资本主义。中国的社会主义是在这样一个历史背景下产生的，所以只能叫"初级阶段"，就是不发达的社会主义阶段。什么是社会主义初级阶段？邓小平指出，严格地说我们现在是不够合格的社会主义，社会主义具有的优点和长处我们还没有达到。所以现在我们需要埋头苦干。社会主义初级阶段，是实事求是地反映我国的国情，将超越社会主义历史阶段的水分挤掉。而过去有些想法和做法，例如认为资本主义做过的事我们都不能做，我们只能做资本主义之后的事。这种老要跟资本主义"对着干"的思维方式，超越了历史阶段，就不是实事求是。

邓小平讲走中国特色社会主义道路，就要从实际出发，根据我们的实际情况来做，推动生产力的不断发展。社会主义没有一成不变的模式。社会主义从来都是在实践中创造出来的，不是按照固定的模式套出来的。怎么才能搞好社会主义？邓小平提出了“三个有利于”，概括得简单明确，最可贵的是找到了客观的标准，坚持了实事求是。“三个有利于”标准不是一个固定的模式，而是以一个动态的要求、一个动态的逻辑，是用发展的眼光看问题，从而揭示了社会主义的本质。

一位伟大的哲学家曾经讲过，“一个人不可能两次踏进同一条河流”，这句话非常经典地说明了事物是不断发展变化的。任何事物都有由小到大、由简到繁，由低级到高级，由旧质到新质的运动变化过程，这是事物内部不断产生、发展的过程。

世界上任何事物都不是静止不动的，万事万物都处于不断的发展变化之中。事物发展本身就是一个连续不断的过程。当前，科学技术的发展日新月异，21 世纪头 20 年，是我国经济发展的重要战略机遇期，也是我国科学技术发展的重要战略机遇期，关系全面建设小康社会目标与“中国梦”的实现，关系着社会主义现代化事业的成功，关系着中华民族的伟大复兴。依靠“科学”进步、依靠“科学”发展具有重大的现实意义和深远的战略意义。当前，领导干部只有具备与时俱进的精神，用发展的眼光看待世界，才能树立超前的战略思维，以更开放的眼光审视自己，以更开放的眼光博采众长，以更开明的意识吐故纳新，跟上时代前进的步伐。广大领导干部要精心谋事、潜心干事，用发展的眼光认清形势，按发展的思路谋划工作，靠发展的办法解决问题。

人无远虑，必有近忧。领导干部，担负着一个地方、一个部门的发展重任，如果他们鼠目寸光，只看当前，就会变得胸无大志、盲目无从；而只注重长远，就会变得眼高手低，目无一切，不切实际。在实际工作中，领导干部只把握眼前情况，做好眼前的工作，很容易做到，难就难在如何用发展的眼光看问题，用发展的眼光干事情。

孙中山先生说："世界潮流，浩浩荡荡，顺之则昌，逆之则亡。"这也警示了我们要不断研究新情况、发现新问题、总结新经验、提出新方法，才能使主观适应不断变化的客观实际，把各项工作做好。生活如逆水行舟，不进则退，加强学习，革故推新，值得领导干部去深思和警醒。

二、提高辩证思维能力

在马克思主义哲学中，辩证法是关于世界普遍联系和永恒发展的科学，是与形而上学根本对立的世界观和方法论，即把世界理解和描绘为普遍联系的整体和永恒发展的过程，把发展理解为事物自身固有的各种矛盾发展的结果。辩证法对社会主义革命和建设都起了至关重要的作用。毛泽东运用内因与外因、主要矛盾和主要矛盾方面的观点，确立了中国社会变革的基本思路，丰富和发展了辩证法。邓小平从当代中国社会实际出发，继承和发展了马克思主义辩证法，针对我国社会主义实践中出现的一系列新问题、新矛盾，提出了一系列科学的方针政策，也包含了丰富的辩证法思想，为中国改革开放扫除了思想障碍。

以前理解社会主义总是很机械，以为像盖大楼一样：先设计好图纸，再来施工建设。过去老是争论姓"社"姓"资"问题，就是像对照图纸来检验工程一样。这种"蓝图"式的思维并不符合马克思主义的历史观。马克思认为，人类社会历史的发展是个"自然历史过程"。就是说，历史过程虽然有人的参与，但它并不是一个人为的过程。社会主义、共产主义并不是先有了固定蓝图，然后按照蓝图施工建造出来的，而是像生命的成长一样历史地发展出来的。生命的成长不可能是这样：父母先画个图，然后让孩子按这个图纸生长。按照马克思的观点，共产主义社会的实现，是个不断的探索、开拓、创造的过程。邓小平对社会主义的看法就与马克思的看法很一致。邓小平认为，“什么是社会主义”与“怎样建设社会主义”，是一个问题而不是两个问题。社会主义是个好东西，问题是我们如何建设实现它，如何将社会主义的优越性体现出来？世界上叫社会主义的国家有很多，是不是一叫社会主义就必然胜利了？不是的！只有搞好了，体现出了社会主义优越性才是胜利。社会主义在我国的胜利也不是自发的、单一的必然性，而是取决于我们干得怎样。这就是邓小平辩证思维的过人之处。

由此可见，辩证思维是领导干部的重要思维方式，而辩证思维能力是领导干部的重要核心能力之一。

第二节　与时俱进

——从“三个世界”到东西南北问题

1985年3月4日，邓小平在会见日本商工会议所访华团时，从政治角度和经济角度对当时国际形势作了分析，说：现在世界上真正大的问题，带全球性的战略问题，一个是和平问题，一个是经济问题或者说发展问题。和平问题是东西问题，发展问题是南北问题。概括起来，就是东西南北四个字。南北问题是核心问题。

邓小平准确把握当今世界的潮流，对国际形势进行了科学的分析和判断，改变了世界战争不可避免的看法，明确提出和平与发展是当今世界的两大问题，指出世界多极化的发展趋势。由此，邓小平提出了一系列重大的战略决策，制定了许多我们必须长期坚持的战略方针和需要完成的任务，为顺利、全面地开展我国的对外工作指明了前进的方向，打下了坚实的基础。

一、与时俱进的思维品质

国际战略，外交谋略，均基于一个对世界形势的基本看法，恰如诸葛亮的《隆中对》，纵论天下大势，然后给刘备献出“三分天下享其一”的定国谋略。

邓小平提出的国际战略思想，主要是在20世纪70年代到90年代初这一时期形成和发展起来的，是对毛泽东、周恩来的国际战略思想的继承和发展，是在他们的基础上，根据时代的发展进行了与进俱进的发展。这一时期，无论国内形势还是国际形势都发生了深刻变化。在国内，结束了“文化大革命”，实现了全党工作重点的转移，走出了一条建设有中国特色社会主义的道路并取得举世瞩目的成就。在国际上，东欧剧变，苏联解体，两极格局瓦解，冷战结束。邓小平敏锐地发现这一变化，提出“东西南北”这种不明确但却十分灵活的角色定位，正是中国在80年代和90年代初得以成功地推行全方位独立自主和平外交战略的基石。

邓小平从来不迷信“本本”，邓小平同志说：一个党，一个国家，一个民族，如果一切从本本出发，思想僵化，迷信盛行，那它就不能前进，它的生机就停止了，就要亡党亡国。只有解放思想，坚持实事求是，一切从实际出发，理论联系实际，我们的社会主义现代化建设才能顺利进行，我们党的马列主义、毛泽东思想的理论才能顺利发展。如何从实际出发，就是要根据实际情况的变化而变化，这种变化就是与时俱进。邓小平同志特别重视解放思想，30年来我们党带领广大干部群众多次打破了精神枷锁，靠着解放思想这个法宝，我们夺取了改革开放和现代化建设的一个个胜利。

开拓创新与解放思想是一个与时俱进、永无止境的过程，死守旧观念，必然阻碍事物更好更快地发展。领导干部如果不提高思想认识，不转变观念，仍然拿着新教材走着老路子，最终将被深入改革的大潮所淹没。因循守旧只能固步自封，锐意改革方可勇立潮头，正如习近平同志所说的那样：“自觉把思想认识从那些违背科学发展观要求的观念、做法和体制机制的束缚中解放出来，不满足现状，不因循守旧，与时俱进地推动经济社会又好又快发展。”

创新精神是中华民族延续5000多年的文明史的不竭动力，中国革命建设的奋斗历程也是中国共产党领导人民不断开拓创新的历程。国际形势在不断变化、实践和创新也要变化。我国改革开放和现代化建设在前进，要求我们必须解放思想、实事求是，与时俱进，开拓创新。

二、创新就是打破惯性思维

曾经因为人们习惯于驾驭马车，而控制马的是缰绳，所以世界上的第一辆汽车没有方向盘，而是一个缰绳。这是一种惯性思维，我们要打破这种思维，才能有所创新。

惯性思维指人习惯性地因循以前的思路思考问题，仿佛物体运动的惯性。惯性思维是一种遵守某种规则的思维定势，通常在不知不觉中对人们的行为起决定性作用。惯性思维常会造成思考问题时有盲点，且缺少创新或改变的可能性。惯性思维往往使人们墨守成规、排斥创新，用老眼光、老办法来观察和处理问题。这些看不见摸不着的思维习惯，在一定程度决定了人的决策行为的方向和质量。

惯性思维在许多领导干部身上或多或少地存在。在日常工作中表现为：一是经验主义。动不动就以惯例论事，凭个人的经验，凭感觉、凭好恶盲目决断，文件没规定的不敢想，上级没有吩咐地不敢做，别人没做过的不敢干，甚至一些先进地区已经创出的成功经验，也不敢大胆地学习借鉴。二是缺乏干劲。在矛盾和困难面前，缺乏敢闯敢干、敢于碰硬的精神，缺乏迎难而上、知难而进的勇气，工作求四平八稳，避生就熟。三是满足现状。以从前怎么样为借口，迈不开步开不了局，干起事来创新意识不强，动作不大。小富即安，小业即停，小成即稳。

领导干部具有这种惯性思维，往往就会观察事物只有一个视角，思考问题只有一条思路、研究工作只有一种方案、处理事情只有一个方法，缺乏敢于突破的胆略和勇于创新的气魄，按照常规按部就班地亦步亦趋。长此以往，必然影响领导干部所负责的单位、地区、部门的长远发展。

创新需要从打破惯性思维开始。人都爱用常用的方式思考和行动，就养成了根深蒂固的惯性思维。

霍布森是300多年前英国伦敦郊区一位做马匹生意的商人，他常说："买我的马，租我的马，价格很低，可以随意选。"霍布森的马圈确实很大，马匹也很多，然而遗憾的是，马圈只有一个小门，因此在马圈门口的总是小马、瘦马。霍布森狡猾地规定买主只能在马圈门口挑选马匹，可买主高高兴兴地挑来挑去，总是不能如愿，最后只好失望而归。当然，霍布森的马也没有卖出去。研究决策学并获得诺贝尔奖的西蒙把这种低质量的决策现象定义为"霍布森选择"。

"霍布森选择"就是小选择、假选择、形式主义的选择。当事人自以为在很大范围内做了选择，而实际上思维的空间很小，选择的空间很小。这一点应该引起领导干部的重视。人们习惯于在熟悉的环境中进行选择，这样的选择就有可能把最好的方案漏掉，造成决策的失误。所以说"霍布森选择"是领导决策的最大障碍。也许有人会认为自己素质高、能力强，不可能犯"霍布森选择"这样的错误，而有时正是惯性思维使人们的眼光受到限制。因此，领导干部应该放开眼界，果断摒弃惯性思维，才能在本地区本部门的工作推进中实现创新。

第三节　超前意识

——主持修建大西南成渝铁路

预见性与超前意识，这是邓小平领导风格的鲜明特点。领导者需要预见，没有预见，就没有领导。古人说，“不谋全局者，不足谋一域；不谋万世者，不足谋一时。”这在邓小平的领导工作中有极为生动切实的体现。他基于战略洞察力基础上提出的重大思想，极大地开拓和扩展了全党的视野和境界。

全国还没有解放时，邓小平就有了修建成渝铁路的设想，由于他的提议，新中国成立的第二年，成渝铁路开工。1953 年 7 月 30 日，成渝铁路正式交付运营。它横穿四川盆地，沿线物产富饶，能够有力地促进西南地区物资流通，对发展生产和繁荣经济起着重要作用。

一、超前意识带来创新思维

早在进军大西南之前，邓小平就常说：“我们到了四川一定要把成渝铁路修好。”1949 年 6、7 月间，邓小平在率二野进军四川之前，两次专程到时任上海市市长的陈毅家中拜访其堂兄、我国著名兵工专家陈修和，商谈如何加快成渝铁路修筑的问题。陈修和介绍说，抗战期间，汉阳钢铁厂的许多设备和技术力量已迁到重庆钢铁厂。重庆解放后，若充分利用这些设备和技术力量，每年可产 4 万多吨铁路钢轨，基本可以解决成渝铁路修建所需的钢轨问题。现在成渝铁路不少路基已筑成，部分桥墩、桥涵、隧道已连通，充分利用这些条件，筑路工期是可以缩短的。对此，邓小平十分赞同，请陈修和物色一些兵工技术人才，写一份关于修建成渝铁路的意见书。陈修和欣然应允，并表示8月中旬交差。8月17日，邓小平专门派二野军械处处长陈志坚带着他的亲笔信与陈修和接洽办理。陈修和不负所望，为西南建设精心物色了几十名兵工技术专家，组成了一个技术大队。

1950年1月2日，邓小平在向中共中央报告重庆解放一个月后西南的情况和建设新西南的计划时，特别提出“着重于修成渝铁路”。新中国成立初期，百废待兴，单就铁路来说，至少有两条亟待开工，一是海军提出修建从山东蓝村经烟台到浙江萧山的铁路，以备海防；二是新疆的王震给中央打了四五次报告，请求加快宝兰、兰新铁路建设，以巩固西北边防。这都是迫在眉睫的任务。因此，当邓小平赴京向毛泽东请示时，毛泽东说，你能说服我，我就鼎力相助，否则，就暂时搁置。邓小平便讲了三点：第一，四川交通闭塞、政令不畅，古人云：天下未乱蜀先乱，天下已治蜀未治。不修铁路，不利于四川的政令畅通。第二，重庆、成都是西南中心城市，如修建铁路，可以带动四川乃至西南百业兴旺，并向全国提供优质大米和猪肉、禽蛋等副食品，互通有无。第三，中国人还从未自行设计、自行施工修建铁路，如果成渝铁路率先修成，既可提高中国的国际声望，也可使大大小小的工厂订货充足，加快工业发展。这三条理由让毛泽东下定决心：“修成渝铁路，先期启动资金拨2000万公斤小米工价。”国家当时财政相当困难，党中央和政府为了西南人民，决定在极其艰难的条件下立即开始兴建成渝铁路。1953年7月30日，成渝铁路正式交付运营。它横穿四川盆地，沿线物产富饶，能够有力地促进西南地区物资流通，对发展生产和繁荣经济起着重要作用。

人贵有超前意识。拥有超前意识，就是能够对未来某行业在现有的条件下会发生什么样的转变作出预测，从而对资金的使用、资源的分配作出适当的调度，使自己能够赚取大量的利润。这与我们的古话

“凡事预则立，不预则废”意思相通。

毛泽东同志曾指出：“没有预见就没有领导。”他在党的七大报告中讲，一个领导，“坐在指挥台上，只看见地平线上已经出现的大量的普遍的东西，那是平平常常的，也不能算领导。只有当还没有出现大量的明显的东西的时候，当桅杆顶刚刚露出的时候，就能看出这是要发展成为大量的普遍的东西，并能掌握住它，这才叫领导。”领导干部作为“领头雁”和“排头兵”，必须提高预见能力，增强工作的预见性，不但要知晓昨天和今天，还应该把握好明天和后天，从而下好先手棋、打好主动仗。

“善除患者，理于未生；善胜敌者，胜于无形。”领导干部要有超前意识。超前意识是对未来的洞察和远见，是富有预见性的重要体现。然而，有的领导干部只管眼前、不顾将来，只埋头拉车、不抬头看路，犹如“盲人骑瞎马，夜半临深池”，令人堪忧。没有超前思维，就没有预见性，就不可能掌握工作的主动权。被动应付是很难开创事业新局面的。领导干部要做到思想上先人一步，行动上快人一拍，想在人先，做在人前，对可能遇到的困难和问题提前考虑、超前谋划，努力抢占先机、掌握主动、赢得优势。

“凡事预则立，不预则废。”废立之间看预见、见水平。预见精准，事半功倍；谋划失当，事倍功半。有的领导干部眼光狭隘，奉“今日不知明日事，明日有事再请示”为信条，以为“车到山前必有路”，结果工作上总是很被动。领导干部要有“一叶知秋”的洞察力和“风物长宜放眼量”的长远眼光，既善于观察具体、捕捉细微，又目光远大、高瞻远瞩，及时对事物的发展变化趋势作出准确的预见。

领导干部的预见能力不是与生俱来的，而是后天学习和实践中获得的。一个成功的预见，决不是仅待在办公室就能产生的，而是需要长期的实践历练，需要深入调查研究，再加上冷静理性思考，演绎归纳，科学判断，才能做出的。路是走出来的，预见能力是炼出来的。领导干部要积极投身到人民群众创造历史的火热实践中，真正深入农村、深入基层，在实践中经受摔打锻炼，在服务群众中积累智慧经验，不断增强预见和判断的本领。

二、超前意识应有一个限度

2014 年 10 月 15 日，中共中央总书记习近平在全国文艺工作座谈会上提出了“不要搞奇奇怪怪的建筑”。事出有因，近年来，我国“奇奇怪怪的建筑”频频现身，2014 年 5 月，石家庄市一文化园仿制“狮身人面像”，结果引来“正版”拥有国埃及向联合国教科文组织投诉。被不断山寨的还有法国的埃菲尔铁塔、美国的白宫。

事实上，在城市规划与建设中，真正的超前意识是重视城市的里子，也就是排水系统，而不是表面的标志性建筑。在这方面，我们不妨看看法国巴黎的经验。

作为一个具有悠久历史的欧洲名城，巴黎的下水道系统，就像埃及的金字塔一样，是一个绝世的伟大工程，这里没有黑水横流的垃圾，也没有臭气熏天的各种腐烂物体。事实上自从雨果在《悲惨世界》中描写了冉阿让背负自己的未来女婿穿过了一段危险又深邃的下水道流沙泥之后，巴黎的下水道系统又经过了无数次的改进，现在，巴黎人甚至将其开发成了一个下水道博物馆，向世人介绍他们的成就。

下水道博物馆位于塞纳河阿尔玛桥畔，这里没有显眼的建筑，只有一个很不起眼的售票亭，掏 3.8 欧元购票后即可从旁边狭窄的旋梯进入地下探究巴黎的“五脏六腑”。据介绍，每年来此参观的游客有近 10 万人。

法国首都巴黎的下水道博物馆入口从外表看并不特别，就是一个普通的下水道井盖。但是掀开这个井盖进入地下，就仿佛进入了一个地下宫殿。巴黎下水道虽然修建于 19 世纪中期，但就是用现在的眼光看，这些高大、宽敞如隧道般的地下空间也是不同凡响。人们在这里游览，可以全面了解巴黎的地下排水系统。

150 多年前，法国作家雨果曾说，下水道是“城市的良心”，是对城市建设者良心的考验。在城市的发展中，决策者不能只热衷于地面上的绿化、亮化、美化等看得见的“面子工程”，而忽略了城市排水系统等看不见的“里子工程”；不能光有一日千里的热情，而缺乏“一管百年”的思维。在城市建设过程中，要制定出科学、长远、周全的城市规划，必要时可以通过法律法规提升城市规划的地位。如果仅忙于单兵突进式的修修补补，而不注重城市的长远与整体规划，仍然难以摆脱逢雨必涝的魔咒。

第四节　理论创新

——中国特色社会主义理论体系

邓小平不但善于从实践中总结经验，还善于将经验上升至创新的理论——邓小平理论。邓小平理论是富于创造性的理论。邓小平曾经谦虚地说，要说我自己有什么理论创新或者贡献之类的话，我只是将人民群众的创造加以概括罢了。这其实是他个人的谦虚而已。

一位俄罗斯学者在评价邓小平时说：“用现实主义态度对待世界、对待生活是马克思主义的精髓，所以，对他来说，知识的源泉就是不断变化的生活。一个政治家的任务就是要认真思考正在发生的变化和制定符合这种变化的路线，邓小平的人生哲学，不是斗争哲学，而是实践哲学。”①

① 《邓小平研究述评》下册，中共文献出版社 2003 年版，第 950 页。

一、理论并非不变的教条

马克思主义历来认为理论很重要，因为它能武装人们的头脑，对实践有巨大的指导意义。正因为如此，马克思主义历来反对经院式的理论研究，主张立足于实践，从实践经验中提炼理论，又反过来用理论指导实践。马克思有句名言："哲学家们只是用不同的方式解释世界，而问题在于改变世界。"

但是马克思主义传到中国后，一些人把马克思主义神圣化、僵硬化，从而产生了教条主义。教条主义亦称"本本主义"，是主观主义的一种表现形式。主要特点是把书本、理论当教条，思想僵化，一切从定义、公式出发，不从实际出发，反对具体情况具体分析，否认实践是检验真理的标准。在中国共产党历史上，教条主义阻碍马克思主义普遍真理同中国的具体实践相结合，曾给革命和建设带来严重危害。

邓小平作为亲历者，对教条主义的危害十分清楚，因此，他向来反对教条主义，认为马列主义、毛泽东思想不是一成不变的教条，而是要与实际相结合，在实践中发展。一句话，理论并非不变的教条。

1992 年 8 月，邓小平在著名的南方谈话中指出："学习马列要精，要管用的。长篇的东西是少数搞专业的人读的，群众怎么读？要求读大本子，那是形式主义，办不到……我们改革开放的成功，不是靠本本，而是靠实践，靠实事求是。……我读的书不多，就是一条，相信毛主席的实事求是。"邓小平尤其善于学习马列，在求精通、管用上下工夫。他在南方谈话中还说过，你们查一查，我们三中全会以来所作的决定，哪一条是从马列主义的书上抄下来的，没有。但是你再查一查，我们哪一条是违反马列主义、毛泽东思想的，没有。学马列要精要管用，重在把握"精髓"，着眼于对实际问题的理论思考，着眼于新的实践。[1]

各级领导干部是各地、各部门发展的推动者，所以领导干部思想是否解放至关重要。但现实中有这样的现象，说到个人，没有人承认自己思想不解放，而一说到地方发展，又异口同声认为原因在于思想不够解放。嘴上讲要解放思想，实际做却墨守成规；见事早行动慢，被形势推着才挪步。出现这种现象的根源在于领导干部的头脑中有教条主义的痕迹，思想不解放，担心出事情，所以采取观望的态度。

思想是行动的先导。思想解放的程度决定改革的深度、开放的力度、崛起的速度。解放思想不是领导干部追求的终极目的，而是一种思想境界，是一种思维方法，是党的思想路线的本质要求。

领导干部要做解放思想的表率，首先要树立理论是指导发展的而不是限制发展的新思维，不要被理论所束缚。当然，这里所说的理论，不但是政治理论，还包括经济理论等。随着对外开放的深入，许多经济理论也输入中国，如“中等收入陷阱”等。

所谓的“中等收入陷阱”是指当一个国家的人均收入达到中等水平后，由于不能顺利实现经济发展方式的转变，导致经济增长动力不足，最终出现经济停滞的一种状态。按照世界银行的标准，2012 年我国人均国内生产总值达到 6100 美元，已经进入中等收入偏上国家的行列。当今世界，绝大多数国家是发展中国家，存在所谓的“中等收入陷阱”问题。像巴西、阿根廷、墨西哥、智利、马来西亚等，在 20 世纪 70 年代均进入了中等收入国家行列，但直到 2007 年，这些国家仍然挣扎在人均 GDP3000 美元至 5000 美元的发展阶段，并且见不到增长的动力和希望。

“中等收入陷阱”这一概念是从一些国家经济发展的现象归纳而来的。世界银行报告认为，过去 200 多年中，多数国家与地区顺利地从低收入阶段进入中等收入阶段，但往往在中等收入阶段迈向高收入

① 《反对本本主义首先要“胸有本本”》，理论网（2009 年 5 月 22 日），http：//www. cntheory. com/news/Zxzxxxxjl/2009/522/0952210041JA7I6HDB6B76AD70I3E5. html。

阶段时止步不前。如20世纪六七十年代，世界上有101个中等收入经济体，到2008年，其中只有13个成为高收入经济体。

有些人甚至部分领导干部认为我国会落入“中等收入陷阱”的观点大都出自一种推论，即我国已经保持快速增长30多年，继续保持更长时间快速增长世界上还没有先例。但综合考虑各种因素，我国作为一个发展很不平衡的大国，作为一个快速转型的新兴市场经济体，有充足的条件延续中国奇迹、跨越“中等收入陷阱”。因此，从某种意义上说，认为我国出现“中等收入陷阱”也是一种新的教条主义。

从理论上看，收入水平高低是发展的结果，而不是发展的原因，中等收入并不是出现发展陷阱的条件，与最终发展结果也不构成某种必然逻辑关系。与低收入阶段相比，中等收入阶段更有利于克服贫困、改善民生和实现均衡发展。从实践上看，许多国家和地区的发展经验表明，中等收入阶段只是转向高收入阶段的一个必经过程，并不必然产生陷阱效应。当今世界的高收入经济体都经历过中等收入阶段，但并没有落入陷阱。此外，近些年又有一些国家继那13个经济体之后走过中等收入阶段，成功进入发达经济体行列。

“中等收入陷阱”有借鉴意义，但并不是放之四海而皆准的真理，特别是中国的国情与其他国家有所不同，这些关于中等收入陷阱的议论应用到中国根本就没有意义。如我国沿海地区已经是中等收入，发展依然很好，一点没有下降的迹象；而西部地区还远没有达到中等收入，所以也不存在这个问题。这个例子也说明在观察中国经济时，不能简单地看全国平均数，要看构成平均数的各个地方经济体。“中等收入陷阱”并不可怕，各级领导干部不能因此而放慢发展，停滞观望。

2014年11月10日，国家主席习近平在北京亚太经合组织（APEC）领导人峰会上同工商咨询理事会代表对话时说，对中国而言，“中等收入陷阱”是肯定要过去的，关键是什么时候迈过去、迈过去以后如何更好向前发展。我们有信心在改革发展稳定之间，以及稳增长、调结构、惠民生、促改革之间找到平衡点，使中国经济行稳致远。

二、以创新的态度发展理论

马列主义的生命力在于变而不是在于不变。列宁曾强调："我们决不把马克思的理论看成某种一成不变的和神圣不可侵犯的东西；恰恰相反，我们深信：它只是给一种科学奠定了基础，社会党人如果不愿落后于实际生活，就应当在各方面把这门科学推向前进。"

列宁这段话明白地告诉我们，马克思主义在当时的俄国需要与实际相结合，然后向前发展。这就是马克思主义必须实现俄国化。同样马克思列宁主义传到中国，也必须"落地"，实现中国化。历史经验表明，这是一条真理，违背这个真理，就要走弯路。

马克思主义中国化是在不忘马克思主义"老祖宗"的基础上"说新话"，其实质是中国共产党人对马克思主义的理论创新。毛泽东1930年在《反对本本主义》中指出："马克思主义的'本本'是要学习的，但是必须同我国的实际情况相结合。我们需要'本本'，但是一定要纠正脱离实际情况的本本主义。"①

毛泽东创新了马克思列宁主义，所以中国革命取得了成功；邓小平创新发展了毛泽东思想，所以中国改革开放取得了成功。

改革开放以来，我们党积极稳妥地推进社会主义制度的自我完善和发展，促进了中国特色社会主义制度的成熟和定型。中国特色的社会主义制度，包括人民代表大会制度的根本政治制度，中国共产党领导的多党合作和政治协商制度、民族区域自治制度以及基层群众自治制度等基本政治制度，中国特色社会主义法律体系，公有制为主体、多种所有制经济共同发展的基本经济制度，以及建立在

---

① 《毛泽东选集》第1卷，人民出版社1991年版，第111—112页。

这些制度基础上的经济体制、政治体制、文化体制、社会体制等各项具体制度。中国特色社会主义制度既将马克思主义对社会主义制度的基本设想变为现实，又根据我国国情进行了实事求是的探索创新，体现了自身的智慧和比较优势，也是中国共产党以创新态度对待理论的必然结果。

习近平总书记在新进中央委员会的委员、候补委员学习贯彻党的十八大精神研讨班上的讲话中指出："我们党始终强调，中国特色社会主义，既坚持了科学社会主义基本原则，又根据时代条件赋予其鲜明的中国特色。这就是说，中国特色社会主义是社会主义，不是别的什么主义。"我们吸取苏联东欧改革走入改旗易帜的歧途的教训，在创新中虚心学习借鉴人类社会创造的一切文明成果，但绝不数典忘祖，始终坚持马克思主义基本立场、观点和方法。正如习近平总书记所讲："马克思列宁主义、毛泽东思想一定不能丢，丢了就丧失根本"，"中国特色社会主义这条道路，我们看准了、认定了，必须坚定不移走下去。"

中国特色社会主义制度的鲜明特征，主要表现为保证人民当家作主、协调国家机关高效运转、凝聚各族人民力量建设视图。人民当家作主，就是坚持人民民主，只有充分发扬人民民主，才能保证决策的科学性，体现最大多数人的利益和需要，从而凝聚起最大多数人的力量；协调国家机关高效运转，就是坚持中国共产党领导的多党合作和政治协商，与最广大人民形成共识，达成最大公约数，保证国家政令畅通；凝聚各族人民力量，就是具有强大动员力量，能够全国"一盘棋"，集中力量办大事，充分调动广大人民群众的积极性，为大多数人谋利益。中国特色社会主义制度所呈现的民主和集中的有机统一、高效运转、集中力量办大事等优势，引发了西方有识之士的制度反思和改革呼吁。美国《福布斯》杂志网站《领会来自中国的启示》一文写道，"或许我们可从中国人那里学习集体努力的力量：不同的个人和组织携手为一个共同目标努力，齐心协力致力于经济发展"。《组约时报》专栏作家弗里德曼在文章中指出："当现实有需要的时候，中国领导人可以修订法律法规、制定新的标准，改进基础设施，促进国家的长期战略发展。这些议题在西方国家的讨论和执行，需要花几年甚至几十年的时间。"弗里德曼因此提出了"做一天中国"的呼吁。

第十二章

邓小平把握大势智慧与领导艺术

第一节　全球视野

——科学技术是第一生产力

“科学技术是第一生产力”是邓小平运用马克思主义观点分析科学技术作用提出的一个重要论断。他在1978年3月召开的全国科学大会上指出：“科学技术是生产力，这是马克思主义历来的观点。”1988年9月，他又进一步指出：“马克思说过，科学技术是生产力，事实证明这话讲得对。依我看，科学技术是第一生产力。”1992年春，他在视察南方的谈话中又说：“经济发展得快一点，必须依靠科技和教育。我说科学技术是第一生产力。”

一、科学技术是第一生产力

1988年9月5日，邓小平在同捷克斯洛伐克总统胡萨克谈话时指出："马克思说过，科学技术是生产力，事实证明这话讲得很对。依我看，科学技术是第一生产力。"这个论断，继承与发展了马克思主义，是马克思主义的一个新概括，是从当代科学技术急剧发展及其在社会进步中的巨大作用这个事实中概括出来的。

其实，"科学技术是生产力"是马克思主义的基本原理。马克思曾指出："生产力中也包括科学"，并且说："固定资本的发展表明，一般社会知识，已经在多么大的程度上变成了直接的生产力。"马克思还深刻地指出："社会劳动生产力，首先是科学的力量"，"大工业把巨大的自然力和自然科学并入生产过程，必然大大提高劳动生产率"。

邓小平根据当代科学技术发展的趋势和现状，提出了"科学技术是第一生产力"的论断。邓小平的这一论断，体现了马克思主义的生产力理论和科学观。"科学技术是第一生产力"，既是现代科学技术发展的重要特点，也是科学技术发展的必然结果。社会生产力是人们改造自然的能力。作为反映人类认识自然、改造自然能力的自然科学，必然包括在社会生产力之中。科学技术一旦渗透和作用于生产过程，便成为现实的、直接的生产力。现代科学技术发展的特点和现状告诉我们，科学技术特别是高技术，正以越来越快的速度向生产力诸要素全面渗透，同它们融合。

面对现代科学技术的新的革命形势，我们要实现经济的振兴，必须把科学技术作为战略重点放在突出的位置上，只有坚定地推动科技进步，才能在激烈的竞争中取得主动。

中国共产党夺取全国政权后，面临着一个积贫积弱又饱经战乱的烂摊子。1949年10月31日，新中国诞生还不到一个月，毛泽东便亲自将中国科学院印信颁给院长郭沫若。第二天，中国科学院正式成立。这一举措在全国及海外华裔科技人员中引起了强烈反响，同时也体现出党中央对建立与发展中国自己的科学事业寄予厚望。

1956 年 1 月，中共中央召开全国知识分子问题会议。毛泽东、周恩来在会上要求全党、全军和全国人民努力学习科学知识，为迅速赶上世界科学技术先进水平而努力奋斗。毛泽东在讲话中指出："我们国家大，人口多，资源丰富，地理位置好，应该建设成为世界上一个科学、文化、技术、工业各方面更好的国家。"就是在这次会议上，党中央发出了"向科学进军"的伟大号召。

总体上看，"文革"前的 17 年是毛泽东科技思想走向成熟的时期。通过艰辛探索，毛泽东逐渐形成了依靠科学技术发展社会生产力的明确认识。在毛泽东科技思想的指引和感召下，国家集中和调动了一切可能的力量和资源，在很短时间内就建立起相对完整的研发体系，并取得一个又一个的科技硕果。也正是由于毛泽东科技思想在理论和实践方面的巨大成就和影响，才使"两弹一星"的辉煌得以冲破"文革"动荡的阴霾。遗憾的是，"文革"10 年中，中国科技事业的发展受到极大挫折，这是我们年轻的共和国为成长付出的沉重代价。

1978 年 3 月 18 日是一个让中年以上的中国知识分子永远难以忘怀的日子，这一年春天被称为"科学的春天"。这一天，全国科学大会在北京隆重举行。复出不久的邓小平发表重要讲话。他驳斥了"四人帮"打击迫害知识分子、破坏我国科学技术事业的种种谬论，阐明马克思主义关于科学技术在社会发展中的地位、作用的理论，旗帜鲜明地指出"科学技术是生产力"，重申知识分子是工人阶级的一部分，是"为社会主义服务的脑力劳动者，是劳动人民的一部分"，强调"必须打破常规去发现、造就和培养杰出的人才"，把"尽快培养出一批具有世界第一流水平的科学技术专家，作为我们科学、教育战线的重要任务"。这是在中国经历十年浩劫后的第一次科学大会，在科技界乃至全社会产生了异乎寻常的反响。人们说，科学的春天来了。

在“文革”的余尘尚未完全消散的背景下，邓小平以巨大的勇气提出了“科学技术是生产力”的论断，在中共历史上首次把反映人与自然关系的科学技术同作为经济社会发展现实基础的生产力紧密联系在一起，这对当代中国科学技术事业的发展产生了难以估量的影响。十一届三中全会后，邓小平高举毛泽东思想的伟大旗帜，在率领中国人民开创建设有中国特色的社会主义道路的进程中，根据国际科学技术与经济发展的新态势，构建起指引新时期科技发展的战略思想。

邓小平科技思想的形成与他对世界大势的判断和对时代脉搏的把握分不开。全球性的战略眼光得益于一种开放的思维和胸怀。20世纪70年代中后期，邓小平多次出国参加重要国际会议和进行国事访问，在国外目睹了科学技术的突飞猛进给人类的物质文明以及整个社会生活带来的巨大变化。这些无疑在他内心深处引起强烈震撼。1985年，邓小平指出：“世界新科技革命蓬勃发展，经济、科技在世界竞争中的地位日益突出，这种形势，无论美国、苏联，其他发达国家和发展中国家都不能不认真对待。”1987年，他又强调：“现在世界突飞猛进地发展，科技领域尤其如此。中国有句老话叫‘日新月异’，真是这种情况。我们要赶上时代……”

1988年，邓小平在视察北京正负电子对撞机工程时指出：“现在世界的发展，特别是高科技领域的发展一日千里，中国不能安于落后，必须一开始就参与这个领域的发展。搞这个工程就是这个意思。还有其他一些重大项目，中国也不能不参与，尽管穷。因为你不参与，不加入发展的行列，差距越来越大。总之，不仅这个工程，还有其他高科技领域，都不要失掉时机，都要开始接触，这个线不能断了，要不然我们就很难赶上世界的发展。”1992年，他在视察南方时进一步强调：“近一二十年来，世界科学技术发展得多快啊！高科技领域的一个突破，带动一批产业的发展。我们自己这几年，离开科学技术能增长这么快吗？”

新中国成立以来，由于体制等方面的原因，科技发展与经济发展相互脱节，科学技术作为第一生产力对经济发展的巨大推动作用远远没能发挥出来。有鉴于此，邓小平一面决定进行经济体制改革，一面着手解决科技体制问题。1985 年 3 月，中共中央做出《关于科学技术体制改革的决定》，从宏观上制定了科学技术必须为振兴经济服务、促进科技成果商品化等方针和政策，从而为科技成果向现实生产力的转化以及高新技术产业化的发展，奠定了政策基础。

正是由于邓小平准确把握了世界大势，高举科学与技术的大旗，实施科教兴国战略，我国在发展经济的同时，不断地发展科学与技术，以经济发展带动科学与技术的发展，以科学与技术的发展促进经济的发展，我国目前不但是一个经济大国，在科学与技术方面也步入世界前列。

“科学技术是第一生产力”的论断，反映了当今国际竞争的实质。20 世纪 50 年代，科学技术迅速发展，一场新的科技革命悄然兴起．新的科学技术广泛而深入地改变着劳动条件、性质和内容，改变着生产力的结构，导致劳动生产率的提高，带来了新的经济繁荣和社会的全面进步。当今国际竞争是综合国力的竞争，科技尤其是高科技的作用，从经济发展角度来讲是生产力，从军事角度来讲是威慑力，从政治角度来讲是影响力，从社会发展角度来讲是推动力。因此，科技尤其是高科技已成为影响一个国家综合国力的主要因素，成为衡量一个国家发达与否的重要标志。

二、科技创新与经济转型

改革开放 30 多年来中国经济的快速增长，直接依托于一种有特色的增长模式。这一模式的要素包括：大规模且日益扩展的市场；低成本而素质较高的劳动力，既包括大量从农村转移出来的普通劳动力，也包括受过良好教育、以智力服务为主的劳动力；相对完整的工业体系；开放条件下国外资本、技术、管理和其他中国短缺要素的引入；稳定的国内政治、社会环境，等等。

中国的一些要素是独一无二的，例如以世界上最大规模人口为基础的市场和劳动力，多层次和多样化的经济结构。市场导向的改革创造了一种新的体制和机制，使上述要素能够有效地结合起来；而对外开放通过要素和产品的内外交流，特别是引入中国缺少的诸多要素，显著提高了中国的资源配置效率和产业竞争力。这一模式中各种要素组合所形成的优势，集中体现在“低成本”上。所以，如果要对这一增长模式加以概括，可以称其为“低成本竞争”的增长模式。

经过长时期低成本竞争模式的发展，中国经济发展到了一个转折的关口。以往的发展模式在取得令世界称奇的成果的同时，也造成了大量的经济、社会和环境问题。越来越多的人意识到，传统的发展模式已经难以为继，中国将不得不实行发展模式转型。从世界各国的经验看，转型的根本出路就是不断进行科技创新。

历史告诉我们，世界范围内每一次实质性的经济繁荣都离不开生产力的发展和科技的创新，而每一次革命性的技术创新也都意味着出现了新的经济增长点。

从经济长期发展的角度来讲，科学与技术是一个国家经济发展最根本的动力。国际知名经济学家安德森·麦蒂森的研究显示：18 世纪前，全世界最发达的欧洲西部地区的人均收入增长只有 0.05%，按此换算，1400 年人均收入才能够增加 1 倍。可到了 18 世纪、19 世纪，人均收入的增长增加了近 1 倍，从过去每年人均收入增长 0.05% 达到了 1 个百分点，按此换算，人均收入增加 1 倍所需要的时间从过去的 1400 年缩短为 70 年。进入到 20 世纪后，人均收入增长速度又提高了 1 倍，从每年人均收入增长 1% 变成 2%，而 2% 的人均收入增长只需要 35 年的时间就可以增加 1 倍。到了 20 世纪 50 年代、60 年代以后，即进入第三次科技革命时期，像欧洲、美国这些发达的国家和地区，人均收入的增长还是每年 2%，但是一批新兴工业化城市的人均收入增长每年达到了 7%、8%。如果是 7% 的增长，那么，只需

10 年的时间人均收入就可以增加 1 倍。跟 18 世纪以前相比，为什么人均收入增长会发生如此翻天覆地的变化？从人类所经历的三次科技革命所带给我们的启示中可以清晰地看出，这背后的根本原因无疑是科学技术的创新。

“创新”一词出现伊始，就被赋予了经济学意义，因为它最早出自经济学家而非科学家之口。1912 年，奥地利经济学家熊彼特指出，在经济系统中存在着一个能量之源，这个能量之源就是组合。创新就是实现生产要素的新组合，即包括设计、制造和市场销售等在内的所有要素的重新组合。创新的最终目标是实现更大的价值，从而促进经济的增长。所以创新包括从概念、设计到产品，从产品再到商品并在市场上销售的全过程，也就是经济学意义上通常所说的从投资到回报的全过程。从中可以归纳出一个基本的经济链条：科学—技术—产品—商品。

由此可以看出，要使我国经济实现真正意义上的可持续发展，首先要在科技创新上有所突破，并在符合市场经济规律的环境中将其转化为生产力。只有这样，我们的经济才会有强劲的驱动力与可持续发展的前景。像中国这样的庞大经济体，依靠低成本的竞争优势这条道路基本走到了尽头，要保持经济的持续快速发展，必须要通过传统产业升级和新兴产业的发展，创造出新的需求和市场，提高价值创造能力，从而提升经济活力。

据统计，发达国家科技进步对经济增长的贡献率在 70% 至 80%，而我国仅为 31.6%，差距明显。作为领导干部应充分把握世界大势，重视科技创新对经济发展模式转型与经济发展的重要作用，把主要精力从招商引资、房地产开发等传统发展模式中转移出来，通过科技创新促进产业升级、促进经济发展。尽管转型和科技创新之路比较艰难，但也充满了希望。一方面我国经过多年的技术累积，以及国家鼓励自主创新、发展核心技术政策的落实，再加上成本优势，具备产业升级的实力；另一方面，我国人口结构中受过高等教育的人群比重逐渐增大，将为技术创新和产业升级提供更充裕的高素质劳动力供给。在通胀得到有效控制，在对房地产、基础建设投资宏观调控情况下，传统产业的升级和新兴产业的发展必将更多地得到政策和资金的支持。

第二节　厘清迷雾

——和平与发展是当今世界主题

邓小平在1985年3月指出：“现在世界上真正大的问题，带全球性的战略问题，一个是和平问题，一个是经济问题或者说发展问题。和平问题是东西问题，发展问题是南北问题。概括起来，就是东西南北四个字。”① 邓小平把纷杂万端的当代国际问题形象地归纳为“东西南北”四个字，并且指出“东西”是争取和平的问题，南北是争取发展的问题，从而揭示了当今世界的主要矛盾，明确了时代的主题已由战争与革命转向了和平与发展。

邓小平以战略家的眼光，为中国厘清了国际局势的迷雾，从而根据这一国际战略实施国家外交，为中国的改革开放赢得和平的国际环境。

一、国家要顺应世界潮流

孙中山先生曾以一句名言概括了他对人类历史的认识：“世界潮

① 《邓小平文选》第3卷，人民出版社1993年版，第105页。

流，浩浩荡荡，顺之则昌，逆之则亡”。1916 年 9 月，孙中山到海宁盐官镇观看钱塘江大潮，回上海后写下了这句名言。无论是一个人，还是一个团体、一个国家都必须顺应世界大势，不能逆势而为。

我国在改革开放前，对世界大势的判断是有些偏差的，主要从意识形态与冷战思维出发，认为世界不太平，有可能爆发新的世界大战。邓小平复出时，面对变化的世界格局，如苏联与中国交恶，越南与苏联结盟，围堵中国。在冷战和霸主思维笼罩的氛围中，邓小平采取的就是务实主义外交：超越意识形态站队而以国家利益为核心。遍访东南亚诸国避免其倒向越南，打破历史宿怨重塑中日友好关系，冲破重重障碍力推中美建交。这种以国家利益为核心的务实外交，为创造有利于中国改革开放的国际环境做出了最大的贡献。当然，邓小平之所以制定这样的外交策略，根本原因在于他对世界大势的准确把控，即和平与发展是世界的主题。

1984 年 5 月，他在会见巴西总统菲格雷多时说，现在世界上问题很多，有两个比较突出。一是和平问题。现在有核武器，一旦发生战争，核武器就会给人类带来巨大的损失。二是南北问题。这个问题在目前十分突出。南北问题不解决就会对世界经济的发展带来障碍。同年 10 月，在会见缅甸总统吴山友时，他进一步提出，国际上有两大问题非常突出，一个是和平问题，一个是南北问题。还有其他许多问题，但都不像这两个问题关系全局，带有全球性、战略性的意义。到 1985 年 3 月，他对和平与发展问题从理论的高度作了精辟的概括：现在世界上真正大的问题，带全球性的战略问题，一个是和平问题，一个是经济问题或者说发展问题。和平是“东西”问题，发展是“南北”问题。概括起来，就是“东西南北”四个字。南北问题是核心问题。和平和发展是当代世界的两大问题。

和平与发展是当今世界两个相互关联的最基本的战略性问题。这不仅是世界各国、各地区和全球社会所面临的基本问题，也是中国当前及今后一个时期所面临的两个基本问题。和平与发展的思想，紧紧把握住了当前及今后国际社会的错综复杂变化和发展主流，并把当代世界问题与中国问题密切地结合起来，从而充分反映出了改革开放时代我国的对内对外政策的统一性，是中国对外政策和对内政策所追求的两个基本目标。

习近平就任国家主席后，曾在不同场合引用孙中山先生的名言以表达中国的外交主张。2013 年 1 月，习近平在主持政治局集体学习会上发表讲话指出，“世界潮流，浩浩荡荡，顺之则昌，逆之则亡。”纵观世界历史，依靠武力对外侵略扩张最终都是要失败的。这就是历史规律。世界繁荣稳定是中国的机遇，中国发展也是世界的机遇。和平发展道路能不能走得通，很大程度上要看我们能不能把世界的机遇转变为中国的机遇，把中国的机遇转变为世界的机遇，在中国与世界各国良性互动、互利共赢中开拓前进。我们要坚持从我国实际出发，坚定不移走自己的路，同时我们要树立世界眼光，更好把国内发展与对外开放统一起来，把中国发展与世界发展联系起来，把中国人民的利益同各国人民的共同利益结合起来，不断扩大同各国的互利合作，以更加积极的姿态参与国际事务，共同应对全球性挑战，努力为全球发展做出贡献。

二、国家强大才有话语权

人们常言：弱国无外交。这句话是说弱小国家在外交事务中很难发挥重要作用。在国民党时期，外交部长蒋廷黻的英语讲得非常好，发言理直气壮，但是没有人听。日本外交部长英语很蹩脚，言辞粗鲁，大家却十分关注。美国总统罗斯福很欣赏蒋廷黻，对他说：“你的英语讲得很好，发言很有道理，但是你的国家太贫弱，弱国无外交。”

邓小平深知这一国际准则，所以他给中国外交定下一条原则：韬光养晦，决不当头。邓小平说：“第三世界有一些国家希望中国当头。但是我们千万不要当头，这是一个根本国策。这个头我们当不起，自己力量也不够。当了绝无好处，许多主动都失掉了。中国永远站在第三世界一边，中国永远不称霸，中国也永远不当头。”[①]

邓小平制定的国际战略是讲究实际的现实主义与远见卓识的理想主义相结合，建立在对历史的深刻总结、对形势的正确把握和对未来的高瞻远瞩基础之上的。不当头、韬光养晦为不折腾和发展经济提供了安全保障，不折腾、发展经济，使不当头、韬光养晦具有了意义，它们互为促进、相得益彰，都统一在中华民族的伟大复兴行动之中。

20 世纪 80 年代末至 90 年代初，由于国内政治风波的干扰和苏东剧变的影响，我国外交遇到了改革开放以来未曾有过的困难局面和压力。1989 年 6 月，中国平息国内政治风波，这是中国的内政。然而，以美国为首的西方国家却歪曲事实，借此对中国实施“制裁”。西方七国首脑和欧共体会议也发表政治宣言，宣布对中国实施“制裁”。这使中国同以美国为首的西方发达国家的关系出现严重倒退。

当中国政局趋于稳定之时，国际形势又发生了重大变化。20 世纪 80 年代后期，东欧国家相继出现政局动荡，并愈演愈烈。1990 年 11 月，被视为冷战标志和东西方分界线的“柏林墙”被推倒；1991 年底，成立于 1922 年的“苏维埃社会主义共和国联盟”在走过 69 个春秋之后宣告解体，持续了几十年的东西方冷战格局也宣告结束。

面对国际上的复杂情况，邓小平及时提出了冷静观察、稳住阵脚、沉着应付、韬光养晦、善于守拙、决不当头、有所作为等对外关系指导方针。针对第三世界有些国家希望中国当头的情况，邓小平同志 1992 年 4 月指出：“我们再韬光养晦地干些年，才能真正形成一个较大的政治力量，中国在国际上发言的分量就会不同。”[②]

中国的这一方略是基于国家利益和负责任大国的立场，充分兼顾国际和国内两个大局的。就国情而言，中国应集中力量发展经济；就

① 《邓小平文选》第 3 卷，人民出版社 1993 年版，第 363 页。

② 中共中央文献研究室编：《邓小平年谱（一九七五——一九九七）》（下），中央文献出版社 2004 年版，第 1346 页。

大国地位而言，中国并不放弃国际责任，它与建设性地参与国际事务并为人类做出自己力所能及的贡献是并不相悖的。这一方略的基本精神在于：不为国际风云的变幻而动摇自己的前进方向和目标，不为外部的要求、挑动或刺激而锋芒毕露。

冷战结束以来，美国是世界上唯一的“超级大国”。而中国却会成为与美国截然不同的“新型超级大国”，即一个主张平等合作、互利共赢，奉行多边主义、包容主义，致力于科学发展、绿色发展，追求高人类发展水平、低贫富差距，具备一流“硬实力”“软实力”的，成熟、负责任的大国。中国特色大国外交，实际上就是中国作为“新型超级大国”的外交战略。

习近平总书记曾强调，我们要坚持走和平发展道路，但决不能放弃我们的正当权益，决不能牺牲国家核心利益。任何外国不要指望我们会拿自己的核心利益做交易，不要指望我们会吞下损害我国主权、安全、发展利益的苦果。中国走和平发展道路，其他国家也都要走和平发展道路，只有各国都走和平发展道路，各国才能共同发展，国与国才能和平相处。我们要广泛深入宣传我国坚持走和平发展道路的战略思想，引导国际社会正确认识和对待我国的发展，中国发展绝不以牺牲别国利益为代价，我们绝不做损人利已、以邻为壑的事情，我们将坚定不移做和平发展的实践者、共同发展的推动者、多边贸易体制的维护者、全球经济治理的参与者。

第三节　顺应民心

——不改善人民生活只有死路一条

不坚持社会主义，不改革开放，不发展经济，不改善人

民生活，只能是死路一条。基本路线要管一百年，动摇不得。只有坚持这条路线，人民才会相信你，拥护你。谁要改变三中全会以来的路线、方针、政策，老百姓不答应，谁就会被打倒。①

不改革开放只有死路一条。这句话道出了一个真理。改革使中国走上了光明之路。为了中国改革，邓小平奉献出了他的全部精力和才华。也正因为如此，人们称他为中国改革的总设计师。

一、顺应民意，凝聚民心

改革开放是决定中国命运的重大决策，新时期最鲜明的特征是改革开放。中国为什么要改革？改革的目的就是为了改善人民生活，就是顺应民意凝聚民心。新中国成立后，为探索社会主义建设道路，以毛泽东为代表的中国共产党人付出了艰辛的努力，我们曾取得过成功的经验，也付出了沉痛的代价。发生在20世纪六七十年代的“文化大革命”，更使中国的社会主义事业遭受了巨大灾难。

对中国搞社会主义建设的经验，邓小平作了深入的分析。他把错误分为两类：一类是照搬苏联的模式，满脑袋“框框”。另一类错误是我们自己的，如搞“大跃进”和“文化大革命”。他说：建国后我们的错误“总起来看，主要是不懂社会主义”，“最大的一条就是不重视发展生产力。所以我们国家落后了”。

这是因为，人民生活不断改善，就会更加拥护我们党的领导和社会主义制度，更加充满信心地投入改革开放和现代化建设事业，我们党的执政基础也就能够日益巩固。与发达国家相比，我国人民生活水平还比较低，贫困人口、下岗职工等相当一部分群众的生活还很困

① 引自1992年1月18日—2月21日邓小平在武昌、深圳、珠海、上海等地的谈话要点。

难，人民对改善生活的期望很强烈。要使12亿多人逐步过上比较宽裕的小康生活，任务十分艰巨。在整个社会生产和建设发展的基础上，不断使全体人民得到并日益增加看得见的利益，始终是我们中国共产党人的神圣职责。

中国共产党成立以来，由于历史条件的变化，党在每一个具体历史阶段的工作任务都有所不同，为人民服务的内容和方式也有所不同。但是，党的根本宗旨始终没有变，而且贯穿于党的一切活动之中。在新民主主义革命时期，人民的根本利益是推翻帝国主义、封建主义、官僚资本主义“三座大山”，夺取政权，建立新中国。中国共产党人高举革命大旗，深入工农群众，传播马列主义，并把它同中国的革命实践结合起来，找到了通向胜利之路，使人民实现了当家作主的目标。新中国成立后，我们党又根据人民的利益，努力建设繁荣富强的社会主义国家。特别是党的十一届三中全会以来，我们党把工作重心转移到社会主义现代化建设上来，作出了改革开放的战略决策，制定了建设中国特色社会主义的基本路线，提出我国经济建设分三步走的战略，明确我国经济体制改革的目标，就是要努力把我国建设成为一个富强、民主、文明的社会主义现代化国家。所有这些，都是反映了最广大人民群众的根本利益所在。

人民群众是社会物质财富、精神财富的创造者，是推动社会变革的力量，是历史的创造者。党是人民群众根本利益的忠实代表，党除了人民群众的利益，没有自身特殊的利益。党的利益、党的事业说到底就是人民群众的利益和事业，它们之间具有高度的一致性。为绝大多数人谋利益，是马克思主义及其政党区别于其他思想体系和政党的根本点，是马克思主义理论的立足点和内在要求，是无数革命先烈用鲜血和生命捍卫的孜孜追求，是继承前人事业昂首前进的宝贵财富，是共产党获得不断前进动力的不竭源泉，是共产党党性的集中体现，是保持党的先进性的必然要求。90多年来，中国共产党进行的一切奋斗，归根到底都是为了最广大人民的根本利益。今天，党的一切工作，必须以最广大人民的根本利益为最高标准。全党同志要始终坚持一切为了群众、一切依靠群众的根本观点，坚持党的群众路线，深入群众、深入基层，倾听群众呼声，反映群众意愿，集中群众智慧，使各项决策和工作符合实际和群众要求。

无论是进行各项改革还是发展经济，其根本目的都是为了不断改善人民生活。发展和改革的成果，最终也要体现在全体人民生活的明显改善上。改革开放以来，我们党制定的路线、方针、政策，都把是否有利于改善人民生活，是否代表最广大人民的根本利益作为一切工作的根本出发点。在制定现代化建设“三步走”的战略中，每一步都把人民生活水平的提高程度作为主要任务和目标。例如，第一步战略部署把解决人民温饱问题作为主要任务和目标，第二步战略部署把人民生活水平达到小康水平作为主要任务和目标，第三步战略部署把人民生活比较富裕作为主要任务和目标。正因为我们党始终把不断改善人民生活摆在突出位置，并采取了一系列相应政策措施，使全国人民在改革开放中真正得到实惠，生活水平随着经济的发展有了显著的提高。这是我们党成功地经受住各种困难与风险的考验，顺利推进改革开放和现代化建设的一个重要原因。

众所周知，社会的主要矛盾是推动社会向前发展的动力。在现阶段，我国的主要矛盾是人民日益增长的物质文化需要同落后的社会生产力之间的矛盾。这一矛盾是我们进行社会主义建设，进行改革开放，发展生产力，加快实现现代化的内在动因。生产力发展和现代化建设对新时期党的领导和党的建设提出的要求，归根到底也是人民对党的要求，是人民的根本利益对党的领导和党的建设的要求。既然加强党的建设，改善党的领导是人民根本利益的要求，那么，我们就必须把实现好、发展好、维护好最广大人民的根本利益作为我们党一切工作的根本出发点和归宿。

二、改善民生的战略意义

邓小平领导的改革开放，是新中国面临的重大考验，之所以会成功，一个重要的原因就在于，邓小平在作决策时，是完全站在中国人民利益的立场上考虑制定的。邓小平要求全党要始终把人民拥护不拥护、赞成不赞成、高兴不高兴、答应不答应作为党的一切工作的出发点和归宿点。

十一届三中全会之后，改革开放成为中国社会发展最鲜明的特点。但是，社会主义要不要集中力量发展生产力，让人民过上富裕的生活，在这个问题上，很长一段时间，我们的认识是受“左”的理论支配的，最经典的一句口号就是“宁要社会主义的草，不要资本主义的苗”。“文化大革命”使国民经济到了崩溃的边缘，人民生活非常贫困。

“文革”期间在普通群众中生活多年的邓小平，对人民群众物质生活的贫穷、文化生活的单调有着刻骨铭心的体验，对在“左”的路线指导下所制定的方针、政策，严重违背人民群众利益和愿望有着切身的感受，对人民群众渴望富裕、追求文明有着深刻的理解。他提醒人们说“我们太穷了，老实说对不起我们的人民。我们的人民太好了。外国人议论中国人究竟能够忍受多久，我们要注意这个话。”“社会主义要表现出它的优越性，哪能像现在这样，搞了20多年还这么穷，那要社会主义干什么?”[①] 他认为，社会主义的根本任务是发展生产，逐步摆脱贫穷，使国家富强起来，使人民生活得到改善。因此，摆脱贫穷、提高人民生活水平，成为改革开放以来中国现代化发展所面对的最大问题。而改革开放带来的中国经济的巨大发展，亦与人民生活的巨大改善紧密相连。

---

① 《邓小平文选》第2卷，人民出版社1994年版，第384页。

邓小平在改革中遵循的原则就是能否让人民群众得到看得见的实惠，能否发展生产力，也就是把民生作为改革的出发点与终极目标，这一顺应民心民意的改革取得人民的真心拥护。“小平您好”就是明显的例子。“小平您好”诞生于1984年国庆游行的队伍中：年轻大学生队伍高举着一幅绿底黑字的大型横幅——北大生物系学生的杰作——集中、充分地表达出人民的共同愿望。“小平您好”亲切地表达了人民群众对邓小平同志的敬意；表达了人民群众对党中央的领导、对党的十一届三中全会以来的路线方针政策的衷心拥护；表现了人民群众对邓小平所开创的改革开放的伟大事业的认同，对改革开放总设计师的无比热爱和崇敬。

“民生”一词最早出现在《左传》宣公十二年，所谓“民生在勤，勤则不匮”。在中国传统社会当中，民生一般是指百姓的基本生计。到了20世纪20年代，孙中山给“民生”注入新的内涵，并将之上升到“主义”、国家方针大政以及历史观这样一个前所未有的高度。孙中山对于民生问题较为经典的解释是：“民生就是人民的生活——社会的生存，国民的生计，群众的生命。”① 现代意义上的民生概念有广义和狭义之分。广义上的民生是指，凡是同人民生活有关的，包括直接相关和间接相关的事情。这个概念的优点是充分强调民生问题的高度重要性和高度综合性，但其明显的不足在于，概念范围太大。从直接相关和间接相关的角度看，广义的“民生”几乎可以延伸到经济、社会、政治、文化等各个领域，无所不包，甚至还可以包括历史观方面的问题。这样一来，由于不宜操作和把握，容易冲淡人们对于直接、切身、具体、真正的民生问题的关注和改善，使民生问题难以同改善民生的具体政策和措施有效地结合起来。孙中山对“民生”大致是从广义的角度来界定的。狭义的民生概念主要是从社会层面上着眼的。从这个角度看，所谓民生，主要是指民众的基本生存和生活状

① 《孙中山选集》，人民出版社1981年版，第802页。

态，以及民众的基本发展机会、基本发展能力和基本权益保护的状况等。

改革开放以来，在中国共产党的领导下，中国的民生已有重大改变。对于改革开放后党和国家在解决民生问题上所采取的决策，国外学者也有一种较公允的评价。美国洛杉矶太平洋国际政治研究所齐迈克认为："尽管一些西方人经常批评中国共产党，但我认为它在中国实行改革开放的决策，以及所采取的有效的改革措施值得充分肯定。由于中国共产党的这些决策客观上给中国和世界带来了巨大变化，极大地改善了中国人民的生活，因此，仅凭这一点，我就要给中国共产党打一个高分。"①

民生问题是关系社会和谐稳定、国家长治久安的长远性问题。我国古代就有"民惟邦本，本固邦宁"、"为政之道，以顺民心为本，以厚民生为本"、"本治则国固，本乱则国危"的重要思想。这些思想深刻反映了民生问题与社会稳定、国家兴衰的关系，包含着治国理政的智慧。从历史唯物主义观点看，人民群众是历史的创造者，也是社会和谐稳定、国家长治久安的主宰者。民生连着民心，民心凝聚民力。多年来，由于主客观条件的制约，我国在教育、就业、住房、医疗卫生、社会保障等方面的进展与人民群众的期待还有较大距离。这种状况如果不能尽快加以改变，势必会造成社会矛盾激化甚至引发一些群体性事件，影响社会的和谐稳定。而一些民生问题长期解决不好，也会给国家的长治久安埋下隐患。我国是社会主义国家，具有解决好民生问题的优越条件；我国又是一个发展中的大国，面临的民生难题举世罕见。这决定了我们必须从战略高度着眼解决好这个关乎国家长治久安的重大问题。

改善民生不但利国利民，而且可以提升各区域的竞争力。一个地区的民生得到了有效改革，必然会促进经济发展，提升区域竞争力，

① 杨金海等：《国外学者眼中的中国改革开放》，《北京日报》，2008年12月29日。

最终目的是提高人民的生活水平和生活质量，不仅如此，改善民生也是提高社会凝聚力，调动人民群众积极性，增强区域竞争力的重要手段。加快推进以改善民生为重点的社会建设对于我国经济社会的发展具有重要的战略意义：这不仅是新的历史条件下巩固党的执政基础的必然要求，而且是推动经济持续健康发展的必然要求，同时还是实现社会安全运行的必然要求。

第四节　把握核心

——坚持“一个中心”与“两个基本点”

“一个中心、两个基本点”的基本路线，是在党的十一届三中全会以后形成和完善的，党的十三大报告对此作了明确的表述。这条路线，是党的十一届三中全会以来一系列方针政策的根本和核心，是具体方针政策的总纲。1992 年 1 月 18 日至 2 月 21 日，邓小平先后赴武昌、深圳、珠海和上海视察，沿途发表了重要谈话。邓小平说：要坚持党的十一届三中全会以来的路线、方针、政策，关键是坚持“一个中心、两个基本点”。不坚持社会主义，不改革开放，不发展经济，不改善人民生活，只能是死路一条。基本路线要管一百年，动摇不得。

一、基本路线是生命线

在 1988 年出版的《1999，不战而胜》一书中，美国原总统尼克松宣称，资本主义不费一枪一弹，将于 1999 年“战胜”社会主义。

被不幸言中的是：两三年间，苏东剧变，一批社会主义国家轰然崩塌。苏东地区9个社会主义国家改变“颜色”，分裂成27个国家；西欧地区的共产党由30多个减少到20多个，党员人数由200多万减少到不足100万；亚非拉地区一些探索社会主义模式的国家也纷纷改旗易帜。许多反共的西方预言家为此欢心鼓舞。美籍日裔学者福山在推出的《历史的终结和末人》（1992年）一书中说：“或许我们正亲眼目睹的事情不仅仅是冷战的结束，也不仅仅是战后历史中某特定时期的流逝，而是历史的终结：人类意识形态演变的终结。”然而，中国没有被他们言中——鲜红的社会主义旗帜在中华大地高高飘扬。这其中的奥秘何在？奥秘就是中国共产党引领人民选择了一条符合中国国情的基本路线，并且始终坚持这条路线不动摇。按邓小平的话就是“基本路线要管一百年，动摇不得”。

正确的路线，犹如大海里的灯塔，它照耀和指引着航船前进的方向。能否贯彻一条正确的基本路线，直接关系到党的事业的兴衰成败。基本路线，是党的指导思想和基本理论的集中体现，是党在一定历史时期全部实践的指南和依据。“一个中心、两个基本点”是党的基本路线简明概括和核心内容。这条基本路线是党和国家的生命线，它是决定党和国家前途命运的政治路线，是实现科学发展的政治保证，是巩固和发展社会主义的经验总结。

政党的基本功能就是确定路线和政策，运用自己的组织力量，推动路线和政策的贯彻执行。毛泽东同志说：“政策和策略是党的生命。”从某种意义上说，决定着政策和策略的政治路线，就是决定党和国家前途命运的生命线。改革开放以来，中共中央领导集体，都强调坚持基本路线一百年不动摇。因此，我们应从高举中国特色社会主义伟大旗帜，坚持这条道路和这个理论体系的高度，来认识基本路线的极端重要性。

党的十一届三中全会扭转了“以阶级斗争为纲”的政治路线，确立了以实现社会主义现代化为目标，通过改革开放来促进生产力发展的指导思想，开启了中国特色社会主义发展新的历史阶段。但在拨乱反正的过程中，党内在关于我国社会主义初级阶段党的基本路线问题的认识上还存在着思想混乱状况。针对这种情况，1979 年 3 月在党的理论工作务虚会上，邓小平做了重要讲话。他指出："要在中国实现四个现代化，必须在思想政治上坚持四项基本原则。这是实现四个现代化的根本前提。这四项是：第一，必须坚持社会主义道路；第二，必须坚持无产阶级专政；第三；必须坚持共产党的领导；第四，必须坚持马列主义、毛泽东思想。"这四项基本原则"是我们党长期以来所一贯坚持的。如果动摇了这四项基本原则中的任何一项，那就动摇了整个社会主义事业，整个现代化建设事业"[①]。这个重要讲话对我们党在思想路线上的拨乱反正起到了关键性的作用。

在贯彻党的基本路线的过程中，常常会遇到"左"的或右的干扰。1989 年 6 月，邓小平指出："党的十三大概括的'一个中心，两个基本点'对不对？两个基本点，即四个坚持和改革开放，是不是错了？我最近总在想这个问题。我们没有错。四个坚持本身没有错，如果说有错误的话，就是坚持四项基本原则还不够一贯，没有把它作为基本思想来教育人民，教育学生，教育全体干部和共产党员。""改革开放这个基本点错了没有？没有错。没有改革开放，怎么会有今天？这 10 年人民生活水平有较大提高，应该说我们上了一个台阶，尽管出现了通货膨胀等问题，但 10 年改革开放的成绩要充分估计够。"这就进一步坚定了全党贯彻"一个中心、两个基本点"基本路线的信心和决心。

邓小平在 1992 年初南方谈话中强调指出："要坚持党的十一届三中全会以来的路线、方针、政策，关键是坚持'一个中心、两个基本点'。不坚持社会主义，不改革开放，不发展经济，不改善人民生活，只能是死路一条。基本路线要管一百年，动摇不得。""右可以葬送社

---

① 《邓小平文选》第 2 卷，人民出版社 1994 年版，第 164—165 页、第 173 页。

会主义，‘左’也可以葬送社会主义。中国要警惕右，但主要是防止‘左’。右的东西有，动乱就是右的！‘左’的东西也有。把改革开放说成是引进和发展资本主义，认为和平演变的主要危险来自经济领域，这些就是‘左’。我们必须保持清醒的头脑，这样就不会犯大错误，出现问题也容易纠正和改正。”这是邓小平晚年对全党作出的最为重要的政治交代。

早在2007年9月18日，国家统计局发布的报告说，我国人均国民总收入已步入中等收入国家行列。中等收入国家，这个曾经遥不可及的理想，就这样一步步地变成了活生生的现实。改革开放30多年来，我们党之所以能够团结带领人民，经受住各种困难和风险的考验，保持经济快速发展和社会政治稳定，创造出生机勃勃、举世公认的辉煌成果。一条最重要的经验，就是坚决排除各种干扰，坚定不移地贯彻执行了基本路线。这表明，始终坚持基本路线，是中国摆脱贫困、加快现代化步伐、巩固和发展社会主义的宝贵历史经验。

毛泽东同志说：“认清中国的国情，乃是认清一切革命问题的基本的依据。”准确把握我国国情和所处的历史阶段，既是我们党制定路线、方针、政策的基本依据，也是党领导人民不断取得革命、建设和改革胜利的一条重要经验，还是做好各项工作的基本前提。

中国正处于并将长期处于社会主义初级阶段。这是我们党运用马克思主义分析中国国情得出的科学结论，也是中国最大的国情。邓小平同志说：“我们搞社会主义才几十年，还处在初级阶段。巩固和发展社会主义制度，还需要一个很长的历史阶段，需要我们几代人、十几代人，甚至几十代人坚持不懈地努力奋斗，决不能掉以轻心。”这表明，我国社会已经是社会主义社会，我们必须坚持而不能离开社会主义；我国的社会主义还处在初级阶段，我们必须从这个实际出发，而不能超越这个阶段。

社会主义初级阶段，简要地说，就是社会主义的不发达阶段。在生产力非常落后条件下建设社会主义的中国，必然要经历相当长的社会主义初级阶段，去实现发达国家在资本主义条件下实现的工业化和现代化。从20世纪中叶社会主义改造基本完成，到21世纪中叶基本实现现代化，至少100年时间都是社会主义初级阶段。这是中国实现社会主义现代化不可逾越的历史阶段。

当今世界正处在大变革、大调整之中。面对复杂多变的国际环境，中国坚持始终不渝走和平发展道路，奉行互利共赢的开放战略，在和平共处五项原则的基础上，同所有国家发展友好合作，为推动建设持久和平、共同繁荣的和谐世界作出积极贡献。但各种形式的霸权主义和强权政治，不会容忍我们求和谐谋发展，他们一定会用各种形式对我们进行干扰和破坏，近年来爆发的间谍大案就是例证。排除干扰，回击破坏，关键在党的领导，最根本的就是任何时候都要坚持基本路线不动摇。只有这样，我们建设中国特色社会主义，才有“主心骨”，才能稳步实现自己的发展目标。从现实和未来发展要求讲，基本路线，就是党领导人民抓住机遇应对挑战、谋求科学发展的政治保障。

二、改革开放与四项基本原则

改革开放30多年来，我们党在坚持以改革开放来解放和促进生产力发展、提高人民生活水平和综合国力上，取得了世人瞩目的成就和丰富的经验；在对于发展的内涵理解上，也从原来强调生产力发展，逐步深化与丰富为包括经济、政治、文化、社会、生态文明、党的建设的科学发展，对实现以社会主义现代化为目标的中心工作起了重要的指导作用。在坚持四项基本原则方面，既有顶住了资产阶级自由化进攻的宝贵经验，也存在“一手硬，一手软”问题，还有在不断改革开放发展过程中和复杂多变的国际环境中，随着经济基础的深刻变化、意识形态领域的变化、社会矛盾的复杂化，在准确地判断形势，理清矛盾与问题，贯彻落实好坚持四项基本原则方面能力不足的问题。

改革开放与四项基本原则如车之两轮，鸟之两翼，缺一不可，不可偏废。社会主义初级阶段人民日益增长的物质文化需要同落后的社会生产力之间的矛盾这一社会主要矛盾，决定了社会主义的根本任务是解放和发展社会生产力，不断改善人民生活。在生产力不发达的初级阶段，尤其要把解放和发展社会生产力作为党和国家全部工作的中心，以发展作为执政兴国的第一要务。只有这样，才能改变贫穷落后的面貌。是否有利于解放和发展社会生产力，是我们党和国家战略决策的出发点。以经济建设为中心，既坚持了马克思主义把生产力作为推动社会前进最活跃、最革命的力量的基本观点，又符合我国社会主义初级阶段社会生产力不发达的基本实际。

党的十一届三中全会以前，我国社会主义建设出现严重失误的重要原因，就是提出的一些任务和政策超越了社会主义初级阶段。我国人民日益增长的物质文化需要同落后的社会生产力之间的矛盾，仍然是当今社会的主要矛盾。因此，任何时候，我们只能坚持“一个中心、两个基本点”，才能解决这一主要矛盾，而没有别的任何途径可供选择。任何超越社会主义初级阶段，离开基本路线的想法和行动都是错误的，必须在实践中予以摒弃。

历史和现实已经证明，而且还将继续证明：以经济建设为中心是兴国之要，是党和国家兴旺发达和长治久安的根本要求；四项基本原则是立国之本，是党和国家生存发展的政治基石；改革开放是强国之路，是党和国家发展进步的活力源泉。这表明，基本路线，我们时刻都不能放松。如果动摇了基本路线，或者基本路线坚持得不好，我们就会在政治、经济、文化、社会发展上迷失方向，国家和人民就可能会遭受灭顶之灾，发展和维护人民根本利益就无从谈起。

四项基本原则可以保证改革开放不偏离航道。对于改革开放的目的，邓小平曾多次指出改革的目的是实现社会主义现代化，不能搞两极分化，如果出现两极分化，就走到邪路上去了，并把防止两极分化也作为坚持四项基本原则，特别是坚持社会主义道路的本质性内容。1990 年，作为对新一届中央领导的政治交代，他在同几位中央负责同志谈话时再一次指出：“共同致富，我们从改革一开始就讲，将来总有一天要成为中心课题。社会主义不是少数人富起来、大多数人穷，不是那个样子。社会主义最大的优越性就是共同富裕，这是体现社会主义本质的一个东西。如果搞两极分化，情况就不同了，民族矛盾、区域间矛盾、阶级矛盾都会发展，相应中央和地方的矛盾也会发展，就可能出乱子。”① 1993 年 9 月 16 日，邓小平就坚持四项基本原则做了重要谈话：“没有这‘四个坚持’，特别是党的领导，什么事情也搞不好，会出问题。出问题就不是小问题。社会主义市场经济优越性在哪里？就在四个坚持。四个坚持集中表现在党的领导。”② 在这次谈话中，邓小平指出，坚持四项基本原则他只是打下了一个基础，以后怎么做，还要根据新的情况不断地解决如何坚持四项基本原则的问题。在谈话中，邓小平突出地谈了搞社会主义市场经济的关键在于坚持四项基本原则；在发展起来之后在“四个坚持”上会面临新的挑战，并把如何解决好社会分化和分配问题作为坚持四项基本原则的重要内容，指出在这方面其艰巨性和复杂性并不亚于改革开放发展。

由于国际国内因素的影响，我国的阶级斗争还将在一定范围内长期存在；随着经济成分、组织形式、就业方式、利益关系和分配方式等“四个多样化”的出现，社会思想日益复杂化，一些错误的思想言论甚至反马克思主义的意识形态也在滋长；因为生产力水平落后，我国经济社会中还存在着种种矛盾，其主要矛盾仍然是人民日益增长的物质文化需要同落后的社会生产力之间的矛盾。实践同样证明，只有坚持“一个中心、两个基本点”，才能解决好这些问题和矛盾，推动

---

① 《邓小平文选》第 3 卷，人民出版社 1993 年版，第 364 页。

② 中共中央文献研究室编：《邓小平年谱（一九七五——一九九七）》（下），中央文献出版社 2004 年版，第 1363 页。

中国特色社会主义不断向前发展。

我们党从十四大到十八大的报告，历次中央全会的决议、决定，党的主要领导人的一系列重要讲话，均遵循邓小平的观点和思想，毫不动摇地坚持基本路线，并对“一个中心”与“两个基本点”的辩证关系作出透彻说明，反复强调以经济建设为中心是兴国之要，四项基本原则是立国之本，改革开放是强国之路，它们统一于中国特色社会主义的伟大实践。

新时期以来，我们党遵循邓小平的改革开放思想，领导全党全国各族人民正确有效地开展了一场波澜壮阔、轰轰烈烈的全面改革开放的新的伟大革命，在短短30多年中创造了令人惊叹的中国奇迹，铸就了举世瞩目的中国模式。改革开放的伟大业绩不胜枚举，最主要的成果是开创和发展了中国特色社会主义，为社会主义现代化建设提供了强大动力和有力保障。

马克思、恩格斯说过，未来社会是一个生产将以所有人的富裕为目的、使所有人共同享受大家创造出来的福利的社会。列宁曾直白地说，社会主义就是要使全体劳动者过上最美好、最幸福的生活。这些语言表述的都是共同富裕的思想。马克思还提出一个重大论断：人民群众的解放和社会状况的根本改善，“这两者不仅仅决定于生产力的发展，而且还决定于生产力是否归人民所有”，揭示了社会主义社会与资本主义社会的根本区别。资本主义也讲发展生产力，但目的是为资本家阶级攫取更多的剩余价值，结果只能是少数人富得冒油而绝大多数人陷于贫困或相对贫困。只有在以生产资料公有制为基础的社会主义社会，才敢于亮出共同富裕的旗帜，做到生产目的是为人民创造福祉，使生产力归人民所有。所以共同富裕是科学社会主义的根本价值取向。习近平说，“科学社会主义基本原则不能丢，丢了就不是社会主义”，当然包括共同富裕的价值取向不能丢，丢了就不是社会主义。

党中央对背离共同富裕价值取向的现象予以高度重视。十五大以后，围绕如何坚持共同富裕，遏制两极分化，对于先富与共富、公平与效率、劳动与资本的关系，在提法和政策上不断作出调整，逐渐更多地向共富、公平、劳动方面倾斜。十八大在此基础上提出要“努力实现居民收入增长和经济发展同步、劳动报酬增长和劳动生产率提高同步，提高居民收入在国民收入分配中的比重，提高劳动报酬在初次分配中的比重”，这“两个同步”和“两个提高”的直接目的，是“着力解决收入分配差距较大问题”，并首次把“逐步实现全体人民共同富裕”纳入中国特色社会主义道路的基本内容，明确宣布“共同富裕是中国特色社会主义的根本原则”，这是对中国特色社会主义科学内涵的新阐释，是对邓小平共同富裕思想的直接继承。十八届三中全会通过的《决定》，又就着重保护劳动所得、完善再分配调节机制、规范收入分配秩序、逐步形成“橄榄形”分配格局，制定了许多具体政策和措施，目的也在于为最终实现共同富裕创设制度和政策的条件。据此可以认为，提出于20世纪70年代末的让一部分人先富起来的政策，其历史使命宣告终结，现已到了更鲜明地亮出共同富裕旗帜的时候了。

第十三章

邓小平领导方法智慧与领导艺术

第一节　集体领导

——坚持民主集中制，反对个人崇拜

1956年9月16日，邓小平在作《关于修改党的章程的报告》中说："苏联共产党第二十次代表大会的重要的功绩，就是告诉我们，把个人神化会造成多么严重的后果。"他在总结中国共产党的历史经验时说，"我们党也厌弃对个人的神化。"所以，为了避免重蹈历史覆辙，他特别强调，"我们的任务是，继续坚决地执行中央反对把个人突出，反对对个人歌功颂德的方针。"

邓小平所作的这篇报告共分五个部分，较为突出的理论贡献是提出了作为执政党应坚持群众路线和坚持民主集中制，反对个人崇拜等重大问题。

一、坚持民主集中制领导原则

民主集中制由列宁最早提出，概括地说，就是民主基础上的集中和集中指导下的民主相结合。它既是党的根本组织原则，也是群众路线在党的生活中的运用。《中国共产党章程》对民主集中制提出了六条基本原则：党员个人服从党的组织，少数服从多数，下级组织服从上级组织，全党各个组织和全体党员服从党的全国代表大会和中央委员会；党的各级领导机关，除它们派出的代表机关和在非党组织中的党组外，都由选举产生；党的最高领导机关，是党的全国代表大会和它所产生的中央委员会；党的上级组织经常听取下级组织和党员群众的意见，及时解决他们提出的问题；党的各级委员会实行集体领导和个人分工负责相结合的制度；党禁止任何形式的个人崇拜。

1945 年 5 月，毛泽东在党的七大上提出，民主集中制是“高度的民主”和“高度的集中”的统一。[①]《中国共产党章程》规定，“民主的集中制，即是在民主基础上的集中和在集中领导下的民主”。

在处理个人与组织的关系上，邓小平提出，要避免个人主义和无政府主义倾向，做到个人服从组织。也就是说，不能离开义务来谈个人权利，不能把个人利益看得高于一切，目无组织、目无纪律，因为这样会极大地损害集体利益和国家利益。在个人和集体的关系上，个人不过是集体的一员，任何时候都不能夸大个人的作用，个人的作用只有通过集体才能得到正确的发挥。“个人作用的发挥要有个基础，这个基础就是反映广大党员、干部和群众的要求。”[②]

民主集中制的根本制度一直存在，党内为什么经常会出现民主不足或集中不够的现象？其主要原因不是根本制度问题，而是缺乏与之

---

① 《毛泽东文集》第 3 卷，人民出版社 1996 年版，第 398—399 页。

② 中共中央文献研究室编：《邓小平年谱（一九七五——一九九七）》（下），中央文献出版社 2004 年版，第 905 页。

配套的一系列具体制度，缺乏将一系列民主制度、规范环环相扣地连接起来，构成相互制约、相互协调的民主集中制的制度体系或机制体系。党的制度是整个党的组成和运作所依据的规范、准则、规则与程序等的总和。仅仅有民主集中制这个根本制度是不够的，必须有完整的制度体系和机制体系来保障。邓小平所理解的民主与集中“相结合”是基于民主的制度化、法制化的。他认为，将民主集中制建立在个人自觉和个人民主作风上是靠不住的，“必须使民主制度化、法律化，使这种制度和法律不因领导人的改变而改变，不因领导人的看法和注意力的改变而改变”。针对“权力过分集中”现象，在邓小平领导下建立健全了保障民主集中制的党内制度和机制体系。

1980 年，邓小平在《党和国家领导制度的改革》中说：“从一九五八年批评反冒进、一九五九年‘反右倾’以来，党和国家的民主生活逐渐不正常，一言堂、个人决定重大问题、个人崇拜、个人凌驾于组织之上一类家长制现象，不断滋长。”“制度不好可以使好人无法充分做好事，甚至会走向的反面。”坏制度使好人变坏，使坏人更坏，坏人做坏事会把国家拖向灾难的深渊。不好的制度就是专制制度，好的制度就是民主法治制度。他认为，斯大林、毛泽东搞个人崇拜、破坏民主、破坏法制的事情，这在英、法、美这样的国家不可能发生。因为英、法、美实行的是民主法治，个人崇拜失去了产生和生存的土壤，也失去了因个人崇拜而滥用权力的机会。

民主集中制度能否得到执行，关键在领导干部。邓小平认为，“坚持这个传统的制度，并且使它更加完善起来，是十分重要的事情，是关系我们党和国家命运的事情”。民主集中制作为党和国家的最根本制度，也还需要不断完善。在邓小平看来，不要以为一项制度形成了、建立了，就可以听之任之、万事大吉了。要真正贯彻落实好民主集中制，必须从对党和国家命运高度负责的精神出发，不断对制度本身下一番改进、巩固的工夫。否则，就无法发挥民主集中制作为党和国家最根本制度的作用。

民主集中制既是党的根本组织制度和领导制度，也是我们党的政治优势和光荣传统，是最科学、最合理、最便利、最有效率的制度，是保持党的先进性的组织机制。把贯彻民主集中制的原则落到实处，既是个理论问题，更是个实践问题。是否坚持民主集中制，是衡量政治是非的标准，是检验领导干部政治上是否成熟、稳健的"试金石"。通过贯彻民主集中制原则，可以增强个人民主执政、科学执政、依法执政的能力和水平。

二、破除干部队伍人身依附

十一届六中全会前，邓小平在《对起草〈关于建国以来若干历史问题的决议〉的意见》中说："从 1958 年的反冒进，1959 年'反右倾'以来，党和国家的民主生活逐渐不正常，一言堂、个人决定重大问题，个人崇拜，个人凌架组织之上的家长制现象不断滋长，使党和国家政治生活中的集体领导原则和民主集中制不断受到削弱和破坏。[①]

邓小平所痛恨的现象在今天的干部队伍中不断没有消除，而且有越来越严重之势。部分领导独断专行"家长制"，个人凌驾组织之上。有的领导干部大权独揽，"说一不二"，把民主集中制远远地抛在脑后。

正是由于部分领导干部把个人凌架于组织之上，甚至个人代替组织，所以下级干部对领导干部个人唯命是从，形成封建社会中的人身依附关系。人身依附关系导致拉帮结派。党的团结是党的生命。有些人置党内、班子内、队伍内的团结于不顾，信奉"朝中有人好做官"，不比工作比靠山，甚至出卖人格良心，千方百计削尖脑袋挤进一些人的小圈圈。于是，一些地方"利益团队"产生，小团体里的恩师门生、"铁杆哥们"关系代替了党的原则，队伍里、班子内拉帮结派。

---

① 《邓小平文选》第 2 卷，人民出版社 1994 年版，第 330 页。

破除党内实际存在的人身依附关系，健全党内政治生活，是社会主义政治文明建设的要求。中国共产党是以民主集中制为根本组织制度和组织原则的无产阶级政党，绝不允许人身依附关系在党内和社会上存在。实际上，我们党一直在与党内残存的这种封建思想作坚决的斗争。习近平总书记曾指出：需要注意的是，不能把党组织等同于领导干部个人，对党尽忠不是对领导干部个人尽忠，党内不能搞人身依附关系。干部都是党的干部，不是哪个人的家臣。有的干部信奉拉帮结派的“圈子文化”，整天琢磨拉关系、找门路，分析某某是谁的人，某某是谁提拔的，该同谁搞搞关系、套套近乎，看看能抱上谁的“大腿”。有的领导干部喜欢当家长式的人物，希望别人都唯命是从，认为对自己百依百顺的就是好干部，而对别人、对群众怎么样可以不闻不问，弄得党内生活很不正常。邓小平早就说过：“上级对下级不能颐指气使，尤其不能让下级办违反党章国法的事情；下级也不应当对上级阿谀奉承，无原则地服从，‘尽忠’。不应当把上下级之间的关系搞成毛泽东同志多次批评过的猫鼠关系，搞成旧社会那种君臣父子关系或帮派关系。”①

民主集中制是党的根本制度，必须坚持民主基础上的集中和集中领导下的民主的有机统一。党内民主是党的生命，发扬党内民主，保障党员权利，是加强党的纪律、增强党的团结和活力的重要举措。党的纪律是全党意志的体现，遵守党的纪律，是遵守全党的意志，而不是服从于某个领导干部。任何以集中、服从的名义压制党内民主和党员自由的做法都是极端错误的。极少数领导干部搞独断专行，以服从党的纪律之名，要求下级和普通党员绝对服从自己，这与民主集中制毫无共同之处，必须严加管制，确保党内民主健康发展。

---

① 习近平在十八届中央纪委三次全会上的讲话（2014 年 1 月 14 日）。

第二节 调查研究

——既要亲自动手搞调查，又要深入群众的底层

调查研究是我们党的优良传统，也是我们革命与建设取胜的重要法宝。在新的社会主义建设时期，邓小平立足国情，放眼世界，面向未来，继承和发展了党的这一优良传统。他把调查研究内在地统一于解放思想、实事求是、群众路线和实践之中，形成了他的调查研究思想。

1961 年 4 月上旬至 5 月上旬，邓小平在京郊（主要是顺义县）进行了一次深入的调查研究。这次调查从时间上看，紧凑及时；从形式上看，深入实际、深入群众；从结果上看，直接促进了党的农村政策的调整。

一、没有调查就没有发言权

重视调查研究，是我们党做好领导工作的重要传家宝。只有深入调查研究，才能真正做到一切从实际出发、理论联系实际、实事求是，真正保持党同人民群众的密切联系，也才能从根本上保证党的路线方针政策和各项决策的正确制定与贯彻执行，保证我们在工作中尽可能防止和减少失误，即使发生了失误也能迅速得到纠正。经常开展调查研究，非常有益于促进领导干部正确认识客观世界、改造主观世界、转变工作作风、增进同人民群众的感情，有益于深切了解群众的需求、愿望和创造精神、实践经验。

1930 年 5 月，毛泽东同志在《反对本本主义》一文中提出了

“没有调查就没有发言权”的著名论断。他指出：“共产党的正确而不动摇的斗争策略，决不是少数人坐在房子里能够产生的，它是要在群众的斗争过程中才能产生的，这就是说要在实际经验中才能产生。因此，我们需要时时了解社会情况，时时进行实际调查。”他说：“你对于某个问题没有调查，就停止你对于某个问题的发言权。这不太野蛮了吗？一点也不野蛮。你对那个问题的现实情况和历史情况既然没有调查，不知底里，对于那个问题的发言便一定是瞎说一顿。瞎说一顿之不能解决问题是大家明了的，那末，停止你的发言权有什么不公道呢？”

邓小平把调查研究看作是贯彻党的思想路线和群众路线的必然要求，十分重视领导者亲自搞调查研究。他指出：“能不能深入下去，工作能不能落实，关键在于领导干部是不是以身作则，深入部队、调查研究、从实际出发，分析问题、解决问题。”[①] 他强调，领导者既要亲自动手搞调查，又要深入群众的底层。他尖锐地批评了在党的组织和国家机关工作人员中滋生的形形色色的官僚主义倾向。他说：“不少领导机关和领导干部，高高在上，不接近群众，不重视调查研究，不了解工作中的真实情况。他们往往不是从客观的实际条件和人民群众的具体实践出发，来考虑和决定他们的工作，而是从不确切的情况出发，从想象和愿望出发，主观主义地来考虑和决定他们的工作。因此，他们作出的决议、指示虽然很多，但有的不完全正确，有的甚至完全错误。”[②]

作为党的第一代中央领导集体的重要成员和第二代中央领导集体的核心，邓小平在参与决策和最后拍板之前，都要首先进行深入的调查研究。他历来反对轻率地“拍脑袋”，凭想象作出决策，认为那种走马观花、流于表面的调研，是发现不了真正问题的，那样做不是一

---

① 《毛泽东选集》第1卷，人民出版社1991年版，第109页。

② 《党和国家领导人论调查研究》，共产党员网（2013年5月27日），http://news.12371.cn/2013/05/27/ARTI1369618504739632.shtml。

种对党和人民的事业认真负责的态度。

1961年7月14日，为进一步讨论《国营工业管理工作条例（草案）》，邓小平亲率调查组到东北，就工矿企业和城市工作、人民生活等问题进行调查研究。

在这次调查中，邓小平对职工的生活关心得最多，也说得最多、问得最细。在哈尔滨时，他问油田负责同志："职工生活如何？一个月吃多少钱？"这位同志回答："按过去一个月十三四元就够了，最近来了一批进口面粉，每斤三角二分，这样花钱就多了，低工资工人手头很紧。"邓小平当即对时任黑龙江省委书记李剑白说："进口面粉也不能抬高物价，按国内的价格调拨。"

调查研究是做好领导工作的一项基本功，调查研究能力是领导干部整体素质和能力的一个组成部分。习近平总书记指出："调查研究是谋事之基、成事之道。没有调查，就没有发言权，更没有决策权。"研究问题、制定政策、推进工作，"刻舟求剑"不行，闭门造车不行，异想天开更不行，必须进行全面深入的调查研究。

然而，不可否认，在一些领导干部当中，不重视调查研究、不善于调查研究的问题还是存在的。有的走不出文山会海，强调工作忙，很少下去调查研究。有的满足于看材料、听汇报、上网络，不深入实际生活，坐在办公室里关起门来作决策。有的调研走过场，只看"盆景式"典型，满足于听听、转转、看看，蜻蜓点水，浅尝辄止。凡此种种，导致"含水量"过多，对基层实际情况了解不全、认识不准、把握不真，从而影响决策的科学性，既妨碍党的路线方针政策的贯彻执行，也损害领导干部的形象。

我们党有重视调查研究的优良传统，在新的形势下要大力弘扬。在坚持和加强调查研究方面，我们党相继制定了一系列行之有效的制度，要在实践中不断健全完善，切实抓好贯彻落实，使调查研究真正成为各级领导干部自觉的、经常性的活动。中共中央办公厅印发的《关于推进学习型党组织建设的意见》明确要求："建立健全调查研究制度，省部级领导干部到基层调研每年不少于30天，市、县级领导干部不少于60天，领导干部要每年撰写1至2篇调研报告”。这是一个良好的开端，有望将领导干部的调查研究工作经常化、制度化，从而避免领导干部盲目决策。

二、调查研究要深入基层

1950年初，中央军委把进军西藏的任务交给了西南军区。邓小平为此做了全面的军事调查研究，并在调查研究后形成以下正确认识：“西藏问题有军事问题，需一定数量之力量，但军事与政治比较，政治是主要的。解放西藏问题，要靠军事政治协同解决。”根据这一思想，邓小平一方面做好用军事方式解决西藏问题的各项军事准备，选调由精兵强将组成的第十八军执行进驻西藏的任务，要求该部队周密制定进驻西藏的军事行动方案。另一方面，邓小平起草和平解决西藏问题的“十项政策”，做好用和平方式解放西藏的各项政策准备。正由于邓小平始终坚持“解决西藏问题，要靠军事政治协同解决”的方针，在人民解放军实施进驻西藏行动方案的过程中，中国共产党和人民军队既用军事手段，取得昌都战役的胜利，解放了昌都，打开了进军西藏的门户；之后又使用政治手段，与西藏地方政府签订《关于和平解放西藏办法的协定》，最终圆满地完成了解放西藏的任务。

如果邓小平没有深入基层进行调查研究，而是坐在司令部里发号施令，就根本无法提出解决西藏问题的正确方案。因此，任何调查研究必须深入基层，这样才能掌握真实的状况。

邓小平曾说：“只有认真地总结群众的经验，集中群众的智慧，才能指出正确的方向，领导群众前进……离开群众经验和群众意见的调查研究，那么，任何天才的领导者也不可能进行正确的领导。”①

① 《邓小平文选》第1卷，人民出版社1994年版，第218—219页。

只有深入群众调查研究，在听取群众意见、汲取总结群众斗争经验基础上做出的决策才有可能是符合人民利益的，是可行的。反之，就非造成恶果不可。

深入基层调查研究的过程，是领导干部体察民情、了解实情、掌握国情的过程。做好调查研究工作，不仅有一个“愿不愿”调研的态度问题，还有一个“善不善”调研的方法问题。只有深入实际、深入基层、深入群众，做到细而又细、实而又实，才能真正提高调研的水平和质量。

调查研究要深入实际、深入基层、深入群众。要多层次、多方位、多渠道地调查了解情况。既要调查机关，又要调查基层；既要调查干部，又要调查群众；既要解剖典型，又要了解全局；既要到工作局面好和先进的地方去总结经验，又要到困难较多、情况复杂、矛盾尖锐的地方去研究问题。基层、群众、重要典型和困难的地方，应成为调研重点，要花更多时间去了解和研究。尤其对群众最盼、最急、最忧、最怨的问题更要主动调研，抓住不放，真正听到实话、察到实情、获得真知、收到实效。

习近平总书记继承发扬调查研究这一光荣传统，在他的从政经历中身体力行，从未间断。早在 1989 年 7 月 19 日，时任宁德地委书记的习近平带领地直相关部门负责人头戴草帽，肩搭毛巾，顶着炎炎烈日，在崎岖山路上跋涉两个多小时，深入到乡政府所在地下党村。

乡党委、政府临时在鸾峰桥边的王氏祠堂里办公，条件极其简陋，大家就围坐在小板凳上开会。吃饭、午休就安排在鸾峰桥上，午饭后，稍作休息，习近平又进村入户、访贫问苦。

回程仍要步行 10 多公里，路险坡陡，且荆棘杂草丛生，习近平一行拿着柴刀将挡在路面的荆棘、苇秆劈除。直到晚上 8 点左右，他们才回到寿宁城关。

参加调研的时任寿宁县委常委、常务副县长连德仁在日记中写道：“这一天，乘车 5 个小时，步行 4 个半小时，开会座谈访贫 2 个小时，一路风尘，大汗淋漓，辛苦程度不言而喻……回到县城招待所后，许多干部才发现脚底、脚趾都磨出了血泡。”

习近平同志后来用“异常艰苦、异常难忘”来形容此次下党村之行。1989 年 7 月 26 日、1996 年 8 月 7 日，他又两次来到下党村，协调解决当地的建设发展难题。

习近平担任总书记后，仍坚持深入基层调研，尽最大可能与普通群众保持亲密接触。他喜欢深入到群众当中去拉家常、问冷暖；喜欢融入百姓当中与民相亲、与民同乐，在与民众的“零距离”交流中，听民声、解民意、知民情。无论是庆丰包子铺里与市民一起排队就餐，还是南锣鼓巷与老街坊“拉家常”；无论是深圳莲花山公园与市民相伴而行，还是深圳罗湖区渔民村里与居民亲切交谈；无论是在甘肃兰州养老餐厅给老人端菜送饭，还是到河北阜平访贫时在炕上盘腿而坐、雪地上与乡亲搀扶而行；等等。用老百姓的话说“总书记没有一点架子，到家里就跟走亲戚一样。”走“亲民路”，就是走为民、爱民、乐民之路，就是走一切为了群众、一切依靠群众的群众路线，从根本上说就是走执政为民之路。

习近平曾指出，调查研究是做好领导工作的一项基本功，它不仅是一种工作方法，而且是关系党和人民事业得失成败的大问题。因此，各级领导干部应以习近平总书记为榜样，善于做“下沉式”调研，这样才能掌握真实的信息，做出正确的决策，同时也能拉近与群众的关系。

第三节　胸中有数

——数字中有政策，决定数字就是决定政策

邓小平在调查研究中“爱算账”，不是就数字论数字，

而是将数字作为从政治大局和长远目标来考虑问题的依据。看起来他是在算细账，实际上是从具体的数字来看全局、算大账。算账里面有战略，数字里面有政治。

邓小平说，“数字中有政策，决定数字就是决定政策”。当前，我国正处于一个前所未有的历史转型期，各种各样的社会问题、民生问题层出不穷，机遇与挑战互相交织。这就要求各级领导干部行使决策权之前，首先要做好调查研究的工作。要像邓小平那样，多问问数字、勤算算细账，真正了解下情、摸清实情，真正祛除私心杂念，让调研与实际合拍，从而增强决策的科学性，使决策经得起实践检验。调查研究要做到着眼全局。

一、数字是决策的基础

善于“算账”，是邓小平决策的一个重要特色。在邓小平波澜壮阔的政治生涯中，他通过“算账”作出重大决策的例子中，最典型的当数中国实现现代化分“三步走”的战略决策。

1984 年 1 月 24 日，邓小平到深圳考察，听取时任深圳市委书记、市长的梁湘汇报工作。当听到深圳经济特区的工业产值 1982 年达到 3.6 亿元，1983 年达到 7.2 亿元时，邓小平说：“那就是一年翻一番？”显然，他对这个递增的速度非常满意。

25 日上午，邓小平考察了深圳河畔一个渔民村。他到老支书吴伯森家做客时，一一询问吴伯森家里几口人，收入多少。吴伯森告诉他，这个村家家都是万元户，自己家人均月收入四五百元。邓小平听后高兴地对随行人员说：“比我的工资还高啊！”走出渔民村口时，梁湘问：“像渔民村这样的生产和生活水平，全国人民做到要多少年？”邓小平说：“大约需要 100 年。”梁湘说：“不要那么长吧？”邓小平说：“至少也要 70 年，到本世纪末，再加 50 年。”

后来，人们听到邓小平在北京宣布，要在21世纪中叶，使中国人民的生活达到中等发达国家的水平。这一预期目标，就是“三步走”发展战略的第三步，正好与他在渔民村调研时计算的结果相吻合。

从邓小平的“算账”决策中可以看出，邓小平对党和人民事业高度负责的科学决策态度和实事求是、稳妥慎重的决策方法。决策者，犹如航船之舵手，只有稳妥、慎重、科学地“算好账”，才能做出正确、科学的决策，才能掌好舵、驶好船。“算账”是门学问，也是各级领导干部的必修课。

人们常把那些不搞调查研究、不作数据分析、凭主观臆断决策的领导行为，称之为“拍脑袋”。实际工作中，“拍脑袋”干部不习惯精准的客观定量，倾向于粗略的主观定性。他们往往坐在车里下基层、关在屋里搞调研、情况不明表态快、把握不大决心大、遇事草率下结论、拍着脑袋作决策，最终导致事业受挫折、经济受损失、发展受影响，还严重妨害了党政机关的公信力。美国传道士史密斯在其1894年所著《中国人的性格》一书中认为，中国人是一个“漠视精确、思维含混”的民族。也有人说，由于中国长期以来封闭保守、安于现状，从而养成了重形象、重概括、轻逻辑、轻数据的文化习惯。这种文化习惯，使中国长期以来沉浸在含蓄模糊的审美意识中，满足于“模糊联想”，止步于“精准证明”。不论是国人的自我反省，还是旁人的无情批判，都恰恰反映出我们传统文化的“短板”及社会管理的滞后。

新中国成立后，从“大跃进”、“文化大革命”等政治决策失误，到“大炼钢铁”、“围湖造田”等经济决策失误，给国家政治、经济、文化和社会都造成了不可估量的损失，给人们留下刻骨铭心的创伤和记忆。改革开放以来，我们在“发热”头脑的支配下，也曾经办过一些错事、耽误过一些时间，受到过自然和经济规律的无情惩罚。时至今日，我们仍未走出决策不理性、不科学的怪圈，近年来媒体屡屡曝光的一些工程项目，之所以令人匪夷所思，都是“拍脑袋”拍出来的，而没有经过科学论证。诸如：一个小城市修建国际大机场、一个国家级贫困县花60多亿人民币造新城等等。大量事实证明，心血来潮的长官意志、脱离实际的决策方案、缺乏监督的议事程序，三者搅和在一起就会变成“洪水猛兽”，它使法制、科学、民主的决策手段统统流于华丽形式、抛于九霄云外，到头来巨额投资付诸东流、政府背上沉重包袱，让一方经济承受不可承受之重，让一方百姓“埋”下不该认埋之单。历史是最好的教科书。这些深刻教训，都是我们用沉重代价换来的，当以警示后事、警醒后人。

“拍脑袋”，在官场是一种顽固的“自恋症”，对经济具有很强破坏力，于百姓堪称尽害无一益。究其原因，很重要一条就是缺乏“数据精神”。所谓数据精神，就是善于挖掘数据、采集数据、分析数据、运用数据，更加客观、精准、科学地为实施决策服务。现在，我们处在一个“大数据”时代。“大数据”之“大”，不仅仅在于其容量大，而且在于通过这些数据的交换、整合和分析，人类可以发现新的知识、创造新的价值，带来“大知识”“大科技”“大利润”“大发展”。世界著名管理学家爱德华·戴明有一句名言：“除了上帝，任何人都必须用数据说话。”在西方多数发达国家，数据被视为科学的度量、知识的来源、决策的依据。没有数据，无论是学术研究，还是政策制定，都将寸步难行。有一个正确使用数据的事例，很能说明问题：沃尔玛是全世界最大的零售商，也是拥有世界最大数据库的企业。研究人员在一次例行数据分析时，发现跟尿布一起搭配购买最多的商品竟是啤酒。经过跟踪调查，终于发现原因：一些年轻爸爸经常到超市购买婴儿尿布，其中三分之一的新爸爸会顺便买些啤酒回家。沃尔玛随即决定对啤酒和尿布进行捆邦销售，结果这两种毫无关联的商品，销量直线猛增。

与之形成鲜明对比的是我们对待数据大多持有的麻木和漠视态度。这种麻木和漠视，实际上体现了管理的随意性和盲目性。正如著名华人历史学家黄仁宇所说："过去中国的落后，根源之一就是缺乏以数据为基础的精确管理；而未来中国的进步，也有赖于建立这种精确的管理体系。"可以说，在现代管理不再倚重经验而依赖数据的情况下，数据就是直接财富，就是核心竞争力，就是决策的"基桩子"和"命根子"。任何科学决策，都是在占有数据、分析数据、驾驭数据的基础上形成的，绝对不是"拍脑袋"拍出来的。"拍脑袋"，只能"拍"出"流产"的项目、"流失"的民心和改革发展的"怪胎"，绝对"拍"不出经得起实践、时间和群众检验的科学方略。决策是这样，落实也如此。我们经常强调抓工作落实要高标准高质量，其实高标准高质量落实就是精准落实，如果离开数据平台和数据支撑，"最先一公里"也好，"最后一公里"也好，哪"一公里"恐怕都难以打通。

"大数据"时代还在催生更多变革。当前，我们既面临改革开放的机遇期，也面临各种矛盾的交织期和建设发展的攻坚期。越是关键时期，越需要一大批能够适应国家和社会治理现代化要求的优秀领导人才。这就要求我们，必须进一步解放思想、更新观念，强化数据意识，培养数据境界，不论干任何事情都要坚持重数据、求精准，真正用数据决策、用数据管理、用数据创新，真正使"用数据说话"成为一种工作习惯与态度。

习近平曾在中央党校《谈谈调查研究》报告中指出："决策是一个提出问题、分析问题、解决问题的过程。为了防止和克服决策中的随意性及其造成的失误，提高决策的科学化水平，必须把调查研究贯穿于决策的全过程，真正成为决策的必经程序。该通过什么调研程序决策的事项，就要严格执行相关调研程序，不能嫌麻烦、图省事。对本地区、本部门事关改革发展稳定全局的问题，应坚持做到不调研不决策、先调研后决策。"

二、领导干部要做到心中有数

《孙子兵法》中有一句经典名言：知己知彼。这句话对领导干部而言极为重要，作为领导干部必须做到知己知彼，或者换一个说法叫心中有数。

邓小平是一个善于用算账做决策的领导者。他的女儿邓榕曾回忆说："父亲有个特点，喜欢算账。"刘邓大军千里挺进大别山后，付出了较大代价。官兵普遍担心：大别山的这场斗争究竟能不能胜利？我们在大别山能不能站住脚？邓小平在1948年的鲁山报告中运用算账的方法得出结论："现在，中原吸引了蒋介石南线一半以上的兵力，保证了其他地区的胜利展开。虽在全国范围吃苦头最多，付出了代价，但换取了战略上的主动，取得了全局的胜利。"

会算账是领导干部的一种必备能力。许多领导干部身兼多职、肩负要职，一定要做到心中有数，否则就会陷入凭空决策、瞎指挥的境地。领导干部工作头绪多、任务重，特别是应急性工作多。因此，要大力发扬严谨细致的工作作风，多从小处和细微处考虑，把工作的每个环节、各个方面都考虑周全，做到心中有数、运筹帷幄。要善于从大处着眼、小处入手，注重在"细"字上做文章，尽可能想得深入一些、考虑得周全一些、安排得细致一些，做到"不以事小而不为，不以事杂而乱为，不以事急而盲为，不以事难而怕为"，大事认真办、急事先安排、小事不漏项。特别是对于职责范围内的事情，更要想细、做细、落实细，对布置的工作进展到什么程度，需要多少资金，存在哪些问题，什么时间完成，都要心中有数。

在2012年中共中央党校春季学期第二批学员开学典礼上，时任中共中央政治局常委、中央书记处书记、中央党校校长的习近平在讲话中指出，坚持实事求是，最基础的工作在于真正摸清楚本地区、本部门、本单位的实际情况，真正摸清楚影响改革发展稳定的突出问题，真正及时了解人民群众的所思所盼，这样才能真正掌握客观实际，真正做到耳聪目明、心中有数。

强调领导干部要做到心中有数，是高度的党性意识和责任意识使然。党要管党，从严治党是党的优良传统，也是我党不断发展壮大的根由所在。作为党和国家领导人，习近平以通俗的话语教育干部、提醒干部、要求干部，语重心长，难能可贵。一滴水可以折射太阳的光辉。十分平常的一句话，折射出的是党和国家领导人管党忧党的党性意识和责任意识。

强调领导干部要做到心中有数，也是推进事业发展的现实需要。没有调查就没有发言权。在党的建设发展历史上，曾经有过“盲人骑瞎马，夜半临深池”的惨痛教训，使党的建设蒙受了严重损失。在当前党的事业蓬勃发展的新形势下，领导干部能否做到心中有数，直接关系到党的执政基础和事业发展。做到心中有数，才能实事求是地科学决策，做不到心中有数，难免会瞎折腾、出洋相，最终会贻害一方。

第四节　善于总结

——我们每走一步都要总结经验

邓小平曾说过：“一个党和它的党员，只有认真地总结群众的经验，集中群众的智慧，才能指出正确的方向，领导群众前进。我们不是尾巴主义者，当然懂得，群众的意见一定不会都是正确的和成熟的。我们所谓总结和集中，并不是群众意见的简单堆积，这里必须要有整理、分析、批判和概括；但是，离开群众经验和群众意见的调查研究，那末，任

何天才的领导者也不可能进行正确的领导。”①

一、改革就是“摸着石头过河”

在邓小平的政治智慧中，“摸论”是重要的组成部分。“摸论”又称“石头论”，是邓小平“摸着石头过河”说法的简称，形成于20世纪80年代初。“摸着石头过河”，是思想方法和工作方法，强调的是探索规律，从实践中获得真知。不能把“摸着石头过河”理解为没有明确的目标，“脚踩西瓜皮”，走到哪里算哪里，理解为怕担风险的消极应付，也不能把摸着石头过河与经验主义画等号。

“摸着石头过河”，实际只是一种工作方法的比喻，即在实践中不断总结经验，然后继续前行。邓小平提出的改革措施既倡导敢闯敢干，也要胆大心细，改革的措施要先试验，后推广。因为有“摸论”，中国的改革常常是走一步看一步，遇到危机再找应急方案。这个方案不行，就换另一个方案，常常有“见子打子”的情况，因为有“摸论”，中国的改革就不同于苏联，搞的是渐进改革，是“摸着石头”的改革。30多年的改革，应该是稳妥的、务实的，也避免了社会的大起大落。在中国这样一个生产力落后、人口众多、国情独特的东方大国进行社会主义建设和改革，更是一项前无古人、充满挑战的全新事业，必须在不断实践、不断探索中推进。习近平总书记强调指出：“摸着石头过河”是富有中国特色、符合中国国情的改革方法。“摸着石头过河”就是摸规律，从实践中获得真知。这是对我国改革开放历史经验的科学总结，充分体现了马克思主义认识论。

实行改革开放，发展社会主义市场经济，马克思主义经典作家没有讲过，其他社会主义国家也没有干过，只能通过实践、认识、再实践、再认识的反复过程，逐步取得规律性认识。我国改革开放就是这

① 《关于修改党的章程的报告》（1956年9月16日），《邓小平文选》第1卷，人民出版社1994年版，第218—219页。

样先试验、后总结、再推广的不断积累过程，就是从农村到城市、从沿海到内地、从局部到整体不断深化的过程。这种渐进式改革，避免了因情况不明、举措不当而引起的社会动荡，实践证明是成功的。改革开放初期需要“摸着石头过河”，当前和今后全面深化改革开放仍然需要“摸着石头过河”。我们是一个大国大党，决不能在根本性问题上出现颠覆性失误，一旦出现就无可挽回、无法弥补。所以，重大改革措施必须加强可行性研究，坚持试点先行、取得经验后再逐步推开，积小胜为大胜，以节约成本、减少震荡。

一名合格的领导干部，需要多方面的素质，需要多方面发展和提高自己，其中一个有效途径，就是善于总结经验。只有学会总结经验，才能理论联系实际，学有所用，用有所成。今天这个时代要读书，而且要多读书，但是离开总结经验，要把书读懂、用好是很难的。现在有这样一种现象，我们的干部队伍中有人书读得不少，甚至会背诵，拥有硕士、博士头衔的也不少。但是会用、用好知识和经验的不是太多，这其中很重要的一条原因就是没有理论联系实际。怎么联系实际，关键就是善于总结经验。邓小平领导的改革开放之所以能取得如此大的成绩，其中一个重要因素，就是在“摸着石头过河”的过程中不断总结经验教训，先试点后推广。

在领导干部中，有许多同志，年龄差不多，经历差不多，实干精神也差不多，进步快慢却差别很大，原因可以找出很多，其中重要一点，就是是否善于总结经验。有的同志每天完成工作后，都要琢磨琢磨，找出对在哪里，错在哪里，有哪些需要改进的地方。“吃一堑，长一智。”而有的同志叫干就干，干完就完了，知其然不知其所以然，因而进步就慢。经过 30 多年的改革和发展，我国各级领导班子结构发生了很大变化，老干部的交替已顺利完成。一大批中青年干部成长起来并肩负领导重任。无论在知识结构、学历水平，还是在年龄、精力等方面，中青年干部均有明显的优势，但缺少实践锻炼，领导经验不足是不可忽视的。这就要求在加强知识积累的同时，特别要重视经验的积累，多学习、多实践、多总结、多思考，在不断总结经验中深化理论学习，提高决策能力和执政水平。正确总结经验，其基本方法是实事求是，也就是从实际出发，使思想和实际相符合。对此，邓小平深刻指出“我读的书并不多，就是一条，相信毛主席讲的实事求是”。实事求是总结经验必须认真对待成功的经验和失败的教训，正面的经验很重要，反面的教训也很重要。

时代的发展和社会的进步对领导者的综合素质提出了越来越高的要求。而总结经验既是一种能力，更是一种智慧。总结能力是一名干部综合素质的综合体现。每个年轻干部参加工作时，都是经验不足、缺乏工作实践，都要在学习的过程中成长，总结是将学习他人的成果内化为自身综合素质的最佳捷径，是将他人的好经验、好做法占为己有的有效途径。“学而不思则罔”，不会总结的人便不会工作，就不会有提高。总结是一个将零散的、过程性的点点滴滴进行整理的过程，是将其整体化、系统化的过程，也是一个反思梳理的过程，“吾日三省吾身”，每天或者阶段性地回头看看自己在工作、交往、学习、生活等方面的得失、经验，看看有哪些经验值得继续发扬，有哪些失误需要引起注意和避免。每一次的总结都能够让自己获得一些新的思维感悟和人生启迪，每一次的总结都是对自己修养的一种升华，每一次的总结都能够鞭策、激励自己不断减少失误，更加进步。

二、把经验升华为理论

2012 年 11 月，习近平总书记在参观《复兴之路》大型展览时指出，“改革开放以来，我们总结历史经验，不断艰辛探索，终于找到了实现中华民族伟大复兴的正确道路，取得了举世瞩目的成果。这条道路就是中国特色社会主义。”这是对邓小平善于总结经验的政治智慧的高度评价。

邓小平是中国特色社会主义道路的开辟者、中国特色社会主义理论体系的主创者、中国特色社会主义制度的推进者。中国特色社会主义理论并不是邓小平凭空想象的产物，而是邓小平不断总结经验，并在实践中找出规律，把实践得来的经验上升为理论的结果。

中华人民共和国成立后，顺利地恢复了国民经济，走出了一条具有鲜明中国特色的社会主义道路。在胜利地完成社会主义改造的同时，又在没有经验的情况下基本上照搬了苏联模式。1956 年，随着苏共二十大的召开和波匈事件的发生。苏联模式的弊端初步暴露出来；我们在第一个五年计划的实践中也觉察到这个模式的弊端。毛泽东提出以苏为鉴，总结我们自己的经验，探索自己的建设社会主义的道路。在这个探索中形成了一些正确的和比较正确的理论观点、方针政策和实践经验。“比如，在我国社会主义发展道路和模式问题上，倡导马克思主义普遍原理同中国实际相结合，强调走自己的路，反对照搬苏联经验和模式；在我国社会基本矛盾和主要矛盾方面，提出了关于社会主义社会基本矛盾和正确处理人民内部矛盾的理论；在经济上，提出了实现四个现代化的目标和‘以农业为基础、工业为主导’、按照‘农轻重’次序安排经济建设的思想；在科学文化上，提出了‘百花齐放，百家争鸣’的指导方针，等等。这些思想理论成果的产生，是我们党和国家的一份珍贵的思想财富，对于邓小平理论的形成和中国特色社会主义的发展具有重要的意义。但这一时期，我们也犯了不少错误，走了不少弯路。主要原因是在经济上急于求成、盲目求纯和急于过渡；在政治上坚持‘以阶级斗争为纲’。”

邓小平把 1957 年下半年以来的“左”的错误概括为：“总的来说，就是对外封闭，对内以阶级斗争为纲，忽视发展生产力，制定的政策超越了社会主义的初级阶段。”根据这一教训，“党的十一届三中全会对过去作了系统的总结，提出了一系列新的方针政策。中心点是从以阶级斗争为纲转到以发展生产力为中心，从封闭转到开放，从固守成规转到各方面的改革。”邓小平指出：“我们现在的路线、方针、政策是在总结了成功时期的经验、失败时期的经验和还有受挫折时期的经验后制定的。”

在邓小平理论的形成发展过程中，也借鉴了其他国家社会主义兴衰成败的历史经验。邓小平指出：“我们过去照搬苏联搞社会主义的模式，带来很多问题。我们很早就发现了，但没有解决好。”苏联模式是在战争与革命的年代，在被资本主义包围的经济落后的资源大国，为了不惜一切代价地迅速增加国家的经济实力和国防实力而选择的一种社会主义模式。这种模式有过重要的历史作用，苏联曾借助于这种模式为反法西斯战争的胜利奠定了物质基础；苏联也曾借助于这个模式实现经济的高速增长。但是，随着时代主题的转换，苏联模式的弊端开始日益暴露出来。十一届三中全会以后，我们党在正确总结自己的历史经验的同时，对苏联东欧的经验教训也进行了科学的认识。可以说，邓小平理论是在总结我国社会主义建设正反两方面的历史经验和其他社会主义国家的经验教训、特别是苏东社会主义兴衰成败的基础上形成和发展起来的。

任何一个领导者要对客观实际作出及时、准确、科学的反映和决策，仅凭个人的智慧和能力有很大的局限性，必须深入群众依靠和集中群众的智慧，善于总结和提炼人民群众的丰富实践经验。在这方面，邓小平同志树立了榜样，他说：“农村搞家庭联产承包制，这个发明权是农民的，农村改革中的好多东西，都是基层创造出来的，我们把它拿来加工提高作为全国的指导。”

马克思曾经指出：从实践到理论，是认识的上升；但这只是认识运动的“第一条道路”，还有第二条道路，就是“从一般到具体的认识的上升”。把马克思主义、中国特色社会主义理论的一般原理、理论精髓拿来指导实践，落实到具体实践中，平常只注意到它“落实”的一面，仿佛是一种认识的“下落”或“沉落”，而没有认识和注意到它上升的一面。事实上，把一般原理，应用到具体实践中，既以新的行动和实际，充实了一般原理，又通过实践行动，推进了对理论的理解，这就是认识的一种充满实践性的上升。邓小平理论体系既有马克思主义的理论指导，又有中国的实践，更有邓小平对实践经验进行的总结。因此，邓小平理论体系一方面体现了在实践经验基础上的理论总结；另一方面，又具有以实践为基础，经过理论思维的思想升华，并把这种思想的收获，贯彻于未来的实践中。

正确总结经验，需要建立相应的工作制度，总结经验要自觉、及时、经常。总结经验的工作水平要不断提高，有赖于制度建设。在长期领导实践中，我们党探索形成一些好的制度，如深入群众、调查研究、民主生活会、公开选拔干部等等。今后我们应继续加强这方面的工作，使总结经验制度化，用制度来保证总结经验工作的有效进行，用不断总结经验来提高干部素质。

参考文献

一、网站

1. 新华网：http：//www. xinhuanet. com/。

2. 马克思主义研究网：http：//myy. cass. cn/。

3. 人民网：http：//www. people. com. cn/。

4. 中国共产党新闻网：http：//cpcpeople. com. cn/。

二、论文

1. 陆军恒：《论中国共产党的智慧》，《党史博采》，2008（8）。

2. 王辉：《政府竞争情报系统的建立及对策研究》，《科技情报开发与经济》，2007（9）。

3. 胡匡敬：《坚持坚定的原则性和高度的灵活性的统一——学习邓小平同志的策略思想》，《内蒙古社会科学》（汉文版），2004（7）。

4. 王春玺：《邓小平对建立中共中央总书记制与集体领导体制的贡献》，《政治学研究》，2008（6）。

5. 刘玉：《毛泽东晚年探索出现失误的个人因素探析》，《党史博采（理论）》，2009（9）。

三、书目

1. 中共中央党史研究室编：《中国共产党历史》，中共党史出版社 2011 年版。

2. 《毛泽东选集》第 1、2、3、4 卷，人民出版社 1991 年版。

3. 《毛泽东传》，中央文献出版社 1996 年版。

4. 王瑞芳：《邓小平领导艺术》，黑龙江人民出版社 2004 年版。

5. 萧诗美：《邓小平谋略学》，当代世界出版社 2004 年版。

6. 毛毛：《我的父亲邓小平："文革"岁月》，中央文献出版社 2000 年版。

7. 中共中央文献研究室第三编研部编著：《总设计师邓小平》，贵州人民出版社 2008 年版。

8. 王丰：《邓小平领导观论纲》，中共党史出版社 2006 年版。

9. 《邓小平传（1904—1974）》（上下），中央文献出版社 2014 年版。

10. ［美］傅高义：《邓小平时代》，三联书店 2013 年版。

11. ［英］理查德·伊文思：《邓小平》，国际文化出版公司 2013 年版。

12. 刘强伦、汪太理：《邓小平卓越智慧》，红旗出版社 2009 年版。

13. 孟庆春：《跟邓小平学忍耐力》，红旗出版社 2009 年版。

14. 陈冠任：《跟邓小平学领导方法》，红旗出版社 2009 年版。

15. 《邓小平生平全纪录》，中央文献出版社 2009 年版。

16. 冯光宏：《邓小平健康之道全纪录》，中共党史出版社 2009 年版。

17. 李洪峰：《战略家邓小平》，新华出版社 2014 年版。

18. 《邓小平文选》（全 3 卷），人民出版社 1983、1994 年版。

19. 危仁晸主编：《邓小平在江西的日子》，中共党史出版社 1997 年版。

20. 毛泽东：《中国共产党第八次全国代表大会开幕词》，人民出版社 1956 年版。

21. 权延赤：《走下圣坛的周恩来》，光明日报出版社 2004 年版。

22. 《宋任穷回忆录》，解放军出版社 2007 年版。

23. 《陈云文选》第 3 卷，人民出版社 1995 年版。

24. 《中外名人看邓小平》，湖南出版社 1994 年版。

25. 《江泽民文选》，人民出版社 2006 年版。

26. 中共中央文献研究室编：《邓小平年谱（一九七五——一九九七）》（上下），中央文献出版社 2004 年版。

27. 邓榕：《我的父亲邓小平》，中央文献出版社 1997 年版。

28. 《建国以来毛泽东文稿》第 13 册，中央文献出版社 1998 年版。